MERCEDES-BENZ Automobile

Heribert Hofner

MERCEDES-BENZ Automobile

Band 4

Vom 190SL zum 300SEL (1953 - 1971)

HEEL

HEEL-Verlag GmbH
Hauptstraße 354
53639 Königswinter
Tel.: 0 22 23/ 2 30 26
Fax: 0 22 23/ 2 30 28

Fotos und Zeichnungen: Automobil Chronik, Automobile Quarterly, Binz GmbH & Co. KG, Paul Bracq, Daimler-Benz AG, Flughafen München GmbH, Heribert Hofner, Christian Miesen, Werner Nedorost, Dominique Pascal, Josef Reinhard, Halwart Schrader, Martin Schröder, Dr. Eberhard Seifert, Erhard Zhorzel.

Redaktion: Halwart Schrader

Gestaltung: Sidonie Naprawnik

Druck: PDC, Paderborn
Printed in Germany

ISBN 3-89365-349-X

Inhaltsverzeichnis

Jahrestreffen des Mercedes-Benz-Veteranen-Club Deutschland in Ladenburg am Neckar, 1979. Dieses Treffen kann auf eine langjährige Tradition zurückblicken.

Einleitung

Die Personenkraftwagen der Daimler-Benz AG erfreuten sich schon immer hoher Wertschätzung – nicht nur bei Neuwagenkäufern, sondern auch bei Liebhabern und Sammlern in der ganzen Welt. Davon zeugen nicht zuletzt die zahlreichen, seit langen Jahren bestehenden Mercedes-Clubs in Europa und in Übersee.

Das Angebot an Vorkriegsfahrzeugen des Stuttgarter Fabrikats ist verschwindend gering geworden. Die ersten Mercedes-Nachkriegsmodelle mit separatem Chassis erfreuen sich nach wie vor großer Popularität und haben ihren festen Liebhaberkreis. Mittlerweile hat sich das Interesse der Sammler aber auch auf die Nachfolgetypen, die sogenannte Pontonreihe, ausgeweitet. Eine neue Generation von Enthusiasten folgt ihrem nostalgischen Erinnerungsbild und konzentriert sich auf jüngere Modelle bis zur »Flossenreihe« oder zu den zeitlos schönen Coupés und Cabriolets der sechziger und frühen siebziger Jahre. Dieser nicht zu übersehende Trend verleiht diesem Buch seine Existenzberechtigung.

Der Verfasser hatte in fast zwei Jahrzehnten Gelegenheit, mit vielen Mercedes-Pkw-Typen der fünfziger und sechziger Jahre praktische Erfahrungen zu sammeln, die vom sprichwörtlichen Mercedes-Qualitätsstandard und einer überdurchschnittlichen Zuverlässigkeit geprägt sind. Natürlich blieben dabei auch viele kleine Schwächen nicht verborgen – sie waren jedoch durchwegs verzeihlich.

Ein erschwerendes Phänomen in der Daimler-Benz-Pkw-Genealogie ist die ungeheuere Typenvielfalt. So wird es Aufgabe des vorliegenden Buches sein, die Untertürkheimer Modellpolitik zu durchleuchten, Unterscheidungsmerkmale aufzuzeigen und die einzelnen Varianten sowohl eingebettet in den Geist ihrer Zeit als auch aus heutiger Sicht zu kommentieren.

In Untertürkheim und Sindelfingen ließ man sich nie vom rein Äußerlichen oder gar von Modetorheiten leiten. Nie war die Konzession an den Zeitgeschmack ein Gebot der Karosserieentwicklung. Technisch war man stets in Avantgarde-Position, jegliche Styling-Details aber lagen auf der sprichwörtlichen Mercedes-Linie und stellten ein eigenes Konzept dar, das mehr als einmal, wenn auch mit fragwürdigem Erfolg, imitiert wurde. Hauptcharakteristikum für diese Mercedes-Linie ist ohne Zweifel die Gestaltung des Kühlergesichts, das »ein Symbol besonderer Prägung« darstellt, wie Reinhard Seiffert einmal in *auto motor und sport* schrieb.

Tradition ist bei Daimler-Benz nicht mit dem Verharren in überkommenen Schemata zu verwechseln. Die Tradition der ältesten Automobilfabrik der Welt ist vielmehr eine Bürgschaft für höchste Qualität. Diese Tatsache wird nicht zuletzt durch die große Anzahl der von der Daimler-Benz AG gehaltenen Patente bewiesen. Dieses logische Nebeneinander von Tradition, Fortschritt und Präzision ist es, was das unverkennbare Flair eines Mercedes-Benz ausmacht.

Das vorliegende Buch wurde mit größtmöglicher Sorgfalt zusammengestellt, alle technischen Angaben wurden in Kontakt mit dem Herstellerwerk recherchiert. Dennoch ist es möglich, daß in diesem Buch Daten enthalten sind, die von den in anderen einschlägigen Publikationen ausgedruckten Werten abweichen. Die Daimler-Benz AG selbst veröffentlichte zuweilen bei ein und demselben Typ bis zu sechs divergierende Zahlen für die gleiche Maßangabe, ohne daß Änderungen am Fahrzeug vorgenommen worden waren.

In genealogischer Folge und in entwicklungsgeschichtlich begründeter Abgrenzung behandelt der vorliegende Band die Vierzylinder-Personenwagen mit selbsttragender Karosserie der Baujahre 1953 bis 1968 und die Sechszylinder von 1954 bis 1972. Die jeweils darauffolgenden grundlegenden Neukonstruktionen beider Baureihen, der Versuchswagen C 111 sowie alle Achtzylinder einschließlich des großen 600 und die sportlichen Coupés und Roadster der dritten Nachkriegs-Generation müssen – schon aus Platzgründen – einem weiteren Band der Mercedes-Edition vorbehalten bleiben.

Mein Dank gilt Halwart Schrader, München, und den Herren v. Pein, Schulze und Widmann von der Abteilung Museum/Archiv/Geschichte der Daimler-Benz AG, Stuttgart-Untertürkheim, die mir bei den Vorbereitungen zu diesem Buch mit Rat und Tat, mit Literatur und mit Bild- und Zahlenmaterial zur Seite standen, aber auch den Fahrzeugbesitzern, die ihre Wagen für die Farbfotos zur Verfügung stellten.

Heribert Hofner

Auf diesen Mercedes-Benz hatten viele gewartet.
Sein bewährtes Herz schlug in einem modernen Gewand:

Mercedes-Benz 180

»Ein allzu konservatives Beharren auf einmal gefundenen Lösungen und auf der sogenannten Tradition eines Unternehmens könnte über kurz oder lang die Unverkäuflichkeit der Produkte nach sich ziehen.« Mit diesen deutlichen Worten stellte Daimler-Benz-Vorstandsvorsitzender Dr. Fritz Könecke im September 1953 der Fachpresse den neuen Typ 180 vor, der den bewährten 170 Sb ablöste. In der Tat war mit diesem Modell der gehobenen Mittelklasse eine neue Ära angebrochen: Mit dem 180 präsentierte die Daimler-Benz AG erstmals ein Fahrzeug mit Ponton-Karosserie, also einem Aufbau mit voll integrierten Kotflügeln und rechteckigem Grundriß. Diese Bauweise wurde erstmals 1946 in den USA von Kaiser-Frazer praktiziert, von Borgward in Bremen für den 1949 herausgekommenen Hansa 1500 übernommen und trug im Ford 12 M und Opel Olympia Rekord weitere Früchte. Die volkstümliche Bezeichnung *Ponton-Mercedes* sollte dann eine ganze Generation von Pkw-Modellen aus Stuttgart kennzeichnen. Technisch bedeutsamer war, daß mit dem 180 nun der erste Mercedes ohne separates Chassis existierte – ein durch und durch modernes Automobil.

Der von Daimler-Benz als mittragend bezeichnete Aufbau – wir können heute durchaus von einer selbsttragenden Karosserie sprechen – ruhte fest verschweißt auf einer neuartigen Rahmen-Boden-Anlage, die aus einem vorn und hinten gegabelten Mittelträger, dessen Verwandtschaft zum X-Rohrrahmen der Vorgängermodelle unverkennbar war, zwei geschlossenen Außenträgern, vier Traversen und dem Profilblech des Karosseriebodens bestand.

Diese Bodengruppe war deutlich verwindungssteifer als der Vollrahmen der 170-Reihe. Außerdem ließ diese Konzeption eine wesentlich geräumigere Karosserie zu, als dies bei den 170ern der Fall war, und

wurde konstruktiv voll genutzt: Der 180 wies ein ungewohnt großzügiges Platzangebot im Fahrgastraum und einen sehr voluminösen Kofferraum auf. Das Interieur war gegenüber dem des 170 Sb um 22 Prozent geräumiger geworden, der Kofferraum war gar um 75 Prozent gewachsen. Damit war der 180 bei seinem Erscheinen der geräumigste deutsche Mittelklassewagen – noch vor dem Opel Kapitän 51, dessen Preisklasse er angehörte, dem aber ebenfalls ein Modellwechsel bevorstand. Die Fensterfläche des Mercedes 180 hatte mit einer Vergrößerung um 40 Prozent gegenüber dem Vorgängermodell jetzt Anschluß an die internationale Norm gefunden und bot befriedigende Rundumsicht.
Die Abmessungen des komfortablen Fünfsitzers hatten sich im Vergleich mit dem 170 Sb gar nicht so sehr verändert: Der 180 wies fast die gleiche Außenlänge auf. Er wurde um nur 55 Millimeter breiter – die Innenbreite nahm aber wegen der weggefallenen Trittbretter beträchtlich stärker zu. Das Leergewicht des Aufbaus konnte bei erhöhter Stabilität um 80 Kilogramm gesenkt werden – ohne Zweifel ein Verdienst der selbsttragenden Bauweise.
Die Karosserie war einmal mehr ein typisches Daimler-Benz-Produkt. Das exakte und leichte Schließen der vier jetzt rundum vorn angeschlagenen Türen und des Kofferraumdeckels zeugte von Solidität. Die Türen erhielten ab Mai 1956 Sicherheitszapfenschlösser. Die absolute Dröhnfreiheit der Karosserie bewies durchdachte Verrippungen und Versteifungen. Die Sitze waren in Mercedes-Manier hervorragend gepolstert. Die Sitzposition war für körperlich große Fahrer etwas hoch geraten; der Einstieg in den Wagen war durch die sehr breiten seitlichen Rahmenträger und die dadurch bedingten ausladenden Schweller nicht ganz unproblematisch. Verschmutzte Hosenaufschläge und Mantelsäume waren manchmal unvermeidlich.
Materialstärken, Verarbeitungsqualität und Glattflächigkeit der Aufbaukomponenten resultierten in einer überdurchschnittlichen Immunität gegen Rost, die nach langen Jahren des Einsatzes erst richtig zum Tragen kam und Jahrzehnte später von Sammlern gewürdigt wurde. Der 180 und die von ihm abgeleiteten Typen führten für sich die sonst oftmals zutreffende Theorie, daß Autos mit selbsttragender Karosserie rostgefährdeter sind, ad absurdum.
Die Windschutzscheibe des 180 bestand aus Verbundglas, während bei den übrigen Fenstern Einschicht-Sicherheitsglas (Duroglas) verwendet wurde. Dem damaligen Standard entsprechend war nur die Führertür von außen abschließbar. Die relativ glatte Außenhaut der

Gegenüberliegende Seite: Ein Mercedes-Benz 180, wie er im September 1953 der Öffentlichkeit vorgestellt wurde. Er war der erste »Ponton-Mercedes«.

Rechts: Frontansicht des Mercedes-Benz 180. Noch ist das Kühlergesicht schmal.

Pontonkarosserie ließ nur noch ein Minimum an Windgeräuschen hörbar werden. Die Heizung konnte man auf der Fahrer- und auf der Beifahrerseite unabhängig regulieren. Alle vier Türen wiesen gepolsterte Armlehnen auf, Türtaschen fehlten indessen.
Dafür stand unter dem Armaturenbrett eine große, offene Ablage zur Verfügung. In den Genuß einer Sonnenblende kam nur der Fahrer.
Das Armaturenbrett machte einen sehr aufgeräumten Eindruck. Das günstig im Blickfeld des Fahrers plazierte Kombiinstrument umfaßte den Tachometer mit Wegstreckenzähler, neben dessen großer, runder Skala links und rechts je zwei kleinere, rechteckige Kontrollinstrumente angeordnet waren: Kühlwasser-Fernthermometer, Ölmanometer, Kraftstoffanzeiger mit Reservewarnleuchte sowie ein Kontrollleuchtenblock für Fernlicht, Startvorrichtung (weiß) und Blinkleuchten (rot). Die Oberkante der Armaturentafel war mit Kunstleder bezogen, aber nicht gepolstert. In der Mitte, über der Einbauöffnung für das Radiogerät, befand sich eine Zeituhr mit Federwerk. Im Unterteil des Armaturenbrettes waren die Kontrollorgane für Scheibenwischer, Choke-Betätigung, Instrumentenbeleuchtung, für die auf Wunsch lieferbaren Gebläse für Standentfrostung (jeweils als Zugschalter ausgebildet) sowie das Zünd-Lenkschloß, der Zigarettenanzünder und der Aschenbecher in sauberer Reihe angeordnet. Der Lichtschalter, mit dem durch Linksdrehen auch die Parkleuchten geschaltet werden konnten, befand sich separat links neben der Heizungs- und Belüftungsbetätigung. Das große Handschuhfach auf der Beifahrerseite hatte einen nicht verschließbaren, massiven Klappdeckel, der als Tischchen benützt werden konnte. Links und rechts im Oberteil des Armaturenbrettes sorgten zwei Belüftungsrosetten für das Entfrosten der Seitenscheiben.
Neu war ebenfalls das gut in der Hand liegende Zweispeichenlenkrad, dessen verchromter Signalring wie eh und jeh eine zweite Funktion besaß: Er diente durch Links- bzw. Rechtsdrehen auch der Betätigung der Blinkleuchten.

Der Mercedes-Benz 180 war bei großen Firmen und Behörden ein beliebtes Flottenfahrzeug. Hohe Kilometerleistungen waren eine Selbstverständlichkeit.

Unten: Traditionsgemäß bot Daimler-Benz auch für den Typ 180 einen Koffersatz an.

Die selbsttragende Karosserie des 180 erlaubte gegenüber dem 170 eine großzügigere Innenraumgestaltung.

Modell	180 (W 120 I)
Produktionszeit	Juli 1953 – Juni 1957
Motor	Reihen-Vierzylinder M 136
Bohrung/Hub/ccm	75 × 100, 1767 ccm
Verdichtung	6,7:1
Leistung	52 PS bei 4000 U/min
Ventilsteuerung	sv, 1 seitl. Nockenwelle, stehende Ventile
Schmierung	Druckumlauf
Kühlung	Wasserkühlung (Pumpe, Thermostat)
Vergaser	Solex 32 PICB Fallstrom
Elektrik	6 Volt 70 Ah (ab Sept. 1955:84 Ah)
Kupplung	Einscheiben-Trockenkupplung
Getriebe	4-Gang, Lenkradschaltung
Lenkung	Kugelumlauf
Fußbremse	hydr., 4 Trommeln
Feststellbremse	mechan., Hinterräder
Aufbau	Limousine viertürig; selbsttragend
Radstand; Spur v/h	2650, 1420/1450 mm
Gesamtabmessungen	4460 × 1740 × 1560 mm
Bereifung	6.40 – 13
Tankinhalt	58 Liter (ab März 1956: 56 Liter)
Leergewicht	1150 kg
Höchstgeschwindigkeit	126 km/h
Stückzahl	52 186
Preise	1953 DM 9950, 1954 DM 9450, 1956 DM 8700

Eine weitere im Typ 180 verwirklichte Pionierleistung der Daimler-Benz AG war die Einführung des sogenannten Fahrschemels. Dabei bildeten Motor, Getriebe, Vorderradaufhängung und Lenkung eine Baueinheit, die in drei Silentblöcken am Rahmenvorderteil geräuscharm gelagert war. Das Gerüst des Fahrschemels war ein U-förmiges, rahmenartiges Gebilde mit geschlossenem Profil, an dem die Stahlblechlenker der Vorderräder, die Schraubenfedern, die Teleskopstoßdämpfer, die Lenkungselemente und die Motoraufhängung gelagert waren. Bei einer anfallenden Reparatur – beispielsweise des Motors – konnte diese Baugruppe schnell gelöst und unter dem angehobenen Wagenvorderteil weggerollt werden. Auch auf dem Montageband machte sich diese Bauweise vorteilhaft bemerkbar.

Die nicht immer problemlose WV-Zentralschmierung der Typenreihe 170 wurde nicht in den 180 übernommen. An ihre Stelle traten 22 mit Hochdrucknippeln versehene Schmierstellen, die alle 4000 Kilometer zu versorgen waren.

Die Vorderradaufhängung entsprach der bereits beim 170 Sb gepflegten Bauweise mit Doppel-Querlenkern, Schraubenfedern und Stabilisator, war aber eine Neuentwicklung. Die ZF-Ross-Einfingerlenkung des 170 Sb war nun der leichtgängigeren Kugelumlauflenkung gewichen. Diese trug derart zum Gesamtkomfort des 180 bei, daß Fachjournalisten von einem »Damenwagen« sprachen. Mit knapp dreieinhalb Lenkradumdrehungen von Anschlag zu Anschlag erleichterte die Lenkung des 180 das Einparken in kurze Lücken, eine Ausgeburt an Exaktheit war sie aber nicht und vor allem in der Mittellage zu instabil. Bei der Konzeption war auch in dieser Disziplin der Komfort in den Vordergrund gerückt worden.

Die Hinterachse des 180 war wie beim 170 S zunächst in alter Vorkriegstradition wieder als Pendelachse mit zwei Drehpunkten ausgebildet. Die Hinterräder wurden durch zwei Schubstreben geführt, das Differentialgehäuse war durch eine Gummiaufhängung am Rahmenboden gelagert. Durch den hypoidverzahnten Achsantrieb ergab sich eine tiefliegende Kardanwelle. Kennzeichnend für diese Hinterachskonzeption waren die deutlichen »O-Beine« der Hinterräder in unbelastetem Zustand.

Im Januar 1956 wurde die Hinterachse des 180 gründlich reformiert und der des Sechszylinder-Schwestertyps 220a angepaßt: Der 180 erhielt nun ebenfalls die aus dem Rennwagenbau abgeleitete Eingelenk-Pendelachse mit tiefliegendem Drehpunkt. Dieser Drehpunkt der beiden Achshälften wurde durch ein Kreuzgelenk in Wagenmitte dargestellt, während Ausgleichsgetriebe und Achsantrieb leicht asymmetrisch nach links gerückt waren. Die Achsrohre erhielten ebenfalls ein einziges Gelenk unten in Wagenmitte. Den Pendelarmen der Achshälften stand nun die größtmögliche Länge zur Verfügung. Dadurch waren die Winkeländerungen der Hinterräder beim Durchfedern geringer geworden und damit auch die Änderungen von Spur und Sturz. Die »O-Beinigkeit« war verschwunden, bei voll ausgelastetem Wagen waren aber wegen der weich abgestimmten Federung noch die von jeher typischen »X-Beine« zu sehen. Auch die Eingelenk-Pendelachse stützte sich durch zwei Längslenker am Rahmenboden ab.

Ein Novum für Daimler-Benz war der erstmalig beim 180 vollzogene Übergang zu 13-Zoll-Rädern. Kleinere Räder bedeuten zwar gesteigerten Fahrkomfort und verbessertes Fahrverhalten durch geringere ungefederte Massen, sie lassen sich auch leichter in das Karosserie-Styling integrieren, zur besseren Traktion im Winter tragen sie aber genausowenig bei wie zum Schluckvermögen von Straßenunebenheiten. Die Felgen des 180 waren mit der Reifendimension 6,40-13 (Superballon) bestückt, während die ab Frühjahr 1956 lieferbare Tropenausführung zur Erhöhung der Bodenfreiheit mit 15-Zoll-Felgen und der Bereifung 6.40-15 ausgerüstet war. Das Ersatzrad war rechts im

Links: Im System glich die Vorderradaufhängung des Mercedes-Benz 180 der des alten 170 Sb. Rechts: Maßskizze des 180.

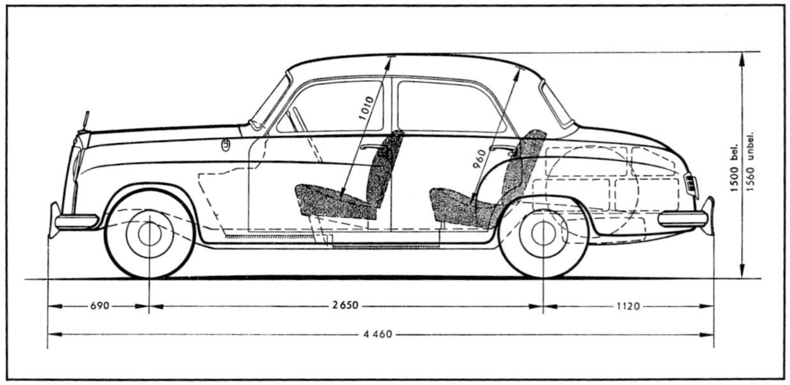

Kofferraum stehend untergebracht, gegenüber war eine zweite Mulde für ein weiteres Reserverad angeordnet.
Die Bremstrommeln des 180 büßten – bedingt durch die kleineren Felgen – einen Zentimeter Durchmesser ein, dennoch war die Bremsfläche im Vergleich zu der des 170 Sb durch verbreiterte Trommeln und Backen um 80 cm^2 gewachsen. Diese Verbesserung war aber den höheren Fahrleistungen des 180 nicht angepaßt: Schnellbremsungen aus höherer Geschwindigkeit waren nicht immer unproblematisch. Die Bremsen des 180 waren nicht ganz fadingfrei. Schiefziehen war nur durch gelegentliches Kontrollieren und Nachstellen zu verhindern. Der Bremsflüssigkeitsbehälter war schwer zugänglich in den Tiefen des Motorraums angebracht.
Bei den vielen Verbesserungen und Neueinführungen, die der 180 bot, wurde es auch in Fachkreisen nicht unbedingt als Manko empfunden, daß unter der ausladenden Alligatorhaube ein alter Bekannter werkelte: der vom 170 Sb übernommene seitengesteuerte Vierzylinder. Dieses Triebwerk befand sich nun im zweiten Jahrzehnt seines durchaus erfolgreichen Daseins. Es handelte sich dabei konstruktionsbedingt um ein laufruhiges, robustes, langlebiges und zuverlässiges Aggregat, nicht um einen drehfreudigen Sprinter. Es hatte sich in fast zweihunderttausend Personen- und Lieferwagen der Modellreihe 170 bestens bewährt und tat der Modernität des Typs 180 zunächst keinen Abbruch, zumal einige Verfeinerungen vorgenommen worden waren: Die Kurbelwelle lief zwar immer noch in drei Weißmetallagern, die Pleuel waren jetzt aber in Mehrstoffschalen gelagert. Dadurch und durch die nun verwendeten Panzerventile wurde die Maschine vollgasfest. Die seitliche Nockenwelle wurde wie beim 170 Sb durch eine Steuerkette mit doppelseitigem Kettenspanner angetrieben. Durch einen neuen Vergaser (Solex 32 PICB) und eine geringfügige Erhöhung der Verdichtung auf 6,7:1 wurde der Motor spezifisch sparsamer. Motorleistung und Nenndrehzahl waren mit 52 PS bei 4000 U/min gleichgeblieben. Die höheren Fahrleistungen des 180 resultierten allein aus dem niedrigen Gewicht – Leistungsgewicht 22,7 kg/PS statt 24,2 kg/PS beim 170 Sb – und der strömungsgünstigeren Karosserieform. Die vom Werk angegebene Höchstgeschwindigkeit von 126 km/h wurde in Tests leicht erreicht und sogar übertroffen. Während der 170 Sb 30 Sekunden benötigte, um aus dem Stand eine Geschwindigkeit von 100 km/h zu erreichen, brauchte der 180 für diese Spanne nur 27,5 Sekunden. In gleichem Maße war der Kraftstoffverbrauch gesunken. Testwerte pendelten sich auf 12 l/100 km ein, während das Werk einen Normverbrauch von 8,7 l/100 km angab. Bei einem Tankinhalt von 58 Liter – davon 5 Liter Reserve – ergab sich damit je nach Fahrweise ein Aktionsradius von 500 bis 550 Kilometern. Im Frühjahr 1956 wurde der Tankinhalt wegen der verbreiterten Ersatzradmulden auf 56 Liter reduziert.
Das Vierganggetriebe des 180, in allen Vorwärtsgängen synchronisiert, hatte man ebenfalls im wesentlichen vom 170 Sb übernommen. Lediglich die Abstufung wurde leicht geändert: Vor allem der zweite und der dritte Gang waren nun länger übersetzt und ließen sich höher ausfahren.
Über die Fahreigenschaften des 180 war man in Fachkreisen des In- und Auslandes des Lobes voll. Die Federung eines Wagens weich und angenehm mit ausgezeichnetem Schluckvermögen abzustimmen, ist kein großes Problem. Auch eine sichere, in weiten Bereichen neutrale Straßenlage zu erzielen, war anfangs der fünfziger Jahre kein Hexenwerk mehr. Beim 180 war es unzweifelhaft gelungen, diese beiden Forderungen zu erfüllen. Die alte Zweigelenk-Pendelachse war allerdings bei feuchter oder glatter Fahrbahn oder beim Bremsen in flott gefahrenen Kurven nicht ohne Tücken: Eine deutliche Neigung zum plötzlichen Übersteuern – das Wagenheck drängte kräftig nach außen – bedingte ein Fahren mit Gefühl in der »Sitzfläche«. Wesentlich gutmütiger benahm sich die verbesserte Version des 180 mit der

Links: Der 180 im Bau. Der Karosseriekörper wird aufs Fahrwerk gesetzt. Oben: Fahrschemel und Antriebselemente des 180.

Eingelenk-Pendelachse in kritischen Situationen: Der Grenzbereich war hier weiter hinausgeschoben und vor allem breiter; ein Ausbrechen des Hecks erfolgte bei höheren Kurvengeschwindigkeiten und nicht ohne Vorankündigung durch »Wandern«. Der 180 hatte deutlich an Fahrsicherheit gewonnen.

Die Untertürkheimer Neuerscheinung galt von Anfang an als verhältnismäßig preiswert: Der 180 war mit einem Preis von 9950 Mark (1953) um 150 Mark billiger als sein weniger aufwendig konzipierter Vorgänger. An Stelle der vorderen Einzelsitze konnte auf Wunsch auch ohne Mehrpreis eine durchgehende Sitzbank geliefert werden, die drei Personen Platz bieten sollte.

Der Preis des 180 war wohl in Richtung Rüsselsheim gezielt. Man wollte damit dem recht erfolgreichen Opel Kapitän, der im Vergleichszeitraum in der dreifachen Stückzahl des 180 gebaut wurde und – allerdings als ohv-Sechszylinder – 9850 Mark kostete, Paroli bieten. Doch Opel brachte wenige Wochen nach dem Debüt des 180 den noch geräumigeren Kapitän 54, dessen Preis sich auf 9660 Mark belief und wenig später nochmals deutlich reduziert wurde. So entschloß man sich auch in Untertürkheim mehrfach zu Preissenkungen: 1954 wurde der Preis des 180 um 500 Mark herabgesetzt. Nach einer weiteren Preiskorrektur im Mai 1956 bei der Vorstellung des Typs 190 kostete der Wagen gar nur noch 8700 Mark. Damit war er deutlich attraktiver als der Opel Kapitän, der inzwischen zu einem Straßenkreuzer herangewachsen war. Dieser Preisvorteil wurde allerdings mit einigen Einsparungen, so z. B. einer Duroglas-Windschutzscheibe, erkauft.

Auf ausländischen Märkten traf der 180 vor allem auf französische und britische Konkurrenz in seiner Preisklasse. Wagen wie der allerdings recht antiquierte Rover 60 waren ihm in der Qualität ebenbürtig, während es die Renault Frégate Grand Pavois oder der Humber Hawk beispielsweise weder auf den Heimatmärkten noch im Export zu Heldentaten brachten. Eigentlich war der 180 (noch) ohne vergleichbare, echte Konkurrenz . . .

Der neue Mercedes 180 war ein in den meisten Disziplinen von Anfang an gelungener Wurf. Mit ihm war, wie damals *auto motor und sport* schrieb, »erstmals mit einer übertrieben starren Auffassung von Tradition gebrochen worden.« Die Daimler-Benz AG bewies mit dem 180 ihren deutlichen Vorsprung in der Technik, zumal mit diesem Typ das noch lange Jahre gepflegte Baukastenprinzip begann. In zunehmendem Maße sollten hinfort verschiedene Motoren und Chassis-Bauelemente mit der gleichen Grundkarosserie kombiniert werden.

Ein Sportwagen sollte er nicht sein – aber er war ein durchaus sportlicher Wagen. Und nicht nur bei Filmstars beliebt:

Mercedes-Benz 190 SL

Eine typische Zeiterscheinung im Amerika der Nachkriegsjahre war der *sports car boom*. Dieser Trend entsprang dem vom Lebenshunger geprägten Nachholbedarf und der Prosperität der Amerikaner gegen Ende der vierziger Jahre und versprach Agilität, Unabhängigkeit und Dynamik zum Preise von behäbigen, ultrasoliden Mittelklassewagen aus US-Produktion. Das sozio-ökonomisch bedeutsame Phänomen der Sportwagenwelle dauerte bis weit in die fünfziger Jahre hinein an.

Nachdem die britische Nuffield-Tochter M.G. mit dem knochenharten Modell TC diesen Reigen im Jahre 1946 mit Vehemenz eröffnet hatte, stießen bald andere Engländer mit ebenso gutem Erfolg nach: Austin-Healey, Triumph, Jaguar, Singer, A.C., Jowett, H.R.G. und andere. Der US-Sportwagenmarkt stand allen europäischen Herstellern offen, denn die heimischen Konzerne konnten und wollten die Marktlücke nicht schließen. Genutzt wurde diese Chance aber zunächst fast nur von den Engländern – die wenigen Siata und Cisitalia aus Italien und die paar Simca aus Frankreich schlugen kaum zu Buche. Und Deutschland genoß so kurz nach Kriegsende bei einem (wenn auch toleranten) ehemaligen Feindstaat noch nicht das Vertrauen, das es zum Export seiner technologisch hochwertigen Produkte in die USA benötigte. Nur einige Porsche Coupés des Typs 356 wurden eingeführt, offensichtlich im beginnenden Sog des Volkswagens. Dennoch war man in Deutschland nicht untätig und verlor den US-Roadstermarkt nie aus den Augen.

Besonders die Daimler-Benz AG faßte großangelegte Exportpläne – wohl wissend, daß der Ruf der Marke auch auf entfernten Exportmärkten keiner Erläuterung bedurfte. Natürlich zielte man auch hier auf den Sportwagenmarkt jenseits des Atlantiks. In den Jahren 1952 und 1953 entstanden jedenfalls im Werk Sindelfingen atemberaubend

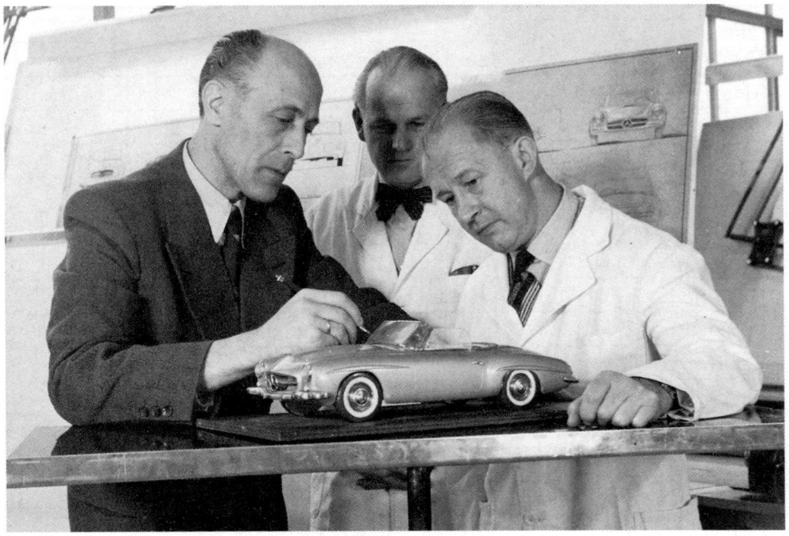

schöne Holz- und Plastilinmodelle eines Zweisitzers in verschiedenen Maßstäben, schließlich in natürlicher Größe. Anfang Februar 1954 nahm dieses Streben erstmals offiziell Gestalt an – wie geplant, in der Neuen Welt: Bei der New York Sports Car Show wurde auf dem Mercedes-Stand ein bildhübscher Roadster präsentiert, der ungeheueres Aufsehen erregte und die zunächst wenig eindrucksvolle Typenbezeichnung 190 SL trug. Käuflich war dieses Modell jedoch nicht. Es hatte lediglich die Funktion eines Versuchsballons, der den US-Markt mit seiner Käufermeinung abtasten sollte – und der Erfolg war durchschlagend: Eine Serienfertigung war schnell beschlossene Sache, zumal der damalige amerikanische Mercedes-Importeur, die Firma Hoffman Motors Inc., New York, beim Erscheinen des 300 SL-Flügeltüren-Coupés im Herbst 1954 eine bescheidenere Version dieses Sportwagens für den US-Markt wünschte.

Der Prototyp des 190 SL war im wesentlichen vom Typ 180 abgeleitet und blieb damit – im Gegensatz zum 300 SL – bewußt in Seriennähe. Er wies jedoch brandneue Merkmale auf: Der Vierzylindermotor war eine Neuentwicklung mit obenliegender Nockenwelle. Außerdem war der 190 SL-Prototyp der erste Mercedes-Pkw, der die neue Eingelenk-Pendelachse (Typ 180) erhielt. So stellte der attraktive Roadster in zweiter Funktion ein rollendes Versuchslabor für Aggregate späterer Großserien dar.

In der Zeit der Vorserie des 190 SL wurde noch die Idee eines leichten, »harten« Sportwagens mit maximal 1000 kg Leergewicht verfolgt. Der in New York gezeigte Wagen war sogar laut dort verteilter Werbebroschüren für den Wettbewerbseinsatz vorgesehen. Pressetexte, die für das amerikanische Publikum bestimmt waren, sprachen davon, daß einige kleine Modifikationen die erfolgreiche Teilnahme an kleineren Rennen ermöglichten. Mit diesen Veränderungen waren keine Verbesserungen an Fahr- und Triebwerk gemeint, sondern die Montage von ausgeschnittenen Türen, der Austausch der Windschutzscheibe gegen ein Rennscheibchen im Brooklands-Stil und die Demontage beider Stoßstangen. In dieser Maskerade wurde der 190 SL – inklusive Lufthutze auf der Motorhaube – auch auf deutscher Promotion-Literatur gezeigt. Doch der 190 SL war trotz seines funktionellen Prototypenkleides ein flotter Biedermann – nichts weiter. Er war kein Pistenjäger, auch wenn ihn seine Väter – Oberingenieur Häcker von der DB-Karosserieentwicklung in Sindelfingen und Chefkonstrukteur Dr.-Ing. Fritz Nallinger, der für die Technik verantwortlich war – anfangs so programmierten. In den USA wurde ein einziger Wettbe-

Gegenüberliegende Seite: Erste Ausführung des 190 SL mit kleinem Heckfenster. Oben: Obering. Häcker, Leiter des Karosserie-Entwurfs, und seine Mitarbeiter mit einem Roadster-Modell. Darunter Blick ins Interieur des 190 SL mit seiner reichen Instrumentierung.

werbseinsatz eines 190 SL bekannt, eine private Nennung bei einem drittklassigen Provinzrennen: Im Februar 1956 belegte ein 190 SL bei den 60 Meilen von Mansfield, Louisiana, den 15. Rang bei 23 Startern – Ausdruck eines vom Werk fehlgeprägten Image.

Im Winter 1954/55 war der 190 SL serienreif geworden. Allenthalben wurden Versuchswagen gesichtet, die übrigens bezeichnenderweise zum großen Teil mit den den US-Beleuchtungsvorschriften entsprechenden *sealed beam headlights* ausgerüstet waren. Beim Genfer Salon im März 1955 wurde der 190 SL erstmals der europäischen Öffentlichkeit vorgestellt – genau in der Konzeption, in der er fast acht Jahre lang gebaut werden sollte.

Der 190 SL mußte sich jetzt einem Imagewandel unterziehen. Er wurde – seinem Naturell voll entsprechend – als seriöser zweisitziger Reise- und Gebrauchswagen definiert. Die Karosserie war bei in etwa gleicher Linienführung deutlich überarbeitet worden: Sie war jetzt etwas breiter; die Motorhaube, die nun nicht mehr auf voller Länge zu öffnen war, sondern eine vorn angeschlagene Luke aufwies, fiel nach vorne weniger stark ab und hatte die etwas unorganisch wirkende Lufthutze verloren; der Kühllufteinlaß war etwas weiter vorgezogen. Die hinteren Kotflügel hatte man nach Ponton-Manier mehr in den Wagenkörper integriert, und sie wiesen vor allem – wie beim ersten Prototyp nur bei den Vorderkotflügeln – die charakteristischen langgestreckten Sicken über den Radausschnitten auf, die auch der bereits in Serie gegangene 300 SL und die vollverkleideten Grand-Prix-Rennwagen trugen. Die stilistische Verwandtschaft zum 300 SL im ganzen war unverkennbar. Der 190 SL war zu einem bildschönen Auto geraten.

Die Motordaten waren inzwischen offensichtlich neu ermittelt worden. Als Höchstleistung wurden jetzt nur noch 105 PS angegeben, obwohl Verdichtung (8,5:1 statt 8,0:1) und Nenndrehzahl (5700 U/min statt

Modell	190 SL (W 121 II)
Produktionszeit	Mai 1955 – Februar 1963
Motor	Reihen-Vierzylinder M 121 B II
Bohrung/Hub/ccm	85 × 83,6, 1897 ccm
Verdichtung	8,5:1 (ab Aug. 1957 8,7:1, ab Sept. 1959 8,8:1)
Leistung	105 PS bei 5700 U/min
Ventilsteuerung	ohc, 1 obenliegende Nockenwelle
Schmierung	Druckumlauf
Kühlung	Wasserkühlung (Pumpe, Thermostat)
Vergaser	2 Solex 44 PHH Flachstrom
Elektrik	12 Volt 56 Ah
Kupplung	Einscheiben-Trockenkupplung
Getriebe	4-Gang, Stockschaltung
Lenkung	Kugelumlauf
Fußbremse	hydr., 4 Trommeln, a. W. Servo (Mai '56 in Serie)
Feststellbremse	mechan., Hinterräder
Aufbau	Coupé/Roadster zweisitzig
Radstand; Spur v/h	2400; 1430/1470 mm
Gesamtabmessungen	4220 × 1740 × 1320 mm
Bereifung	6.40 S-13
Tankinhalt	65 Liter
Leergewicht	Coupé 1160 kg, Roadster 1080 kg
Höchstgeschwindigkeit	175 km/h
Stückzahl	25881
Preise	Roadster DM 16500 Coupé DM 17100 Coupé mit Faltverdeck DM 17650

Beim 190 SL war die Motorhaube, im Gegensatz zu den Limousinen, vorn angeschlagen.

Rechts: Prototyp des 190 SL mit Hutze auf der Motorhaube und glatten Hinterkotflügeln.

5500 U/min) höher lagen als beim Prototyp. Der Motor war zwar eine Neuentwicklung, mit den 1951 im 220 (W 187) und im 300 (W 186) herausgekommenen Sechszylindermotoren aber konstruktiv eng verwandt. Das Vierzylindertriebwerk des 190 SL war im Bohrung-Hub-Verhältnis quadratischer ausgelegt als der Dreilitermotor des 300, die Kolbenwege aber länger als die des 220. Die Ventile wurden durch eine obenliegende Nockenwelle gesteuert, die durch eine Doppelrollenkette angetrieben wurde. Diese ohc-Auslegung, die eine Maximaldrehzahl von 6000 U/min zuließ, verlieh dem 190 SL-Motor die Charakteristik eines Hochleistungstriebwerks. Darauf deutete auch die spezifische Leistung von 55,3 PS/Liter hin – im Jahre 1955 sicher kein alltäglicher Wert.

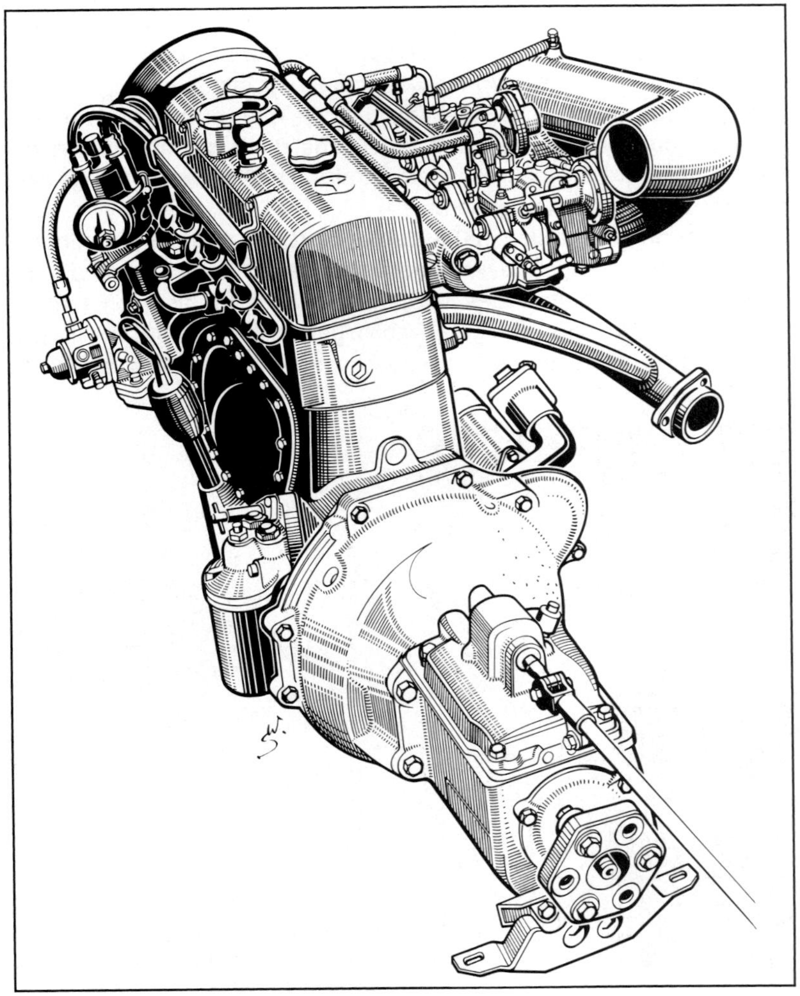

Rechts: Erste und zweite Version des Coupés. Das vergrößerte Heckfenster erhielt das Dach ab Herbst 1959.

Links: Motor des 190 SL. Der Vierzylinder war mit zwei Horizontalvergasern bestückt; er leistete 105 DIN-PS bei 5700 Touren. Einen Einspritz-190er gab es nicht!

Die Leistungsausbeute des 190 SL-Motors kam nicht von ungefähr. Zwar war die Kurbelwelle noch wie beim 180 dreifach gelagert – allerdings in Vielstofflagern –, große Einlaßventile, natriumgefüllte Auslaßventile und strömungstechnisch günstig geformte Ansaug- und Auslaßwege sorgten jedoch für wirkungsvolleren Gasaustausch. Die ausgeklügelte Brennraumform ließ zunächst die Verarbeitung auch niederoktaniger Supertreibstoffe zu. Wie beim 220 und 300 bürgte ein Öl-Wasser-Wärmetauscher für schnelles Erreichen der Betriebstemperatur und für Ölkühlung bei Vollast. Das Verdichtungsverhältnis wurde während des Produktionsverlaufs zweimal erhöht, im August 1957 auf 8,7:1 und im September 1959 auf 8,8:1, ohne daß bei dieser Maßnahme die Nennleistung stieg.

Hauptsächliches Leistungsmerkmal des 190 SL-Triebwerks war die aufwendige Vergaseranlage. Zwei Solex-Flachstrom-Registervergaser der Type 44 PHH sorgten für die Gemischaufbereitung – und bei höherem Wagenalter für das Kopfzerbrechen gar mancher 190 SL-Eigner: Ausgeschlagene Drosselklappenwellen machten sich häufig durch begrenztes Drehvermögen der Maschine und nicht mehr einstellbarem Leerlauf bemerkbar. Von jeher war das »Gaswerk« des 190 SL schwierig abzustimmen – eine Tätigkeit, die nicht für jeden Bastler im Do-it-yourself-Verfahren möglich ist. Viele 190 SL wurden deshalb auf die einfacher gebauten, dabei ebenso effektiven, aber nicht ganz so wirtschaftlichen Weber-Horizontaldoppelvergaser umgerüstet.

Bodengruppe und Vorderradaufhängung des 190 SL entsprachen

weitgehend den entsprechenden Bauelementen des 180. Die Karosserie war mit der Rahmenboden-Anlage fest verschweißt. Motorhaube, Kofferdeckel und Türen waren aus Aluminium gefertigt. Dennoch stellte der 190 SL mit 1160 Kilogramm kein Leichtgewicht dar – sein größtes Handicap!
Im Mai 1955 ging der 190 SL in Serie. Zunächst wurde er nur als Roadster angeboten, auf der Internationalen Automobil-Ausstellung im September 1955 kamen zwei Coupé-Versionen und eine mit Roadsterverdeck und Coupédach. Letztere Variante erfreute sich größerer Beliebtheit, da beim offenen Fahren mit der Nur-Hardtop-Ausführung vor Antritt der Fahrt eine meteorologische Orientierung unabdingbar war. Im September 1959 erhielt das Hardtop ein vergrößertes Panorama-Heckfenster, auch die Heckscheibe des Roadsterverdecks hatte man verbreitert.
Die Karosserie war dem Charakter des 190 SL als sportliches Reisefahrzeug entsprechend elegant und reichhaltig ausgestattet. Das Interieur wirkte wesentlich behaglicher als etwa bei britischen Roadstern. Die Kunstledersitze (»MB-Tex«) waren in zwei Polsterhöhen lieferbar und gaben ausgezeichneten seitlichen Halt. Auf Wunsch konnte ein dritter, zusammenlegbarer Sitz quer zur Fahrtrichtung auf der Gepäckablage im Fond eingebaut werden, der allenfalls für Kinder geeignet war. Die Türtaschen fungierten auch als Zuggriffe und Armlehnen. Die Innenleuchte diente als Kartenleselampe. Der für einen sportlich ausgerichteten Wagen sehr voluminöse Kofferraum, dessen Deckel allerdings etwas primitiv durch einen Stab offengehalten wurde, konnte durch einen gegen Aufpreis lieferbaren fünfteiligen Koffersatz voll genutzt werden. Ein weiteres Extra war die Lederausstattung, die das Coupé ab 1959 serienmäßig aufwies.
Die Instrumentierung des Wagens war erwartungsgemäß sehr komplett. Das Armaturenbrett wurde von zwei großen Rundinstrumenten in einer gemeinsamen Konsole beherrscht: Tachometer und Drehzahlmesser. Ölmanometer, Kühlwasserthermometer und Tankanzeige waren darunter angeordnet. Die üblichen Bedienungselemente wurden durch eine Lichthupe und einen »Oktanzahlkompensator«, der nichts weiter als eine Handzündverstellung war, vervollständigt. Im Mai 1956 kamen Heizgebläse und Starktonhorn dazu, das Handschuhfach erhielt einen verschließbaren Deckel mit eingebauter Uhr. Der Scheibenwascher blieb bis 1959 Sonderzubehör.
Das vollsynchronisierte Vierganggetriebe wurde durch einen kurzen Hebel in Wagenmitte geschaltet. Das große, elfenbeinfarbene Lenkrad war ziemlich hoch angeordnet und stand sehr steil.
Die Bremsen des 190 SL besaßen turbogekühlte (turbinenartig verrippte) Trommeln und selbstnachstellende Backen. Auf Wunsch war die Ate-Vakuum-Bremshilfe lieferbar; ab Mai 1956 wurde dieses Servogerät serienmäßig eingebaut.
Die Fachkritiker, die den 190 SL unter die Lupe nahmen, lobten einhellig die hervorragende Verarbeitungsqualität und das annähernd neutrale Fahrverhalten des Wagens. Die amerikanische Fachzeitschrift *Road & Track* war geradezu begeistert: »Der 190 SL ist einer der besten und sichersten Hochgeschwindigkeits-Tourenwagen, die

Links: 190 SL Roadster, die meistgekaufte Version dieses Wagens. Oben Frontansicht des Motors, eine ohc-Konstruktion.

Ein 190 SL als Teilnehmer des Oldtimertreffens der Freunde nostalgischer Autos in der Schweiz

wir kennen ... Er ist klein, agil und manövrierfähig ... Er wirkt niemals untermotorisiert und sein Vierzylinder läuft dabei so geschmeidig wie ein Sechszylinder.« Das war im Oktober 1955. Fünf Jahre später wurden die Fahrleistungen von einem deutschen Fachjournalisten noch immer als beachtlich bezeichnet, der (im übrigen im unteren Drehzahlbereich nie ganz vibrationsfrei laufende) Motor hingegen als unelastisch und wenig kultiviert charakterisiert. Aber war das bei einem Fahrzeug letztlich doch sportlicher Provenienz so wichtig? Die Ansprüche waren inzwischen eben gestiegen und modernere Roadster wie der Fiat 1600 S, die bei vergleichbaren Fahrleistungen laufruhiger waren, setzten neue Maßstäbe.
Der 190 SL, obwohl aus Sicht der breiten Masse durchaus ein »Damenwagen« und durch seinen zweifelhaften Filmruhm als solcher noch bestätigt, war von der allgemeinen Bedienbarkeit her wohl weni-

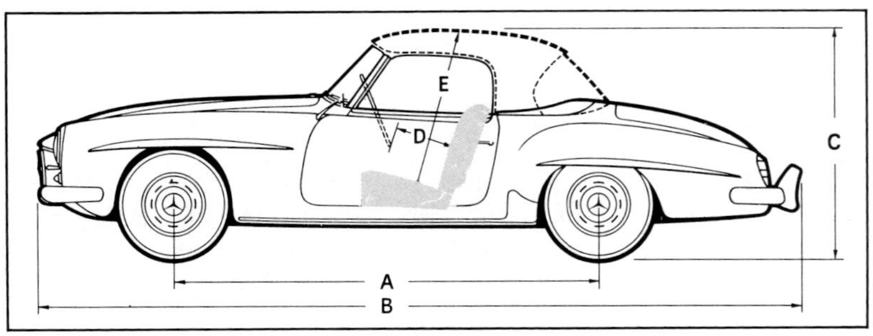

ger für das »schwache« Geschlecht geeignet: Lenkung und Kupplung waren schwergängig, die Schaltung hakelte und der Handbremshebel war unter dem Armaturenbrett nur schlecht erreichbar.
Die Federung war sportlich straff und vermochte Fahrbahnunebenheiten nicht restlos zu absorbieren. Das Verdeck konnte auch von einer Person leicht und schnell geöffnet und geschlossen werden. Beim offenen Fahren war die völlige Zugfreiheit verblüffend.
Die vom Werk angegebene Höchstgeschwindigkeit von 175 km/h wurde in zeitgenössischen Tests nicht selten übertroffen. Das Beschleunigungsvermögen wurde mit 14,5 Sekunden von Null auf 100 km/h realistisch dargestellt, ebenso war der von Daimler-Benz angegebene Kraftstoffnormverbrauch von 10,9 l/100 km (Superbenzin 96 ROZ bei der letzten Ausführung; vorher 92 ROZ) in der Praxis durchaus erreichbar. Der 65-Liter-Tank ermöglichte einen überdurchschnittlich großen Aktionsradius.
Atemberaubend waren die Fahrleistungen des 190 SL gegen Ende seiner Karriere nicht mehr. Die US-Fachzeitschrift *Sports Cars Illustrated* bezeichnete den 190 SL einmal etwas boshaft als »Sportwagen in den besten Jahren«.
Bedauerlicherweise wurde der 190 SL in all seinen unzweifelhaften Qualitäten oftmals verkannt, weil von ihm entweder ein rassereiner Sportwagencharakter erwartet wurde, den er nicht bieten konnte und sollte, oder weil er in seinem Schattendasein neben dem 300 SL von vorneherein als Boulevardauto klassifiziert wurde, das er ebenfalls nicht war. Seine Stärke waren schnell und komfortabel zurückgelegte lange Strecken: Er war ein echter Grand-Tourisme-Wagen im ursprünglichen Sinne des Wortes, das vom internationalen Motorsport-Dachverband FIA im Laufe der Zeit so sehr mißinterpretiert wurde. Er war langlebig und robust konzipiert sowie wirtschaftlich zu bewegen. Er hatte keine Launen wie viele italienische GT-Wagen und schonte im Gegensatz zu britischen Roadstern seine Insassen vor Zugluft, Feuchtigkeit, Öldunst und Lärm. Als er im Februar 1963 endgültig abtreten mußte – einige hundert Exemplare waren nach dem Lieferstop für den

Links: Basismaße des 190 SL. A 2400 mm, B 4290 mm, C 1320 mm, D 360 mm, E 950 mm. Rechts: Studien zu einem 190 SL-Nachfolger aus dem Skizzenbuch Paul Bracqs.

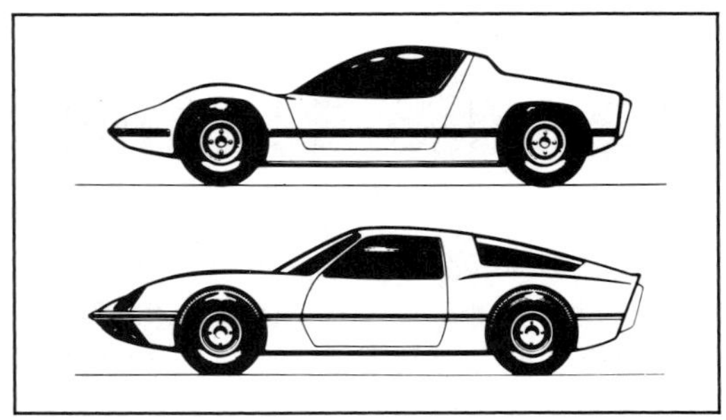

Heimatmarkt im Herbst 1962 noch für den US-Markt gebaut worden –, hinterließ er in seiner Preisklasse eine spürbare Lücke. 25 881 Wagen des Typs 190 SL hatten die Produktionsstätten der Daimler-Benz AG verlassen und die Preise waren stets gleichgeblieben: Der Roadster kostete 16 500 Mark, das Coupé 17 100 Mark und das Coupé mit Roadsterverdeck 17 650 Mark. Die überlebenden 190 SL – und es sind dank der robusten Konzeption nicht wenige – erfreuen sich heute höchster Ehren.

Mit dem entschärften Triebwerk des 190 SL war ein neuer Großserienwagen entstanden:

Mercedes-Benz 190

Mit dem Vorhandensein eines zeitgemäßen Fahrwerks beim Typ 180 und der Existenz eines leistungsfähigen, modernen Motors beim 190 SL bot sich gemäß dem in Untertürkheim ins Auge gefaßten Baukastenprinzip an, beide Bauelemente zu kombinieren und eine lebendige, komfortable Reiselimousine der oberen Mittelklasse zu schaffen. Unter den Mercedes-Kunden und -Anhängern bestand seit dem Erscheinen leistungsbetonter und dabei bequemer Wagen wie der Borgward Isabella TS, des Fiat 1900 A und des Peugeot 403 auf dem deutschen Markt der Wunsch nach einem Pendant mit dem Dreizackstern auf dem Kühler.

Im Mai 1956 war es soweit: Daimler-Benz stellte der Presse den Typ 190 vor, einen für weite Kundenkreise hochinteressanten Wagen mit der soliden Karosserie und dem bewährten Fahrwerk des 180, aber mit einigen Ausstattungs- und Ausrüstungsänderungen, und mit dem deutlich entschärften Triebwerk des Mercedes-Sportwagens 190 SL. Der 190 SL-Motor war für diesen Zweck vor allem ansaugseitig stark gedrosselt worden. Statt der beiden Flachstromvergaser sorgte ein Solex-Registervergaser der Type 32 PAITA für die Gemischaufbereitung. Die Verdichtung hatte man auf 7,5:1 herabgesetzt. Die Nockenwelle war weniger »steil«, d. h. die Steuerzeiten wiesen geringere Überschneidungen auf, die Öffnungszeiten der Ventile waren also kürzer. Statt der natriumgekühlten wurden normale Auslaßventile verwendet. Ein- und Auslaßkanäle waren im Durchmesser kleiner. Der Motorblock mit dem Kurbeltrieb war mit dem des 190 SL identisch.

Durch diese Maßnahmen sank die Motorleistung von über 100 auf 75 PS bei 4600 U/min, während das maximale Drehmoment mit 13,9 mkg bei 2800 U/min nur unwesentlich niedriger lag und schon früher zur Verfügung stand.

Gegenüberliegende Seite: Ein 190 in Italien. Einzelne Nebelscheinwerfer waren damals noch gestattet. Links: 190-Karosserien auf dem Weg in die Lackierung (Werk Sindelfingen).

Rechts: Dieser 190 gehörte dem Autor; der Wagen absolvierte mit der ersten Maschine über 360 000 Kilometer.

Die Änderungen am Fahrwerk des 190 gegenüber dem 180 betrafen die breiteren Bremsen mit den turboverrippten Trommeln, die die Limousine ebenfalls vom 190 SL übernahm, und die mit Kühlschlitzen versehenen Felgen, die dem 190 einen Hauch von Sportlichkeit verliehen. Auch die Räder hatte der rasante Halbbruder beigesteuert.
Die Unterschiede der Karosserieeinzelheiten des 190 zum 180 waren nicht sofort augenfällig. Der 190 wies unterhalb der Fenster eine breite Gürtelzierleiste auf. Alle Fenster und die Regenleisten waren mit schmalen Chromeinfassungen versehen. Vorne hatte der 190 die beim 180 lange vermißten Schwenkfenster, die eine zugfreie Belüftung des Fahrgastraums ermöglichten. Die Kühlerattrappe war etwas breiter als die des 180, ein kleiner optischer Trick veränderte das Gesicht des 190 zusätzlich und ließ es breiter erscheinen: Die drei schmalen Zierleisten an der Frischluftzufuhr links und rechts des Kühlergrills waren ungleich lang und gewölbt – die unterste, längste Leiste hatten die Stylisten sogar etwas in den Kotflügel hineingezogen.
Die hinteren Leuchteinheiten waren wie beim 180 Dreikammerleuchten, aber großzügiger dimensioniert. Rückleuchten und seitliche Blinker konnten jeweils für eine Wagenseite als Parkleuchten geschaltet

Modell	190 (W 121 I)
Produktionszeit	März 1956 – August 1959
Motor	Reihen-Vierzylinder M 121 B I
Bohrung/Hub/ccm	85 × 83,6, 1897 ccm
Verdichtung	7,5:1
Leistung	75 PS bei 4600 U/min
Ventilsteuerung	ohc, 1 obenliegende Nockenwelle
Schmierung	Druckumlauf
Kühlung	Wasser (Pumpe, Thermostat)
Vergaser	1 Solex 32 PAITA Fallstrom-Registerv.
Elektrik	12 Volt 56 Ah
Kupplung	Einscheiben-Trockenkupplung
Getriebe	4-Gang, Lenkradschaltung
Lenkung	Kugelumlauf
Fußbremse	hydr., 4 Trommeln, a. W. Servo
Feststellbremse	mechan., Hinterräder
Aufbau	Limousine viertürig
Radstand; Spur v/h	2650, 1430/1470 mm
Gesamtabmessungen	4485 × 1740 × 1560 mm
Bereifung	6,40 – 13
Tankinhalt	56 Liter
Leergewicht	1135 kg
Höchstgeschwindigkeit	140 km/h
Stückzahl	61 345
Preis	DM 9450

Links: Ein Mercedes-Benz 190 (mit dem seinerzeit noch angebotenen großen Stoffschiebedach) auf Dolomitenfahrt.

werden. Die Kennzeichenbeleuchtung war in massiven, verchromten Gehäusen untergebracht, die links und rechts des Nummernschildes auf dem Kofferdeckel saßen. Ab Mai 1957 wanderte die Kennzeichenbeleuchtung in die Stoßstangenhörner und der Kofferdeckel erhielt einen Griff zum Öffnen.

Die vier Türen des 190 erhielten wie bei allen Mercedes-Pkw Sicherheits-Zapfenschlösser, die ein Aufspringen bei durch Überschlag oder Aufprall verursachter Verwindung der Karosserie verhinderten. Beide Vordertüren waren beim 190 von außen verschließbar. Die inneren

Türgriffe des 180 wichen günstiger plazierten Zughebeln. Die Neigung der Vordersitzlehnen war nicht verstellbar – ein Manko, das Anlaß zu vielfacher Kritik bot. Im Mai 1957 wurde die Ausstattung des 190 verfeinert: Der Wagen erhielt Polsterstoffe in helleren und freundlicheren Farben und zeitgemäß gestaltete Türverkleidungen.

Die Ausstattung des Interieurs war im übrigen sehr komplett: Heizgebläse, Lichthupe, Leseleuchte im Kippspiegel, Sonnenblende auch für den Beifahrer und Garderobehaken mit Halteschlaufen setzten gegenüber dem 180 Akzente. Im Mai 1957 entfiel der altertümliche »Oktanzahlkompensator« am Armaturenbrett zugunsten einer direkten Zündverstelleinrichtung mit kalibrierter Skala am Zündverteiler. Die Windschutzscheiben aller 190-Limousinen waren aus Verbundglas (Sigla) gefertigt.

Der 190 kostete genausoviel wie vorher der 180, dessen Preis allerdings reduziert wurde, nämlich 9450 Mark. Die vergleichbare Borgward Isabella TS de Luxe, die allerdings nur zweitürig lieferbar war, kostete 8725 Mark. Dennoch wurden 1956 im Bundesgebiet und West-Berlin 8393 Mercedes 190 zugelassen, während es die Isabella (in allen Versionen) nur auf 6580 Exemplare brachte. Auch 1957 hatte der 190 mit 11 886 Neuzulassungen gegenüber 8259 im Inland verkauften Isabellen die Nase vorn. Dabei ist aber jeweils der Exportanteil zu berücksichtigen, der sich beim 190 auf 53 Prozent belief, bei der Isabella indessen weitaus höher lag. 1957 wurde selbst der eigentlich in einer anderen Klasse angesiedelte, viel größere, aber in Standardausführung um 100 Mark billigere Opel Kapitän vom Mercedes 190 nach langjähriger Überlegenheit auf den zweiten Platz in der Preiskategorie bis 10 000 Mark verwiesen. Der 190 war ein guter Wurf!

In der in- und ausländischen Fachpresse erhielt der 190 noch bessere Kritiken als der 180: Lenkung, Kupplungsbetätigung und Schaltung waren verfeinert worden und nun wesentlich leichtgängiger. Die Fahreigenschaften und der Fahrkomfort entsprachen denen des überarbeiteten 180 mit neuer Hinterachse. Die Bremsen waren mehr als ausreichend dimensioniert, neigten lediglich bei mangelhafter Wartung permanent zum Schiefziehen und einseitigen Blockieren.

Der neuentwickelte Registervergaser ermöglichte sparsames Fahren. Das Fachblatt *auto motor und sport* ermittelte 1956 einen Testverbrauch von 11,8 l/100 km – angesichts häufig forcierter Fahrweise und des ansehnlichen Wagengewichts gewiß ein beachtlicher Wert!

Die vom Werk mit 140 km/h angegebene Spitzengeschwindigkeit wurde in allen Tests leicht übertroffen; die Beschleunigung wurde meist mit knapp unter 20 Sekunden von 0–100 km/h ermittelt. Diese Leistungswerte waren zur Zeit des 190 durchaus zufriedenstellend.

Im August 1959 wurde der 190 durch den modifizierten 190b ersetzt, nachdem 61 345 Stück die Montagebänder verlassen hatten.

Ab Werk wurde der Mercedes-Benz 180 mit seitlichen Blinkern versehen, die nicht unbedingt organisch in die Flanken eingefügt waren und bei allen Vierzylindern Verwendung fanden. Obwohl vom TÜV nicht vorgeschrieben, rüsteten damals bereits manche Mercedes-Besitzer ihre Wagen auf zusätzliche Blinker um, wie sie der mit Plaketten am Kühler versehene 190 aufweist.

Die Ära der stehenden Ventile war zu Ende.
Ein Hundertachtziger mit ohc-Motor stand auf dem Programm:

Mercedes-Benz 180a

Neben dem Ford 12 M (G 13), der bis Mitte 1962 gebaut wurde, gebührt dem Mercedes 180 die nostalgisch verbrämte Ehre, von einem der letzten in Deutschland hergestellten seitengesteuerten Motoren angetrieben worden zu sein. Das zwar elastische, laufruhige und robuste, aber konstruktionsbedingt drehzahlscheue sv-Triebwerk des 180, dessen direkte Erblinie bis weit in die dreißiger Jahre zurückreicht, war konstruktiv am Ende seiner Karriere angelangt. Es ließ sich in der Leistung nicht mehr steigern, das modernisierte Fahrwerk des 180 aber konnte eine temperamentvollere Maschine vertragen. Die Ära der stehenden Ventile war zu Ende. Es hätte sich nun angeboten, den alten Block und Kurbeltrieb mit einem neuen Zylinderkopf mit hängenden Ventilen und deren Steuerung durch Stoßstangen (ohv-Prinzip) zu kombinieren, wie dies 1949 beim Dieselmotor des 170 D geschehen war. Man zog es in Untertürkheim jedoch vor, diese Entwicklungsstufe zu überspringen und auf das moderne ohc-Triebwerk zurückzugreifen, das dem 190 SL entstammte und in gezähmter Form bereits im 190 zu finden war.
So wurde Anfang August 1957 – fünfzehn Monate nach dem Debüt des 190 – der 180a vorgestellt, der weitgehend dem 190 angeglichen war. Der Motor war die gleiche 1,9-Liter-ohc-Maschine mit Leichtmetall-Zylinderkopf, ihre Leistung war aber wiederum reduziert worden. Durch ein zurückgenommenes Verdichtungsverhältnis (6,8:1 statt 7,5:1) und einen Einfachvergaser (Solex 32 PICB) an Stelle des Registervergasers beim 190 standen jetzt – zumindest auf dem Papier – nur noch 65 PS bei 4500 U/min zur Verfügung. Der ohc-Motor war im 180a ein echtes Drosseltriebwerk mit einer Literleistung von nur 34,2 PS. Damit setzte der 180a die Rolle seines Vorgängers als dauerhaftes Arbeitspferd fort. Das Drehmoment unterschied sich dagegen kaum

von dem der Ausführung 190:13,0 mkg bei bereits 2200 U/min standen 13,9 mkg gegenüber, Charakteristikum eines durchzugskräftigen, hochelastischen Motors. Durch die niedrigere Verdichtung konnte der 180a mit Normalbenzin betrieben werden.

Auch äußerlich wurde der 180a an den inzwischen verbesserten 190 angeglichen: Er erhielt dessen breitere Kühlermaske, die vergrößerten Heckleuchten sowie die Kennzeichenbeleuchtung in den verlängerten Stoßstangenhörnern und den Kofferdeckelgriff der zweiten Version des 190. Ebenso wurde die Innenarchitektur der des 190 angepaßt: neue Polsterstoffe und Türverkleidungen, zweifarbig abgesetzt, gepolsterte Sonnenblenden. Das Markensymbol auf der Kühlerattrappe war nun umklappbar gelagert – eine Maßnahme im Hinblick auf die beträchtlichen Ausfuhren in die Schweiz wegen der neuen eidgenössischen Verkehrssicherheitsbestimmungen.

Ausstellfenster an den Vordertüren gab es auch beim 180a zunächst noch nicht – erst ab April 1958 stattete man ihn damit aus. Und ein Türschloß rechts war nur gegen Aufpreis erhältlich. Ebenso mußte man auf den Rückfahrscheinwerfer, das Heizgebläse und die Lichthupe verzichten, sofern man nicht bereit war, dafür extra zu zahlen
In den seinerzeitigen Prüfungsberichten der Fachpresse wurden für den 180a recht beachtliche Fahrleistungen gemessen. Demnach war der 180a ein durchaus lebendiges Automobil. Dank des hohen Drehmoments war schon aus niedrigen Drehzahlen heraus zügiges Beschleunigen möglich. *auto motor und sport* ermittelte eine Höchstgeschwindigkeit von 138 km/h und eine Beschleunigung von 20,5 Sekunden von 0–100 km/h. Diese Leistungswerte differierten nur unwesentlich von denen des 190. Dafür lag der Testverbrauch des 180a mit 10,8 l/100 km um einen vollen Liter niedriger als beim 190.

Damit tut sich die Frage nach der Existenzberechtigung zweier derart ähnlicher Vierzylinder im Verkaufsprogramm der Daimler-Benz AG auf. Was konnte einen Käufer bewegen, sich für den 190 zu entscheiden, wenn der 180a gleichviel leistete und dabei deutlich sparsamer war?
Neben der Wirtschaftlichkeit war es der mit 8700 Mark um 750 Mark niedrigere Preis gegenüber dem 190. Und 750 Mark waren 1957 noch eine Menge Geld! Allerdings konnte man den Preis des 180a durch Bestellen einer kompletten Lederausstattung (825 Mark) und eines Faltdaches (600 Mark) leicht über den Grundpreis eines 190 hinausschnellen lassen.

Obwohl der 190 auf mehr als doppelt so hohe Produktionszahlen kam und damit den Sieg des allzu menschlichen Prestigedenkens über die Vernunft dokumentierte, hatten beide Typen ihre Daseinsberechtigung, der 180a nicht zuletzt wegen des höheren Gegenwertes. Beide Modelle sprachen offensichtlich verschiedene Käufertypen an – wie fünf Jahre vorher der 170 V und der 170 S. Und Gedanken über unwirtschaftliche Modellpolitik brauchte man sich in Untertürkheim ohnehin nicht zu machen – schließlich stand das kostengünstige Baukastenprinzip mit dem 180a in voller Blüte.

Modell	180a (W 120 II)
Produktionszeit	Juni 1957 – Juli 1959
Motor	Reihen-Vierzylinder M 121 B IV
Bohrung/Hub/ccm	85 × 83,6, 1897 ccm
Verdichtung	6,8:1
Leistung	65 PS bei 4500 U/min
Ventilsteuerung	ohc, 1 obenliegende Nockenwelle
Schmierung	Druckumlauf
Kühlung	Wasserkühlung (Pumpe, Thermostat)
Vergaser	Solex 32 PICB Fallstrom
Elektrik	12 Volt 56 Ah
Kupplung	Einscheiben-Trockenkupplung
Getriebe	4-Gang, Lenkradschaltung
Lenkung	Kugelumlauf
Fußbremse	hydr., 4 Trommeln
Feststellbremse	mechan., Hinterräder
Aufbau	Limousine viertürig
Radstand; Spur v/h	2650, 1430/1475 mm
Gesamtabmessungen	4485 × 1740 × 1560 mm
Bereifung	6.40 – 13
Tankinhalt	56 Liter
Leergewicht	1165 kg
Höchstgeschwindigkeit	135 km/h
Stückzahl	27 353
Preis	DM 8700

Gegenüberliegende Seite: 180a mit Schiebedach. Rechts die Bodengruppe des 180.

Retuschen an Aufbau und Ausstattung – dieses Facelifting hatte Stil:

Mercedes-Benz 180b, 190b, 180c

Als die Mercedes-Sechszylinder mit Ausnahme des 300d völlig neue Karosserien erhielten, war der Zeitpunkt gekommen, das seit sechs Jahren kaum veränderte Styling der Vierzylinder-Personenkraftwagen ebenfalls zu modernisieren. Im August 1959 wurden die b-Typen der kleinen Limousinen-Baureihe, die Modelle 180b und 190b, vorgestellt, deren Serienfertigung bereits im Juni bzw. Juli 1959 angelaufen war. Einen 190a hat es übrigens nie gegeben.

Da die Technik der Wagen noch als durchaus zeitgemäß galt, wurden in erster Linie Aufbau und Ausstattung einigen Retuschen unterzogen. Am augenfälligsten war das veränderte, nun breiter und wuchtiger wirkende Gesicht. Kühlerattrappe und Motorhaube waren deutlich niedriger geworden, was den Sichtverhältnissen zugute kam. Gleichzeitig wurde die Kühlermaske, die übrigens die gleiche wie bei der 220b-Reihe war, breiter und stand weiter vor. Die Stoßstangen waren nun glatt und dabei sehr stabil und voluminös gestaltet. Die vordere Stoßstange trug keine Hörner. Das Wagenheck wurde bei allen Typen von neuen, längeren Schlußleuchten mit integrierten Rückstrahlern – vorher saßen diese unten an den Stoßstangenhörnern – beherrscht. Das übrige Karosserieblech blieb unverändert, wobei in der anbrechenden Epoche der »Trapezlinie« die Fensterflächen allerdings als zu klein gesehen werden mußten. Die Türen erhielten neue Doppelkeilschlösser, die ein Maximum an Unfallsicherheit boten und von innen verriegelt werden konnten. Das Armaturenbrett, dessen Kombiinstrument erhalten blieb, bekam dicke Polsterwülste an Ober- und Unterkante. Das Cockpit wurde von dem neuen Zweispeichenlenkrad mit gepolsterter Prallplatte beherrscht, dessen Signalring nur noch seinem eigentlichen Zweck diente: dem Hupen. Die Blinker wurden nun durch einen Hebel links unter dem Lenkrad in Funktion gesetzt

Gegenüberliegende Seite: Mercedes-Benz 180b. Oben: Blick aufs Lenkrad mit der Prallplatte, darunter die neugestaltete Heckpartie des 180b. Das Foto rechts zeigt den eleganten Koffersatz einschließlich Hutschachtel. Mercedes-Tradition!

und stellten sich automatisch zurück. Durch Anziehen dieses Hebels auf den Fahrer zu wurde die Lichthupe betätigt. Der Scheibenwascher, den nun auch der 180b serienmäßig aufwies, wurde durch einen Fußkontakt gesteuert. Beim vollen Durchtreten dieses Pedals setzten sich auch die Wischer in Bewegung. Elastische Bedienungsknöpfe, teilweise versenkt angeordnet, dienten wie der neue abblendbare Rückspiegel der Sicherheit. Nach wie vor konnte man zwischen vorderer Sitzbank und Einzelsitzen wählen. Die Polsterstoffe und Türverkleidungen wiesen neue Dessins auf.
Das Fahrwerk der neuen Modelle blieb unverändert. Der 180b erhielt jetzt an den Vorderrädern turbogekühlte Bremstrommeln mit den breiteren Bremsbacken des Typs 190. Die wirksame Bremsfläche stieg dadurch um 30 Prozent.
Die Motoren hatte man einer Leistungskur unterzogen. Durch Erhö-

hung der Verdichtung (7,0:1 statt 6,8:1) und Verwendung eines Vergasers mit größerem Lufttrichter (Solex 34 PJCB) stieg die Motorleistung beim 180b um 3 auf 68 PS. Der Motor des 190b leistete nun 80 statt 75 PS, wobei die Steigerung durch eine von 7,5:1 auf 8,5:1 erhöhte Verdichtung erreicht wurde. Das maximale Drehmoment nahm bei beiden Wagen nur geringfügig zu. Die Fahrleistungen verbesserten sich durch die genannten Modifikationen beim 180b kaum merklich (das Werk gab immer noch eine Höchstgeschwindigkeit von 135 km/h an), beim 190b dagegen deutlicher mit einer um 5 km/h auf 145 km/h gesteigerten Spitze.
Ein Kennzeichen der stabilen Konjunkturlage jener Tage war die Tatsache, daß sowohl der 180b als auch der 190b trotz der verbesserten Ausstattung zu weiterhin unveränderten Preisen angeboten wurden. Beide Modelle waren auf Wunsch mit dem Ate-Bremsgerät und nach

Modell	180b (W 120 III)	190b (W 121 III)	180c (W 120 IV)
Produktionszeit	Juli 1959 – August 1961	Juni 1959 – Aug. 1961	Juni 1961 – Oktober 1962
Motor	Reihen-Vierzylinder M 121	Reihen-Vierzylinder M 121	Reihen-Vierzylinder M 121
Bohrung/Hub/ccm	85 × 83,6, 1897 ccm	85 × 83,6, 1897 ccm	85 × 83,6, 1897 ccm
Verdichtung	7,0:1	8,5:1	7,0:1
Leistung	68 PS bei 4400 U/min	80 PS bei 4800 U/min	68 PS bei 4400 U/min
Ventilsteuerung	ohc, 1 obenliegende Nockenwelle	ohc, 1 obenliegende Nockenwelle	ohc, 1 obenliegende Nockenwelle
Schmierung	Druckumlauf	Druckumlauf	Druckumlauf
Kühlung	Wasserkühlung (Pumpe, Termostat)	Wasserkühlung (Pumpe, Thermostat)	Wasserkühlung (Pumpe, Thermostat)
Vergaser	Solex 34 PICB Fallstrom	Solex 32 PAITA Register	Solex 34 PICB Fallstrom
Elektrik	12 Volt 56 Ah	12 Volt 56 Ah	12 Volt 52 Ah
Kupplung	Einscheiben-Trockenkupplung	Einscheiben-Trockenkupplung	Einscheiben-Trockenkupplung
Getriebe	4-Gang, Lenkradschaltung	4-Gang, Lenkradschaltung	4-Gang, Lenkradschaltung
Lenkung	Kugelumlauf	Kugelumlauf	Kugelumlauf
Fußbremse	hydr., 4 Trommeln, a. W. Servo	hydr., 4 Trommeln, a. W. Servo	hydr., 4 Trommeln, a. W. Servo
Feststellbremse	mechan., Hinterräder	mechan., Hinterräder	mechan., Hinterräder
Aufbau	Limousine viertürig	Limousine viertürig	Limousine viertürig
Radstand; Spur v/h	2650; 1430/1475 mm	2650, 1430/1475 mm	2650; 1440/1485 mm
Gesamtabmessungen	4500 × 1740 × 1560 mm	4500 × 1740 × 1560 mm	4500 × 1740 × 1560 mm
Bereifung	6.40 – 13	6.40 – 13	6.40 – 13
Tankinhalt	56 Liter	56 Liter	56 Liter
Leergewicht	1113 kg	1147 kg	1113 kg
Höchstgeschwindigkeit	135 km/h	145 km/h	135 km/h
Stückzahl	29 415	28 463	9280
Preise	DM 8700	DM 9450	DM 8950, ab April '62 DM 9350

alter MB-Tradition mit einem fünfteiligen Spezialkoffersatz lieferbar. In der Bauperiode der b-Modelle veränderte sich die Produktionsstatistik zugunsten des 180b – ein logischer Vorgang, wenn man bedenkt, daß dieser Typ mit einem Minderpreis von 750 Mark gegenüber dem 190 jetzt erst recht der bessere Kauf war. Er war jetzt fast genauso reichlich ausgestattet und lag im Unterhalt erfahrungsgemäß um etwa 20 Prozent günstiger als der 190b. Die um 12 PS niedrigere Motorleistung war bei Normalgebrauch belanglos und auf die zusätzlichen Zierleisten, die immer noch den äußerlichen Hauptunterschied zwischen beiden Typen darstellten, konnte man gut und gerne verzichten.

Der 190b wurde im August 1961 durch eine Neukonstruktion ersetzt, der 180 aber lebte ab Juni 1961 als Typ 180c weiter, der allerdings als Auslaufmodell zu bezeichnen war. Den Verlegenheitscharakter dieser Lösung machte die geringe Stückzahl von 9280 gebauten Einheiten in 15 Monaten deutlich.

Oben: Karosseriebau in Sindelfingen. Noch hatten Automaten die Handarbeit nicht abgelöst.

Links: Mercedes-Benz 190b. Rechts: Seitlich war der 190b an seinen verchromten Regenleisten erkennbar.

Links: Mercedes-Benz 190b; auf Wunsch gab es den Wagen mit Weißwandreifen.

Ob die neue Typenbezeichnung 180c gerechtfertigt war, sei dahingestellt, denn zahlreich waren die Verbesserungen gegenüber dem 180b gerade nicht: Der 180c erhielt eine neue Nockenwelle, und sein Ventiltrieb wurde geringfügig geändert. Die Schwinghebel waren jetzt vibrationsärmer gelagert. Diese Maßnahmen erhöhten die Drehfestigkeit des Motors. Eine neue Vergasereinstellung machte den Wagen ein bißchen sparsamer. Das zählte für viele Mercedesfahrer – nicht zuletzt für den Taxibetrieb.

Da Daimler-Benz üblicherweise nur bei tiefergreifenden Modifikationen neue Modellbezeichnungen ausgab, kann das Suffix »c« nur mit der Verwendung eines neuen Zweilitermotors in der parallel gebauten Dieselversion 180 Dc oder aber mit einer Angleichung der Namensgebung an den brandneuen 190c, den flossenbewehrten Cousin, erklärt werden.

Seit langem kamen die Preise bei Daimler-Benz wieder einmal nach oben in Bewegung: Der 180c kostete gegenüber dem 180b 250 Mark mehr, ohne aber ein Plus an Ausstattung zu bieten. Im April 1962 wurde sein Preis nochmals um 400 Mark auf 9350 Mark angehoben.

Im Oktober 1962 endete mit dem 180c nach neun Jahren nicht nur die erfolgreiche Karriere der Baureihe 180, von der 118 234 Exemplare mit Vergasermotor gebaut worden waren, sondern auch die Ära der eigentlichen Mercedes-Ponton-Reihe.

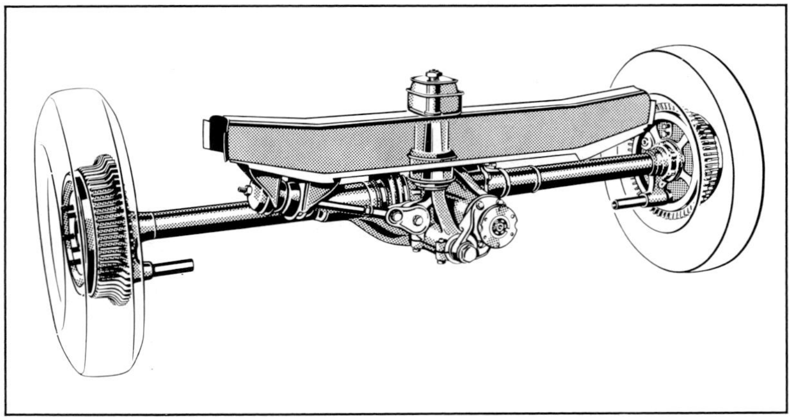

Oben: Eingelenk-Pendelachse und Turbobremse des 190, identisch mit denen der Modelle 180, 190 SL und 220a bis S/SE.
Links: Heckansicht eines Wagens mit amerikanischem Kennzeichen.

Frontansicht des Wagens auf dem Foto unten links. Der 190 gehört einem Sammler in den USA.

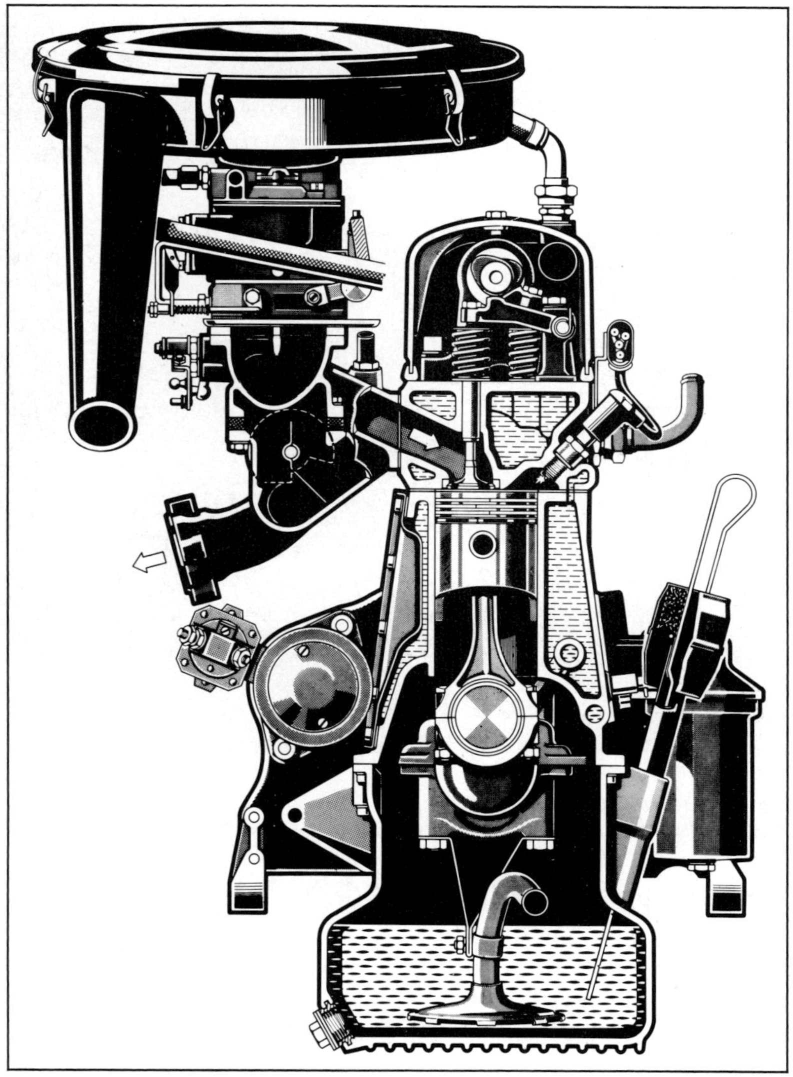

Links: Dieser Wagen wurde liebevoll restauriert, aber mit einer nicht originalgetreuen Zweifarben-Lackierung versehen, abgesetzt durch eine schmale Chromzierleiste. Das große Stoffschiebedach macht den Wagen fast zur Cabriolimousine.

Schnitt durch den Vierzylinder-ohc-Motor des 190b. Viele Exemplare waren mit einer langen Lebensdauer gesegnet.

Eine neue Diesel-Generation
setzte sich durch. Fahrzeuge, robust wie Traktoren, aber im Smoking:

Mercedes-Benz 180 D/Db/Dc, 190 D/Db

Nach der Pionierleistung, im Jahre 1936 mit dem 260 D den ersten Diesel-Pkw der Welt in Serie herzustellen, hatte Daimler-Benz nach dem Krieg mit Neuentwicklungen in der Typenreihe 170 schnell wieder in das bald anwachsende Dieselgeschäft zurückgefunden und beherrschte in dieser Disziplin zweifellos den Weltmarkt.
Als der Typ 180 den 170 Sb ersetzt hatte, mußten sich die Dieselkäufer noch ein halbes Jahr lang mit der Variante des Vorgängermodells, dem 170 S-D, begnügen, der freilich auf dem Chassis des alten 170 Db ein etwas antiquiertes Automobil war, dennoch für einen Dieselanteil von beachtlichen 49,5 Prozent an der Daimler-Benz-Pkw-Produktion verantwortlich war.
So erwarteten Fachwelt und Stammkunden schon 1953 einen 180 Diesel. Dieser Hoffnung wurde im März 1954 Rechnung getragen, als der 180 D vorgestellt wurde, der wieder zu einem legendären »Traktor im Smoking« werden sollte und gleich im ersten Baujahr einen Produktionsanteil von 44 Prozent für sich verbuchen konnte. Er befand sich bereits seit Februar 1954 in Produktion. So konnte der starken Nachfrage sofort entsprochen werden.
Der 180 D war in Aufbau, Fahrwerk und Ausrüstung – außer der 12-Volt-Bordelektrik und einem mit 3,70:1 gegenüber 3,90:1 niedriger übersetzten Achsantrieb – vollkommen mit dem 180 mit Vergasermotor identisch. Auch der Motor war durchaus keine Neuerscheinung: Es handelte sich dabei um das von Heinz Hoffmann konstruierte Triebwerk der 170-Diesel-Reihe, das seit dem Jahre 1949 in den Typen 170 D, 170 DS und 170 S-D zu finden war. Man hatte es aus dem sv-Motor des 170 V entwickelt, der – bedingt durch das Diesel-Arbeitsverfahren – mit einem Zylinderkopf mit hängenden Ventilen versehen worden war. Der Motor des 180 D entsprach dem der letzten Ausfüh-

Links oben: Der geräumige Kofferraum mit weit öffnendem Deckel und Heckpartie der zweiten Ausführung. Oben: Interieur des 180/190 D.

Links: Mercedes-Benz 180 D. Gegenüberliegende Seite: 180 D aus dem ersten Baujahr mit seitlichen Nummernschildleuchten und fehlendem Kofferklappengriff.

rung im 170 S-D. Demnach hatte er keine Laufbuchsen, besaß die gleichen Zylinderabmessungen wie der seitengesteuerte 180-Vergasermotor und wies einen Hubraum von 1767 ccm auf. Die Kurbelwelle war dreifach gelagert.

Die Mercedes-Pkw-Dieselmotoren arbeiteten nach dem Vorkammerverfahren. Dieses Arbeitsprinzip war eine der vielen Daimler-Benz-Pionierleistungen auf dem Gebiet der Motorentechnik und war durch Patent Nr. 230 517 geschützt. Beim Vorkammerverfahren wird ein Einspritzdruck von 100 bis 120 bar angewendet, der als mittelhoher Wert gilt. Ein Teil der Verbrennung vollzieht sich in der dem eigentlichen Brennraum vorgelagerten Vorkammer, in der auch die Glühkerze sitzt und die etwa ein Drittel des Verdichtungsraumes umfaßt. Der Verbrennungsdruck im durch mehrere Kanäle angeschlossenen Hauptverbrennungsraum steigt so nur allmählich an, der Verbrennungsvorgang läuft merklich weicher ab und der Kraftstoff wird besser zerstäubt als etwa bei der Direkteinspritzung.

Einziger Unterschied zum Dieselmotor des Vorgängermodells waren die Vielstofflager der Kurbelwelle, die die Weißmetallager ersetzten und damit einer Erhöhung der Lebensdauer dienten. Das Verdichtungsverhältnis betrug unverändert 19:1, die Motorleistung wurde wie beim 170 S-D mit 40 PS bei 3200 U/min angegeben. Bei dieser Drehzahl, die einer Geschwindigkeit von etwa 110 km/h entsprach, riegelte der pneumatische Regler die Treibstoffzufuhr ab. Wie man aber bei Motorenversuchen herausfand, vertrug der wackere Diesel ohne weiteres 300 bis 400 Umdrehungen mehr.

So erhielt der 180 D zur IAA im September 1955 eine automatische Spritzverstellung durch einen drehzahlabhängigen Regler. Die Einspritzpumpe wurde erst bei 3500 U/min abgeriegelt; durch diese Maßnahme stieg die Motorleistung auf 43 PS. Infolge der Weiterentwicklung der Bosch-Drosseldüsen konnte die Laufruhe etwas verbessert werden, wurde aber von Fachkritikern noch immer bemängelt. Im unteren Drehzahlbereich, vor allem beim Kaltstart, trat das berühmt-berüchtigte »Nageln« noch stark in Erscheinung. Die gleichzeitig auftretenden Vibrationen konnten indessen – anders als beim 170 S-D – weitgehend vom Wagenkörper ferngehalten werden.

Der große Vorzug des Dieselmotors ist der niedrige spezifische Kraftstoffverbrauch. Ein weiteres Plus sind in den meisten Ländern die deutlich niedrigeren Kosten für Dieselkraftstoff. Für den 180 D gab das Werk einen Kraftstoffnormverbrauch von 6,3 l/100 km an. Das Fachblatt *auto motor und sport* ermittelte in einem Test einen Durchschnittsverbrauch von 8,05 l/100 km, der einem Aktionsradius von 700 Kilometer entsprach. Der sprichwörtlich niedrige Verbrauch des 180 D forderte in den fünfziger Jahren eine Reihe von Rekordfahrten heraus: Im Winter 1955/56 wurde vom Werk eine Demonstrationsfahrt von Sindelfingen nach Hamburg unternommen, bei der unter unparteiischer Aufsicht bei einem Reisedurchschnitt von immerhin 64,2 km/h der sagenhafte Verbrauch von 4,72 l/100 km erreicht wurde. Wenig später erzielte ein Journalist mit einem von der Kilometerleistung her bereits recht betagten, zwei Jahre alten 180 D bei einer fast 7000 Kilometer langen, dreiwöchigen Spanienfahrt einen Verbrauch von 5,72 l/100 km bei vollbeladenem Wagen.

Eine weitere Qualität des 180 D war die hohe Lebenserwartung der Dieselmotoren. In Einzelfällen reichten die Laufleistungen in Kilometern bis an die Millionengrenze heran. Normalerweise war ein Minimum von 200 000 km ohne Überholung programmiert. Die Unverwüstlichkeit dieses Triebwerks und der Bosch-Einspritzpumpe wurde im Frühjahr 1956 von dem österreichischen Journalisten Ernst Wiese

Algier-Kap-Rallye 1959: Sieger Karl Kling beim Start am Steuer eines 190 D.

Foto oben rechts: Mercedes-Benz 180 Db Kombi einer Werksvertretung; der Wagen ist ein ehemaliges Ambulanzfahrzeug und wurde zum Servicewagen umgebaut.

unter Beweis gestellt, als er mit einem 180 D von einer sechsmonatigen Transamerikafahrt über 50 000 km von Alaska bis Feuerland zurückkam, die der Wagen völlig unbeschadet überstanden hatte.

Der 180 D-Motor des Typs OM 636 (OM = Ölmotor) bewährte sich nicht nur höchst zuverlässig im Pkw, sondern auch in Zehntausenden von Unimogs, Kleinlastern und Kleinbussen der Baureihe 319 sowie als Stationär- und Bootsmotoren. Als Industriemotor blieb er bis 1969 in Produktion und überlebte damit das Auto, das er angetrieben hatte, um acht Jahre.

Von einem Diesel-Pkw erwartet niemand sportwagenmäßige Fahrleistungen – seine Stärken liegen auf anderem Gebiet. Der 180 D erreichte 1958 im Test der Zeitschrift *auto motor und sport* eine Höchstgeschwindigkeit von 116 km/h, wobei die Werksangabe 110 km/h lautete, und eine Beschleunigung von 39 Sekunden von 0–100 km/h. Diese Fahrleistungen lagen exakt auf dem Niveau des Volkswagen 1200.
Trotz des naturbedingt mäßigen Temperaments brachte es der etwas untermotorisierte 180 D zu zahlreichen sportlichen Lorbeeren. Ein gewisser Herr Sauerbrei errang 1955 den Gesamtsieg der Internatio-

Modell	180 D/W 120 I (180 Db/W 120 II)	190 D/W 121 I (190 Db/W 121 II)	180 Dc/W 120 III
Produktionszeit	Febr. 54 – Juli 59 (Juli 59 – Aug. 61)	Aug. 58 – Juli 59 (Juni 59 – Sept. 61)	Juni 1961 – Oktober 1962
Motor	Reihen-Vierzyl.-Diesel OM 636 (OM 621)	OM 621	OM 621
Bohrung/Hub/ccm	75 × 100/1767 ccm	85 × 83,6, 1897 ccm	87 × 83,6, 1988 ccm
Verdichtung	19:1	21:1	21:1
Leistung	40 PS b. 3200 ab Sept. 55 43 PS b. 3500 U/min	50 PS bei 4000 U/min	48 PS bei 3800 U/min
Ventilsteuerung	hängende Ventile, seitl. Nockenwelle ohv	obenliegende Nockenwelle ohc	ohc, 1 obenliegende Nockenwelle
Schmierung	Druckumlauf	Druckumlauf	Druckumlauf
Kühlung	Wasserkühlung (Pumpe, Thermostat)	Wasserkühlung (Pumpe, Thermostat)	Wasserkühlung (Pumpe, Thermostat)
Elektrik	12 Volt 84 Ah	12 Volt 84 Ah	12 Volt 66 Ah
Kupplung	Einscheiben-Trockenkupplung	Einscheiben-Trockenkupplung	Einscheiben-Trockenkupplung
Getriebe	Lenkradschaltung	4-Gang, Lenkradschaltung	4-Gang, Lenkradschaltung
Lenkung	Kugelumlauflenkung	Kugelumlauf	Kugelumlauf
Fußbremse	hydraulisch, 4 Trommeln	hydraulisch, 4 Trommeln	hydraulisch, 4 Trommeln
Feststellbremse	mechanisch, auf Hinterräder	mechanisch, Hinterräder,	mechanisch, Hinterräder
Aufbau	Limousine viertürig	Limousine viertürig	Limousine viertürig
Radstand; Spur v/h	2650, 1420/1450 mm (ab 1/56 1460) (180 Db/1430/1475)	2650, 1420/1460 mm (1430/1475mm)	2650, 1440/1485 mm
Gesamtabmessungen	4460 × 1740 × 1560 (4500 × 1740 × 1500)	4485 × 1740 × 1560 (4500 × 1740 × 1500)	4500 × 1740 × 1560
Bereifung	6.40 – 13	6.40 – 13	6.40 – 13
Tankinhalt	58 Liter, ab März 1956 56 Liter	56 Liter	56 Liter
Leergewicht	1120 kg (1150 kg)	1150 kg	1140 kg
Höchstgeschwindigkeit	110 km/h	120 km/h	110 km/h
Stückzahl	116 485 (24 676)	20 629 (61 309)	11 822
Preise	DM 10 300 ab Jan. '56 DM 9 850 ab Mai '56 DM 9 450 ab Sept. '58 DM 9 200	DM 9950	DM 9450 ab April '62 DM 9850

nalen Rallye Bad Neuenahr. Die Österreicher Retter und Larcher siegten 1955 gegen starke italienische Konkurrenz in der Dieselklasse der Mille Miglia. Der erfolgreiche Göppinger Mercedes-Fahrer Rudi Golderer wurde Sieger in der Dieselklasse der harten Internationalen ADAC-Wintersternfahrt Garmisch-Partenkirchen 1956. Im Jahre 1958 fuhr er auf seinem 180 D den Gesamtsieg der Rallye Bad Neuenahr nach Hause. Diese Liste ließe sich beliebig fortsetzen.

Der 180 D wurde bis zum Modellwechsel im Juli 1959 in 116 485 Exemplaren hergestellt. Damit schlug er seine benzinkonsumierenden Brüder 180 und 180a stückzahlmäßig deutlich, zumal er auch mit einem Preis aufwarten konnte, der nicht im Bereich des Imaginären lag. Kostete der 180 D bei seinem Debüt noch 10 300 Mark, so wurde sein Preis doch in kurzen Abständen dreimal reduziert: zum 1.1.56 auf 9850, zum 1.5.56 auf 9450 und zum 1.9.58 auf 9200 Mark. Einen 180 Da – etwa synchron zum 180a – gab es nie, obwohl der Dieselvariante stets alle Detailverbesserungen ebenfalls zugute kamen.

Im Juli 1959 wurde der 180 D vom 180 Db abgelöst, der in allen Einzelheiten dem gleichzeitig erschienenen 180b mit der modifizierten Karosserie entsprach. Die Technik blieb – im Gegensatz zum Vergasermodell – völlig unverändert. Eine Servobremse konnte beim Diesel aber wegen des schwachen Unterdrucks im Saugrohr des Selbstzünders nicht angeboten werden.

Vom 180 Db wurden bis August 1961 24 676 Stück gebaut. Dann war der Motor, dessen Konzeption mehr als zwölf Jahre alt war, am Ende seiner Karriere angelangt. Anspruchsvolle Dieselfahrer merkten nun, daß sie es mit einem zwar zuverlässigen, aber inzwischen konstruktiv recht betagten Aggregat zu tun hatten, das wenig Laufkultur bot und mit seinem mäßigen Temperament den Anforderungen des flotter gewordenen Verkehrsflusses nicht immer genügte. Kleinwagen wie

Eine Flotte von 180 D eines Basler Taxiunternehmens.

der BMW 700 oder der NSU Prinz 30 fuhren dem 180 Db auf und davon. Aber für gehobene Diesel-Ansprüche gab es längst den 190 D, und auch der 180 Diesel sollte noch einmal eine kurze Renaissance als 180 Dc erleben.
Als das deutsche Wirtschaftswunder gegen Ende der fünfziger Jahre seiner Blüte zustrebte, war für einen Dieselkäufer die Wirtschaftlichkeit längst nicht mehr das einzige Argument bei der Anschaffung des Wagens. Man erwartete ebenso sehr Fahrkomfort und ausreichendes Temperament. Der 180 D ließ in dieser Disziplin allmählich zu wünschen übrig, erschien im Vergleich mit seinen weiterentwickelten Schwestertypen mit Vergasermotor immer träger und war drauf und dran, mit dem Image des robusten, ausdauernden, aber schwerfälligen Arbeitstiers versehen zu werden.
Der Griff in den Baukasten brachte eine schnelle Lösung dieses Problems: Der Untertürkheimer Diesel-Zauberer Heinz Hoffmann – ehemals Treibstofforscher bei Esso – entwickelte aus dem modernen

Karosserie, Fahrwerk und Ausstattung stimmten größtenteils mit den entsprechenden Bauteilen des 190 überein. Die Eingelenk-Pendelachse war allerdings die des 180 D mit einer Übersetzung von 3,70:1. Auf die turbogekühlten Bremsen des 190 mußte der 190 D verzichten. Er war mit der Bremsanlage des 180 bzw. 180 D mit 816 statt 1064 cm^2 Bremsfläche ausgerüstet. Probleme mit der Bremsanlage wurden indessen nicht bekannt.
Der Motor hatte seinem Schöpfer einige Nüsse zu knacken aufgegeben: Es war schwierig, bei einem stark unterquadratischen Verhältnis von Bohrung und Hub und großen Ventiltellern ein Verdichtungsverhältnis von 21:1 zu erhalten. Letzten Endes war dies nur mit skurril geformten Kolben zu erreichen. Auch beim 190 D wurde das Vorkammer-Brennverfahren angewendet.

Links unten: 180 D am Münchner Flughafen Riem. Unten: Blick unter die geöffnete Motorhaube eines 180 D. Links die Einspritzanlage.

Ottomotor des 190 eine Dieselversion, die mit ihrer obenliegenden Nockenwelle ihren Urahn, den 190 SL, nicht verleugnen konnte und bei gleichen Zylinderabmessungen und einer Verdichtung von 21:1 eine Leistung von 50 PS bei 4000 U/min abgab.
Der damit ausgerüstete Wagen, der 190 D, ging im August 1958 in Vorserie, wurde der Öffentlichkeit zur IAA 1958 präsentiert (als der Dieselanteil an der Daimler-Benz-Pkw-Produktion auf 35,7 Prozent geschrumpft war), und wurde ab Oktober 1958 ausgeliefert. Der 190 D sollte den 180 D keineswegs ersetzen, sondern ergänzen.

Vom 190-Vergasermotor wurden die Schmieröl-Feinstfilterung im Hauptstrom und der Öl-Wasser-Wärmetauscher übernommen, beides Bauelemente, die der Lebensdauer des Motors zugute kamen. Der Zylinderkopf des 190 D-Motors war aus Grauguß gefertigt, nicht aus Leichtmetall wie bei den Vergasermotoren. Die Nenndrehzahl des 190 D-Motors – bei Höchstleistung drehte er 4000 Touren – deutete auf einen ausgesprochenen Schnelläufer hin. Die Kurzhubcharakteristik hielt die Kolbengeschwindigkeit in gemäßigten Grenzen und die Strömungsverhältnisse zwischen Vorkammer und Brennraum hatte man dabei noch gut im Griff. Die Leerlaufdrehzahl konnte vom Armaturenbrett aus geregelt werden, um beim Kaltstart einen runden Motorlauf zu erhalten. Statt des Dreh-Anlaßschalters beim 180 D fand beim 190 D ein Zugschalter mit Vorglühstellung Verwendung.

Die Wirtschaftlichkeit des neuen Dieseltyps hatte unter der deutlich temperamentvoller ausgelegten Leistungscharakteristik nicht zu leiden – ganz im Gegenteil: In einem Testbericht von *auto motor und sport* wurde ein Durchschnittsverbrauch von nur 7,6 l/100 km (bei einem vom Werk angegebenen Normverbrauch von 7,1 l/100 km) gemessen. Danach wäre der 190 D wirtschaftlicher als der 180 D zu betreiben gewesen!

Am spürbarsten waren aber die Fahrleistungen gegenüber dem 180 D verbessert worden, die ungefähr denen des alten 180 mit Vergasermotor entsprachen. Mit einer (von *auto motor und sport* ermittelten) Höchstgeschwindigkeit von 127 km/h und einer Beschleunigung von 33 Sekunden vom Stand auf 100 km/h konnte der 190 D kaum mehr als rollendes Verkehrshindernis bezeichnet werden. Er erwies sich an Autobahnsteigungen als überraschend lebendig und war bei geschickter Fahrweise durchaus flott zu bewegen. Die Beschleunigung in den Gängen war sowohl wegen der höheren Enddrehzahl als auch wegen des angehobenen Drehmoments ungemein günstiger als beim 180 D.

So hatte der 190 D im Motorsport durchaus ein Wörtchen mitzureden – er war eben zu seiner Zeit kein »lahmer Diesel«. Im Dezember 1958 stellte Max Nathan mit einem serienmäßigen 190 D in Hockenheim 33 Rekorde über verschiedene Distanzen in der Zweiliterklasse auf. Anfang 1959 errangen der Grand-Prix-Routinier Karl Kling und der Journalist Rainer Günzler auf einem 190 D den Gesamtsieg der Transafrika-Rallye Algier-Kapstadt vor einem Citroën DS 19 mit einem Schnitt von 80,6 km/h auf der 13 600 km langen Strecke, die in 27 Etappen über oft straßen- und wegeloses Terrain führte. Der durchschnittliche Treibstoffverbrauch lag dabei bei 9,2 l/100 km, der Ölverbrauch von 0,5 l/1000 km war angesichts der Härte des Einsatzes als gering zu bezeichnen.

Der Motor des 190 D lief weniger rauh und gab sich elastischer und geschmeidiger als der seines Halbbruders. Das »Nageln« bei kalter Maschine, im Leerlauf und im unteren Drehzahlbereich war jedoch noch in voller Intensität zu vernehmen. Der Geräuschpegel im Innenraum war jedoch gesunken.

Der 190 D konnte im ganzen als kultiviertes Automobil bezeichnet werden, das an und für sich einen anderen Kundenkreis ansprach als der 180 D. Trotz des um 750 Mark höheren Preises war der 190 D – im Gegensatz zur Relation bei den Vergasertypen 180 und 190 – zweifellos der bessere Kauf, sofern man nicht unbedingt mit dem Pfennig rechnen mußte oder der Wagen überwiegend im Stadtverkehr eingesetzt werden sollte. Die Vorzüge des 190 D wurden schnell bekannt, 20 629 in den zehn Monaten bis zum Modellwechsel im Juli 1959 verkaufte Wagen waren ein ansehnliches Ergebnis.

Als im Sommer 1959 analog zum 190 b der 190 Db erschien, hatte sich außer den Karosseriemodifikationen kaum etwas geändert. Die Vorderräder wiesen jetzt allerdings die Turbobremstrommeln der Vergasertype zusammen mit den breiteren Bremsbacken auf. Der Preis von 9950 Mark war gleichgeblieben. 61 309 Wagen des Typs 190 Db verließen bis zum September 1961, als die »Flossengeneration« das Szepter übernahm, die Produktionsstätten der Daimler-Benz AG.

Im Juni 1961 erschien gewissermaßen als Schwanengesang der Ponton-Diesel-Reihe der 180 Dc – ein Auslaufmodell, das für preisbewußte Dieselkäufer gedacht war. Dieses gegenüber dem 180 Db äußerlich unveränderte Fahrzeug hatte das gleiche Fahrwerk wie der 180c, wartete aber mit einem neuen Motor auf. Der Zweiliter-Vorkammer-Dieselmotor entsprach im konstruktiven Aufbau der Maschine des brandneuen »Flossentyps« 190 Dc, die wiederum durch Aufbohren aus dem 190 D-Aggregat entwickelt worden war. Der noch kurzhubiger ausgelegte ohc-Motor war aber im 180 Dc durch einen bei 3800 U/min wirksamen Drehzahlbegrenzer auf 48 PS gedrosselt – ein gutes Rezept für hohes Lebensalter. Freilich war der 180 Dc dadurch noch lange keine Ausgeburt an überschäumendem Temperament, aber die Elastizität konnte deutlich gesteigert werden.

Der 180 Dc stellte nun – im Gegensatz zu seinem Vorgänger – eine echte Alternative zum anderen Mercedes-Dieselmodell dar, von dem er sich auch grundlegend unterschied. Obwohl er mit 9450 Mark (ab April 1962 sogar 9850 Mark) teuerer geworden war, lag sein Preis doch um 1000 Mark unter dem des Cousins mit den Heckflossen. Dadurch war er nach wie vor besonders für gewerbliche Nutzung interessant. Und diesem Zweck sind wohl die meisten der bis zum Oktober 1962 hergestellten 11 822 Einheiten zugeführt worden.

Mit der Pontonreihe begannen die Mercedes-Dieselmodelle, vor allem gegen Ende der fünfziger Jahre, zu klassenneutralen Fahrzeugen zu avancieren. Der durch den Dieselmotor bedingte Nutzfahrzeugcharakter in den Augen des Publikums schwächte sich, vor allem beim 190 D, immer mehr ab. Auch die Suezkrise im Jahre 1956 dürfte dazu beigetragen haben. Jeder Mercedes-Diesel war nun ein »echter« Mercedes.

Endlich gab es auch den Sechszylinder im neuen Karosseriegewand. Ein 220a am Flughafen von Stockholm, aufgenommen im Sommer 1954.

AIRLINES
A 32509

Auch der Sechszylinder erhielt 1954 neue Gestalt.
Ein komfortabler Reisewagen mit Understatement-Charakteristik:

Mercedes-Benz 220a

Während das Vierzylinder-Grundmodell der Daimler-Benz AG, das sich seit März 1953 auf dem Markt befand, eine Neuentwicklung darstellte, mußten sich die Käufer der Sechszylindertypen der oberen Mittelklasse noch ein volles Jahr lang mit dem 220 (W 187) begnügen, der zwar ein grundsolides und robustes, aber auf der Basis des 170 S ein bis auf den Motor nicht gerade hypermodernes Automobil war. Das Platzangebot der Karosserie, die Sichtverhältnisse, der Fahrkomfort, die in Relation zur Fahrzeugmasse eben nur ausreichenden Bremsen und die durch das hohe Wagengewicht und die Pendelachse alten Stils bedingten Fahreigenschaften konnten um die Mitte der fünfziger Jahre kaum mehr genügen, auch wenn das Modell erst knapp drei Jahre alt war. Neu war nur der Motor des 220, während Fahrwerkstechnik und Karosseriegestaltung in ihren Grundzügen ihre Entstehungszeit in den dreißiger Jahren kaum verleugnen konnten.

Daimler-Benz war in Gefahr, den Anschluß an den internationalen Standard in der oberen Klasse zu verlieren, der eindeutig von den Amerikanern diktiert wurde. Die in Deutschland lange Zeit verpönten Kreuzer von der anderen Seite des Atlantiks waren zwar allesamt in puncto Motor und Fahrwerk wenig anspruchsvoll konzipiert und auf schnurgerade und brettebene Highways, Turnpikes und Interstates mit strikten Geschwindigkeitsbegrenzungen zugeschnitten. Aber sie boten bei simpler Technik ein Maximum an Innenraum und Komfort. Im Styling waren die Amerikaner Trendsetter für den Rest der Welt. Selbst traditionsbewußte britische Automobilhersteller konnten sich den transatlantischen Einflüssen nicht verschließen, und in Deutschland hatte sich zum Beispiel Borgward gleich nach dem Krieg auf diese Linie eingestellt. In Untertürkheim und Sindelfingen hatte man jedoch – zum einen durch die Kriegszerstörungen bedingt, zum anderen aber aus einer vom qualitätsbewußten Konservatismus geprägten Einstellung heraus – zunächst nur mit dem Typ 180 eine Annäherung an die neuen, amerikaorientierten Ideale gesucht.

Der Genfer Salon im März 1954 brachte dann auch für die Sechszylinder die Wende, als dort der 220a debütierte, der eine Synthese aus amerikanisch geprägtem Komfort, traditionellen europäischen Stilelementen und raffinierter Fahrwerkstechnik verkörperte. Obwohl die Linienführung weitgehend der des 180 entsprach und getreu nach dem Mercedes-Baukastenprinzip viele Übereinstimmungen im Detail festzustellen waren, erregte der 220a doch gehöriges Aufsehen.

Gegenüber seinem Vorgänger stellte er eine völlige Neuentwicklung dar – nur das Triebwerk war beibehalten worden, wenn es auch einige Modifikationen erfahren hatte: Der Grauguß-Zylinderkopf des W 187 war einem Leichtmetall-Zylinderkopf gewichen. Dadurch wurde ein günstigerer thermischer Wirkungsgrad erreicht und das Motorgewicht ließ sich von 173,5 auf 159 Kilogramm senken, wodurch die Kopflastigkeit vermindert wurde. Die Motorleistung war durch die Verwendung eines größeren Fallstrom-Doppelvergasers (Solex 32 PAATJ), durch die von 6,5:1 auf 7,6:1 kräftig angehobene Verdichtung, durch einen neuen Zündverteiler sowie durch eine neue Nockenwelle mit geänderten Steuerzeiten von 80 PS auf 85 PS gesteigert worden. Die Nenndrehzahl lag dabei mit 4800 U/min um 200 Umdrehungen höher als beim alten Modell. Der noch immer als sehr modern geltende Sechszylinder wurde jetzt offiziell als drehfest bis 6000 U/min bezeichnet, während bei der älteren Ausführung die kritische Drehzahlgrenze schon bei 5000 Touren erreicht war. Bei einem Kurzhuber wie dem 220-Motor mit einem Hubverhältnis von 1:0,91 war die Kolbengeschwindigkeit bei Höchstleistung mit 11,6 Metern in der Sekunde durchaus kein beunruhigender Wert. Für eine noch längere Motorlebensdauer sorgte jetzt beim 220a ein Papiereinsatz in dem im Hauptstrom liegenden Spülspaltfilter mit zwei Überdruckventilen, der der Feinstfilterung des Schmieröls diente. Die Ölwechselintervalle konnten dadurch von 1500 auf 4000 Kilometer heraufgesetzt werden. Weitere Modifikationen des neuen Motors der Type M 180 II gegenüber der alten Ausführung bestanden in neuen Kolben mit verlängertem Schaft, einem neuen Ansaug- und Auspuffkrümmer, einem stärker dimensionierten Wasserpumpenlager, einem anderen Querschnittsprofil der Riemenscheiben und einer kürzeren Kipphebelwelle.

Der 220a wurde auf die 12-Volt-Bordelektrik umgestellt, die der Spitzentyp 300 schon hatte. Die Batteriekapazität betrug 42 Ampèrestunden. Wie sein Vorgänger wies der 220a auch den Oktanzahlkompensator auf, der jetzt auch als »Oktanselektor« bezeichnet wurde und nichts weiter als eine fernbediente Zündverstellung war. Immerhin konnte der 220a durch diese Vorrichtung mit dem niederoktanigen Normalbenzin jener Tage gefahren werden, wenn man den Zündzeitpunkt zurück und die dadurch entstehende Leistungseinbuße in Kauf nahm.

Die Kupplung und das vollsynchronisierte Vierganggetriebe stammten aus dem »Baukasten« und waren mit den entsprechenden Bauteilen des Typs 180 identisch. Freilich wies der 220a andere Übersetzungsverhältnisse in den Gangstufen auf. Der dritte Gang war nahe an den vierten herangerückt und ließ sich bis 115 km/h ausfahren. Die Lenkradschaltung war verbessert worden und nun etwas leichtgängiger, gab aber noch immer gelegentlich zu Klagen Anlaß.

Über eine schwingungsarme (da geteilte) Kardanwelle wurde die Kraft auf die Hinterachse übertragen, die eine Neukonstruktion darstellte und erstmals in ein Mercedes-Serienfahrzeug eingebaut wurde. Es handelte sich um die Eingelenk-Pendelachse mit tiefliegendem Drehpunkt, die sich von der 1952 für den Formelrennwagen W 196 entwikkelten Hinterachse ableitete. Sie wurde vom 220a zum 190 SL und 180

Modell	220a (W 180 I)
Produktionszeit	Juni 1954 – April 1956
Motor	Reihen-Sechszylinder M 180 II
Bohrung/Hub/ccm	80 × 72,8, 2195 ccm
Verdichtung	7,6:1
Leistung	85 PS bei 4800 U/min
Ventilsteuerung	ohc, 1 obenliegende Nockenwelle
Schmierung	Druckumlauf
Kühlung	Wasserkühlung (Pumpe, Thermostat)
Vergaser	1 Doppelvergaser Solex 32 PAATJ Fallstrom
Elektrik	12 Volt 42 Ah (ab Sept. 1955 56 Ah)
Kupplung	Einscheiben-Trockenkupplung
Getriebe	4-Gang, Lenkradschaltung
Lenkung	Kugelumlauf
Fußbremse	hydr., 4 Trommeln, ab Sept. 1955 Servo
Feststellbremse	mechanisch, Hinterräder
Aufbau	Limousine viertürig
Radstand; Spur v/h	2820, 1430/1470 mm
Gesamtabmessungen	4720 × 1740 × 1560 mm
Bereifung	6.70 – 13
Tankinhalt	64 Liter
Leergewicht	1280 kg
Höchstgeschwindigkeit	150 km/h
Stückzahl	25 937
Preise	DM 12 500

weitervererbt. Das Differentialgehäuse mit dem hypoidverzahnten Achsantrieb war quernachgiebig am Rahmenboden gelagert. Als Teil des rechten Achsrohres schwang es mit diesem mit. Der Drehpunkt der Trägerrohre lag unter dem Differentialgehäuse, die linke Antriebswelle war durch ein Kreuzgelenk gekoppelt. Durch die längeren Pendelarme ergab sich eine geringere Schrägstellung der Laufräder beim Einfedern und damit ein höherer Abstützeffekt. Die Spurhaltung gewann durch diese Maßnahme außerordentlich. Der Reifenverschleiß konnte trotz der nunmehr analog zum 180 verwendeten 13-Zoll-Räder, die mit Reifen der Dimension 6.70-13 bestückt waren, um 30 Prozent gesenkt werden. Die neue Hinterachse wurde durch Schubstreben geführt. Nach wie vor erfolgte die Federung durch Schrauben- und Zusatzgummifedern.

Die Vorderachsgeometrie des 220a war mit der des 180 identisch. Der Fahrschemel, den der neue Sechszylinder natürlich ebenfalls erhielt, war dem des 180 sehr ähnlich und in drei Gummielementen am Rahmen befestigt. Die Bremsen des 220a stellten dagegen teilweise ein Novum dar: Die Bremstrommeln – vorne mit je zwei Primärbacken versehen – wiesen an allen vier Rädern Querverrippungen auf. Die »Turbokühlung« war geschaffen. Neu war auch die automatische Nachstellung der Bremsbacken. Der Bremsenkühlung dienten auch die Lüftungsschlitze in den Felgen. Diese Öffnungen setzten sich in den formschönen Radzierblenden fort. Die Bremsen des 220a erwiesen sich als fadingfrei, neigten aber – wie bei einigen Daimler-Benz-Personenwagen jener Zeit leider üblich – zum einseitigen Blockieren. Der erforderliche Pedaldruck fand ebenfalls öfters Kritik.

Die Lenkung war die bei allen Modellen der Pontongeneration verwendete Kugelumlauflenkung aus eigener Produktion, die mit dreieinhalb Lenkradumdrehungen von Anschlag zu Anschlag recht direkt übersetzt war. Sie vermittelte stets absoluten Fahrbahnkontakt und arbeitete sehr exakt, erforderte indessen hohen Kraftaufwand. Die nicht unbedingt zuverlässige WV-Zentralschmierung des alten 220 wurde beim 220a durch 24 Schmierstellen ersetzt, die mit Hochdrucknippeln versehen waren.

Bei all diesen Neu- und Weiterentwicklungen verkörperte die selbsttragende, in Pontonbauweise gestaltete Karosserie den progressivsten Sprung nach vorn. Durch sie fand Daimler-Benz den Anschluß an den internationalen Komfort-Standard der gehobenen Klasse wieder. Dabei war der Aufbau des 220a im Prinzip der gleiche wie der des 180, nur harmonierten beim Sechszylinder – bedingt durch die lange Motorhaube und dem längeren Radstand – die Proportionen besser. War schon der 180 ein ausgesprochen gutaussehender Wagen, so war mit dem 220a ein »Automobil erlesenen Geschmacks« (Daimler-Benz-Werbung), eine Art »deutscher Bentley« (Fachpresse) entstanden, ohne daß die konservative Linie etwa eines Mercedes 300 oder eines BMW 501 aufgegriffen worden wäre. Der Begriff der »kraftvollen Eleganz«, mit dem der 220a charakterisiert wurde, war treffend gewählt. Und dabei wurde diese wohlgelungene Karosserie mit relativ simplen Mitteln geschaffen: Die beim 180 ein halbes Jahr zuvor erstmals erschienene Rahmen-Bodenanlage, die sich durch hohe Verwindungsfestigkeit auszeichnete, wurde ebenso verwendet wie die Außenhaut des kleineren Typs – nur mußte der Pontonaufbau dem um 17 Zentimeter angewachsenen Radstand angepaßt werden und erhielt in der Innenlänge zusätzliche sieben Zentimeter, die dem hinteren Fußraum und der Einstiegbreite der hinteren Türen zugute kamen.

Der Kofferraum war mit dem des Typs 180 völlig identisch. Von hinten war der 220a vom kleineren Modell nur durch das geringfügig vergrößerte Rückfenster, die voluminöseren Heckleuchten im Stil des späteren Typs 190, durch den waagrechten Griff am Kofferdeckel und natürlich durch den Typen-Schriftzug zu unterscheiden.

Obwohl die Linienführung die selbe wie beim 180 war und die Wagenbreite auf den Millimeter übereinstimmte, bot sich das konservative Mercedes-Benz-Gesicht beim 220a doch auf ganz andere Weise dar: Es war mit einem Hauch von Arroganz behaftet und fast aristokratisch pointiert. Wie erreichten die Sindelfinger Designer diesen Kontrapunkt, der nicht zuletzt auch Überholprestige im Rückspiegel des Vordermanns bedeutete?

Die Lufteinlaßöffnungen für die Wagenbelüftung rechts und links der Kühlermaske waren fast auf das Niveau der Stoßstange nach unten gewandert, wo sie wegen des fehlenden Chromzierrats nicht auffielen, aber Abgase und Straßenstaub sammelten. Vor ihnen waren die verchromten Gehäuse der serienmäßigen Nebelscheinwerfer montiert. Auf den Kotflügeln saßen, ähnlich wie bei der Cabriolet-Ausführung des Vorgängermodells, die Blinker in langen, verchromten Schwingen, die zusammen mit den hinteren Blinkleuchten jeweils paarweise als Parklichter geschaltet werden konnten. Die Kühlerattrappe schließlich war etwas schräger gestellt als beim 180, gleichsam zur Verkörperung des Geschwindigkeitspotentials. Die Scheinwerfer waren übrigens mit denen des Vorgängers und mit denen des 180 identisch. Beim Kühlergesicht des 220a war die Vertikale betont worden, das vom schnöden Irdischen nach oben Strebende. Reminiszenzen an den Baustil der Gotik drängten sich auf . . .

Auch von der Seite gesehen stellte der 220a ein harmonisches Ganzes dar, wenn auch auf ganz andere Art und Weise: Hier dominierte die Horizontale, betont durch eine doppelte Zierleiste am Einstieg bzw. an der Unterkante der Türen, durch das Unterlegen der Preßsicke am hinteren Seitenteil mit einer Zierschwinge, die an der Hintertür in einen flächigen Steinschlagschutz mündete und durch eine weitere

Der Mercedes-Benz 220a wies vordere Ausstellscheiben auf. Viel Platz gab es im Interieur; der Wagen war ein bequemer Fünfsitzer. Und auch der Mercedes-Koffersatz wurde für den Sechszylinder wieder angeboten.

Zierleiste, die den Wagenkörper auf Höhe der Taille umlief. Radzierringe und chromverzierte Regenleisten trugen ebenfalls zum »Charakter einer gewissen Exklusivität« bei, den das Schweizer Fachblatt *Automobil Revue* dem 220a konzedierte. Alle vier Seitenfenster waren unterteilt: Vorne wies der 220a Ausstellfenster auf, die Zweiteilung der Scheiben an den Hintertüren diente jedoch nur der Möglichkeit, die Kurbelfenster voll in die Türen versenken zu können. Wie beim 180 besaß die rechte Vordertür kein Schloß.

Die ausladende Pontonkarosserie des 220a, bei der konzeptbedingt vor allem die Sitzbreite beträchtlich vergrößert werden konnte, bot gegenüber dem alten 220 einen um 35 Prozent größeren Fahrgastraum. Dieser immense Gewinn wurde bei kürzerem Radstand als beim Vorgängermodell und bei nur geringfügig verbreiterter Spur erzielt. Ein weiterer Vorzug dieser Neukonstruktion war das gegenüber dem alten 220 um 45 Kilogramm auf 1280 Kilogramm gesenkte Betriebsgewicht.

Die dezente Verwendung von poliertem Holz am Armaturenbrett und an den Fensterschlüsseln unterstrich den unaufdringlich exklusiven Charakter des Wagens. Die britische Fachzeitschrift *The Motor* schrieb von einer Inneneinrichtung »im viktorianischen Stil«. Die reichhaltige Ausstattung des Interieurs umfaßte drei Aschenbecher, von denen die beiden im Wagenfond wie beim Vorgänger in die hölzernen Fensterverkleidungen eingelassen waren, eine waagrecht durchgehende Haltestange mit verschiebbaren Kleiderhaken auf beiden Seiten am Dachrand, vier Türarmlehnen, einen abblendbaren

Rückspiegel, zwei Sonnenblenden, auf der Beifahrerseite mit einem Make-up-Spiegel versehen, einen zweiten, kleineren Handschuhkasten vor dem Fahrer, der als Dokumentenfach gedacht war, zwei Innenleuchten im Fond, eine Leselampe über dem Rückspiegel und große Taschen an den Vordertüren.

Das Armaturenbrett wurde durch das große Kombi-Instrument beherrscht, das neben dem nicht unbedingt klar ablesbaren Tachometer mit waagrechter Skala und Pfeilanzeige komplett ausgestattet war: Es umfaßte einen rückstellbaren Tageskilometerzähler, den bei Daimler-Benz in allen Fahrzeuggenerationen üblichen Öldruckmesser, den Kraftstoffanzeiger, das Kühlwasserthermometer und ein Voltmeter zur Kontrolle des Ladezustandes der Batterie. In der Mitte der Armaturentafel befand sich oberhalb der Radioeinbauöffnung eine rechteckige, elektrische Zeituhr und darüber, auf der Oberkante, der mit einem Klappdeckel verschließbare Aschenbecher, der links vom Zugknopf für die Scheibenwischer und rechts vom Zigarettenanzünder flankiert wurde. Eine lange Reihe metallener Zugschalter unter dem Kombiinstrument verlangte ein aufmerksames Studium der Betriebsanleitung, stach aber positiv von der damals gerade einsetzenden Plastikmode ab. Ein Benzin-Reservehahn komplettierte die Bedienungsorgane.

Der Signalring des Zweispeichenlenkrades diente – wie beim 180 und den Vorgängermodellen – auch der Betätigung der sich nicht selbsttätig rückstellenden Blinker. Eine Lichthupe war nicht lieferbar. Die Handbremse war als Stockhebel unter dem Armaturenbrett ausgebildet und nur mit einer Verbeugung zu erreichen. Die gewölbte Verbundglas-Windschutzscheibe hatte man zwar gegenüber der des Vorgängers in deutlichem Maße vergrößert, wegen der hohen Sitzposition lag ihr oberer Rand aber für großgewachsene Fahrer zu niedrig. Der 220a wurde ohne serienmäßigen Außenspiegel geliefert; eine entsprechende Zulassungsvorschrift existierte damals noch nicht.

Im September 1955 wurden zur IAA die Bremsen des 220a verbessert. Die Bremstrommeln wurden nun aus einem im Alfin-Verfahren hergestellten Aluminium-Eisen-Verbundguß hoher Festigkeit gefertigt. Dadurch wurde dem Bremsfading bei Dauerbeanspruchung noch besser vorgebeugt. Nachdem einzelne 220a, die in bestimmte Exportländer geliefert wurden, bereits ab Frühjahr 1955 mit einem Bremskraftverstärker ausgerüstet worden waren, erhielt nun die gesamte Serie das Ate-Hydrovac-Bremsgerät der Serie T 50. Diese Servohilfe arbeitete auf der Basis des Unterschiedes zwischen dem Unterdruck im Ansaugrohr und dem atmosphärischen Druck und setzte den erforderlichen Pedaldruck fühlbar herab, zumal gerade dieser Punkt heftiger Kritik ausgesetzt gewesen war. Ab September 1955 wurde auch eine Batterie größerer Kapazität – 56 statt 42 Ampèrestunden – eingebaut.

Die Nachfrage nach dem neuen 220a war von Beginn an ungeheuer. Wegen der unzureichenden Produktionskapazität waren lange Lieferfristen unvermeidlich. Während der 220 alter Bauart bezüglich der im Jahresdurchschnitt gebauten Wagen deutlich unter zehntausend Exemplaren blieb, erreichte der 220a im Jahresmittel die doppelte Stückzahl. Bis Ende April 1956, als der 220a durch die Typen 219 und 220 S ersetzt wurde, verließen 25 937 Stück die Produktionsstätten. Der Exportanteil belief sich auf 31 Prozent. Während der gesamten sechsundzwanzigmonatigen Bauzeit blieb der Preis des 220a mit 12 500 Mark unverändert. Die Zubehörliste war trotz der reichhaltigen Ausstattung des 220a recht umfangreich: Gegen Aufpreis erhielt man ein Faltdach, zwei Gebläse für die für Fahrer und Beifahrer getrennt zu bedienende Heizungs- und Belüftungsanlage, ein mit 630 Mark sündhaft teueres Autoradio der Type Becker Mexiko, einen Spezialkoffersatz oder eine Scheibenwaschanlage. Der 220a war in fünf Standardfarbtönen, darunter in dem hochfavorisierten Schwarz, und – gegen Mehrpreis – in zahlreichen Sonderlackierungen lieferbar. Gina Lollobrigida, italienischer Leinwand-Weltstar, kaufte 1955 einen schneeweißen 220a, der ihr sicher gut zu Gesicht (und Figur) stand.

Im Kreise seiner Konkurrenten stellte der 220a in jeder Beziehung seinen Mann. Der Opel Kapitän, der 1955 einen Modellwechsel erlebte, war nur bedingt vergleichbar. Mit seinem 2,5-Liter-Motor von 71 bzw. 75 PS war der Rüsselsheimer zwar in den Fahrleistungen deutlich unterlegen, er bot aber einen fast ebenso großzügig dimensionierten Innenraum wie der 220a. Sein um fast 3500 Mark niedrigerer Preis sprach aber mehr die Käuferschicht an, der die Mercedes-180-Kunden angehörten. Der große Opel gehörte einer anderen Klasse an. Auch bezüglich der gefertigten Stückzahlen war kaum ein Vergleich möglich: Der Kapitän erreichte eine Jahresproduktion von fast vierzigtausend Wagen. Während in der Bundesrepublik Deutschland und West-Berlin im Jahre 1954 13 603 Opel Kapitän abgesetzt wurden, konnten nur 3052 Mercedes 220 bzw. 220a beider Generationen zugelassen werden. Im Jahre 1955 wurde die Situation für den Deutschamerikaner aber bedrohlich: 11 830 Kapitänen standen 10 130 neu zugelassene 220a gegenüber, während sich die Situation im Jahre 1956 wieder zugunsten des Kapitän entspannte.

Vom Stil her am nächsten kamen dem 220a zwei Wagen, denen nur eine Außenseiterrolle vergönnt war – der BMW 501/3 und der Borgward Hansa 2400 Pullman. Beide kosteten auf den Pfennig genauso viel wie der 220a, nämlich 12 500 Mark und besaßen ähnliche Außen- und Innenmaße. Der BMW 501 – hier ist die Rede vom Sechszylinder, da die im März 1954 in Genf vorgestellte Version mit dem Leichtmetall-V8-Motor mit 14 450 Mark wesentlich teuerer war – besaß die wuchtig wirkende »Barockengel«-Figur. Der im Prinzip aus den dreißiger Jahren stammende 2,1-Liter-Sechszylindermotor leistete 72 PS, die das 1340 Kilogramm schwere Auto etwa 145 km/h schnell sein ließen. Mit nur wenigen tausend produzierten Exemplaren erschien der große BMW, der schon bei seinem Erscheinen nicht mehr recht zeitgemäß wirkte und mangels finanziellen Rückhalts nur zaghaft weiterentwickelt wurde, neben dem 220a geradezu exklusiv.

Ein schon zu Lebzeiten seltener Vogel war der Borgward Hansa 2400 Pullman, der – aus dem Fastback-2400 entwickelt und im Radstand verlängert – stolze 1615 Kilogramm auf die Waage brachte und dafür mit der ersten Ausführung seines 2,4-Liter-Sechszylindermotors mit 82 PS reichlich untermotorisiert war. Eine im Jahre 1955 (auch formal) überarbeitete Version leistete 100 PS und erreichte eine Spitzengeschwindigkeit von 155 km/h. Der große Bremer, dessen angeborene Tücken seine Schöpfer nie völlig in den Griff bekamen, stellte mit einigen hundert Wagen während der gesamten Produktionsdauer keine echte Alternative dar, auch wenn schon sehr frühzeitig ein automatisches Getriebe (das voller Kinderkrankheiten steckte) gegen einen Aufpreis von 850 Mark lieferbar war.

Auch die auf dem deutschen Markt befindlichen ausländischen Personenkraftwagen der oberen Mittelklasse konnten dem Verkaufserfolg des 220a in keiner Weise gefährlich werden. Damals spielte ein etwas starrer Nationalstolz noch eine bedeutende Rolle beim Autokauf, jedenfalls vor den preislichen Überlegungen. Die »kleinen« Amerikaner, die in ihrem Heimatland an der unteren Preisgrenze rangierten, wie der Chevrolet One-Fifty (sechs Zylinder, 3,9 Liter Hubraum, 121 SAE-PS) oder der Ford Mainline (sechs Zylinder, 3,7 Liter Hubraum, 122 SAE-PS) waren für die Verkehrsverhältnisse und sozialen Anschauungen der Alten Welt sehr große Autos mit einem nicht unbedingt positiven Image. Obwohl sie vom Preis her durchaus interessant waren, fanden sie zu Zeiten des 220a nur je um die 150 Abnehmer in der Bundesrepublik Deutschland. Eine noch unbedeutendere Rolle spielten britische Wagen dieser Klasse. Dagegen trat der französische Simca Vedette Régence, der in Deutschland über das Ford-Händlernetz vertrieben wurde, stärker in Erscheinung. Dieses einst von Ford France entwickelte Modell besaß einerseits eine bildhübsche Karosserie mit amerikanischen und italienischen Stilelementen, die allerdings etwas kleiner war als die des 220a, und hervorragende Fahreigenschaften, andererseits aber die kleine Version des antiquierten, aus dem Jahre 1931 stammenden Ford-V8-Motors. Das seitengesteuerte Triebwerk mit 2,4 Liters Hubraum gab mit Mühe und Not 80 PS ab. Nach mehreren Preissenkungen kostete der Régence im Jahre 1955 nur noch 10 980 Mark. Auch wenn er eine Randerscheinung darstellte, so fand er doch immer mehr Abnehmer. 1956 wurden in Deutschland immerhin 632 Wagen dieses Typs verkauft.

Etwas anders sah natürlich die Konkurrenzsituation auf den Exportmärkten aus – besonders auf neutralem Boden, wo keine einheimische Autoindustrie mitmischte oder aber ein eigenes Typenangebot der oberen Klasse fehlte, wie in der Schweiz, in Skandinavien, in den Niederlanden oder in Belgien. Dort hatten sich die Mercedes-Sechszylinder der Übermacht der Amerikaner zu erwehren, zuweilen auch zu beugen. In der Schweiz war der Ford Mainline z. B. um 3500 Franken billiger als der 220a. In Schweden, wo man sich von jeher im *American way of life* übte, befand sich der Markt der oberen Klassen fest in der Hand der Leute aus Detroit, Dearborn oder South Bend.

Mercedes-Benz 220a aus der Vogelperspektive. Außenspiegel galten als Sonderzubehör!

Wiederum ganz unterschiedlich stellte sich der amerikanische Markt dar. Dort hatten die Automobile der Daimler-Benz AG einen schweren Stand, denn der Export deutscher Wagen wurde nicht vom Staat subventioniert wie die Ausfuhr britischer Fahrzeuge. So kostete der 220a im Jahre 1955 in den USA 4600 Dollar, während der wesentlich größere, repräsentativere und leistungsfähigere Jaguar Mark VII bereits für 4300 Dollar zu haben war. Der Mark VII kostete 1955 in Deutschland 19 750 Mark, lag hier also auf einer Ebene mit dem Mercedes 300! Dennoch konnte Daimler-Benz den Export in die Vereinigten Staaten in jedem Jahr steigern und sich in der US-Importstatistik nach vorne arbeiten. Zu Zeiten des 220a hielt Mercedes den zwölften Rang in jener langen Liste. Dabei ist zu berücksichtigen, daß die Daimler-Benz AG um die Mitte der fünfziger Jahre noch nicht über eine nordamerikanische Tochtergesellschaft verfügte und somit kein eigenes Händlernetz besaß. Der Verkauf von Mercedes-Wagen lag in den Händen eines privaten Generalimporteurs, der Hoffman Motors Inc., New York, die wiederum 280 Vertragshändler belieferte.

In den zeitgenössischen Prüfungsberichten der internationalen Fachpresse löste der 220a, auf den auch die Fachwelt sehnlich gewartet hatte, helle Begeisterung aus – besonders, was den Fahrkomfort und die Fahreigenschaften betraf. Die Fahrdynamik hatte sich durch die Eingelenk-Pendelachse dem Optimum, einem neutralen Fahrverhalten, deutlich genähert. In engen Kurven war eine leichte Tendenz zum Untersteuern festzustellen, bei richtig dosierter Betätigung des Gaspedals drängte dann das Heck nach außen. Das Übersteuern war beherrschbar geworden. Das Versetzen der Hinterräder bei schlechter Straßenoberfläche war spürbar vermindert worden. Dafür neigte sich die Karosserie in schnell gefahrenen Kurven etwas stärker als die des Vorgängermodells. Die *Automobil Revue* aus der Schweiz stieß eine wahre Laudatio aus und meinte, die neue Radaufhängung ergäbe »eine Kombination von Fahrsicherheit und Federungskomfort der Hinterräder, wie sie von keinem modernen Personenwagen ... übertroffen wird!«

Die von der Fachpresse ermittelten Fahrleistungen entsprachen den Werksangaben: Die gemessenen Höchstgeschwindigkeiten bewegten sich in einem Bereich zwischen 146 und 152 Stundenkilometern, das Beschleunigungsvermögen streute von 15,4 bis 17,3 Sekunden für das Erreichen von 100 km/h aus dem Stand, und der jeweilige Testverbrauch nahm eine Spanne zwischen 13,4 und 13,9 Litern für 100 Kilometer Fahrstrecke ein. Damit war der 220a schneller – man vergleiche das Leistungsgewicht von 15,0 kg/PS mit dem des Typs W 187 von 16,9 kg/PS – und sparsamer als sein Vorgänger. Durch die höhere Verdichtung wurde der Kraftstoff wirkungsvoller genutzt und die günstigere Aerodynamik war nicht zu bestreiten.

Blick in den Fond des Mercedes-Benz 220a. Die hinteren Türen wiesen eine bequeme Einstiegsbreite auf wie bei allen Mercedes-Modellen.

Obwohl die Zeitschrift *Auto-Markt* den 220a vom Temperament her mit einem reinrassigen Sportwagen verglich, war der neue Sechszylinder von Daimler-Benz mit keinerlei Hintergedanken an Wettbewerbseinsätze konzipiert worden. Dennoch erwarb der 220a in zahllosen internationalen Veranstaltungen großartigen Wettbewerbsruhm:

Links: Ein 220a von 1955, der einem Nürnberger Sammler gehört.

Sechszylinder-Reihenmotor mit hängenden Ventilen (Werkscode: M 180 II). Das 2195-ccm-Aggregat des Mercedes-Benz 220a leistete 85 PS bei 4800 Touren.

1954 errang der Innsbrucker Mercedes-Privatfahrer Retter den Gesamtsieg der Internationalen ADAC-Rheinlandfahrt auf einem 220a. Im Jahre 1955 belegte das Team H. Gerdum/Dr. Kühling auf einem 220a den dritten Platz und die Mannschaft Schock/Moll den fünften Platz im Gesamtklassement der Rallye Monte Carlo. Bei den 24 Stunden von Spa-Francorchamps in Belgien 1955 wurde ein 220a Tourenwagensieger und beendete das Rennen in fünfter Gesamtposition. Im gleichen Jahr wurde Werner Engel auf einem 220a Europa-Tourenwagenmeister. Bei der 4500-Kilometer-Fahrt Spa-Sofia-Lüttich gewann Mercedes-Benz mit einigen 220a den Werksteampreis. Bei den 12 Stunden von Huy, einem belgischen Rundstreckenrennen, siegte ein 220a im Gesamtklassement vor einem BMW V8 und einer Chevrolet Corvette. In der holländischen Tulpenrallye errang ein 220a den Klassensieg.

Im Sportjahr 1956 brachte es der 220a zu noch publikumswirksameren Erfolgen: Walter Schock und Rolf Moll verpaßten bei der Rallye Monte Carlo knapp den Gesamtsieg und belegten hinter einem Jaguar Mark VII den zweiten Platz. Hanns Gerdum wurde bei der Internationalen ADAC-Wintersternfahrt Sieger in der großen Tourenwagenklasse. Bei der Mille Miglia im April 1956 ging eine Mercedes-Werksmannschaft an den Start, die aus den Fahrern Günzler, Bauer und Retter bestand und über bestens präparierte 220a verfügte. Die Motoren waren intensiv überarbeitet worden und leisteten mit einer Zweivergaseranlage über 120 PS. Die Spitzengeschwindigkeit stieg dadurch auf 175 km/h. Eine »schnelle« Knüppelschaltung und ein härter abgestimmtes Fahrwerk rundeten das professionelle Bild ab. Der Erfolg blieb nicht aus: Erwin Bauer siegte in der Klasse der Spezialtourenwagen über 2000 ccm mit einer Durchschnittsgeschwindigkeit von 116,52 km/h auf der langen Strecke, die über normale Verkehrswege führte.

Daimler Motor-Wagen-Kutscherei

STUTTGART.

Motorwagendepot
Im Thürlen 00
in der Bahnhofstrasse
oberhalb
der Fabrik Leins & Cie.
Telephon 1825.

Fahrten
nach auswärts für
jedermann, besonders zu
Vergnügungsfahrten
sowie
Jagd- und Sportzwecken.

Vertretung für den Verkauf. — Bei Kauf Probefahrten gratis.

Tagesleistung eines Wagens bis zu 200 Kilometer.

Gesellschaften bis zu 6 Personen in einem Wagen. — Abonnements.

Vermietung von Wagen mit Kutscher bei Wochen-, Monats- oder Jahresabschluss für Aerzte, Reisende etc. zu 2—4 Sitzplätzen. — **Gummiräder.** — Geräuschloser, geruchloser und vollständig gefahrloser Betrieb.

Fein gepolsterte Wagen, Schutz gegen Sonne und Regen, bei kühler Witterung der Fond des Wagens geheizt.

Die hocheleganten Fahrzeuge werden von geübten Leuten in Livree **sicher** geleitet.

Wegfall aller und jeder Spesen, wie Stallgelder etc.

Die Wagen sind in **zwei Minuten** zum Fahren gerüstet.

Stellung von **Galawagen zu Festlichkeiten,** für **Korsofahrten** von Sportsgesellschaften. Bei zeitiger Vormerkung nach allen Städten Württembergs, wo derartige Festlichkeiten stattfinden.

In Anbetracht der grossen Entfernungen, welche diese Wagen zurücklegen, **sind die Preise gegen Droschken mit Pferden enorm billig. Preise nach Uebereinkunft.**

Vorausbestellungen der Wagen und Feststellung der Fahrten können im Depot **Im Thürlen Nr. 00** in der Bahnhofstrasse, oberhalb der Fabrik **Leins & Cie.,** persönlich gemacht und die Wagen besichtigt werden. **Telephon Nr. 1825.**

Ebenso übernimmt Vermittlung von Fahrten Herr **Ed. Frasch,** Cigarrenladen, Königsstrasse 70. Telephon 827.

Schriftliche Anfragen und Bestellungen werden postwendend beantwortet.

Die Wagen fahren jederzeit auf Wunsch der tit. Besteller zum Abholen an Wohnungen oder bestimmten Plätzen vor. In Extrafällen stehen auch bei Nachtzeit die Wagen jederzeit zur gefl. Benützung.

Dieses zeitgemässe Unternehmen wird den hohen Herrschaften, Offizieren, Jagd- und Sportsgesellschaften sowie jedermann zur gefl. Benützung bestens empfohlen.

Daimler Motor-Wagen-Kutscherei

Im Thürlen Nr. 00 in der Bahnhofstrasse, oberhalb der Fabrik Leins & Cie.
Strassenbahnlinie Bahnhofstrasse-Prag.

Telephon 1825.

Werbeschrift der Daimler Motor-Wagen-Kutscherei aus dem Jahre 1887 – eines der ältesten Dokumente aus der Automobilgeschichte, mit der gerade der Name Daimler aufs engste verbunden ist.

Aus dem Foto-Archiv des Mercedes-Benz-Liebhabers

Worin liegt der Reiz älterer Automobile? Sie sind noch keineswegs »Oldtimer« im eigentlichen Sinne, die Mercedes-Benz der späten fünfziger und der sechziger Jahre. Aber zu den Liebhaberfahrzeugen zählen sie allemal – heute mehr als je zuvor. Und ihr Wert steigt von Jahr zu Jahr.

Mercedes-Benz Limousine vom Typ 190b mit Nebelscheinwerfern und Stoffschiebedach System Golde. Das Foto wurde im Sommer 1959 gemacht.

Oben ein Mercedes-Benz 190 SL mit Coupédach aus dem Jahre 1960; rechts ein Roadster mit versenktem Verdeck.

S-C 226

Links: Mercedes-Benz 190 SL aus der ersten Serie 1955, aufgenommen am Zürichsee.

Auch dieser 190 SL Roadster gehört einem Sammler in der Schweiz, der das Fahrzeug in mühsamer Arbeit restaurierte. Der Wagen stammt aus dem Modelljahr 1956.

DÜRR

Gegenüberliegende Seite: Die Wagen der Vorserie des 220 Sb (ganz links im Bild) gehen auf dem gleichen Band des auslaufenden 220 S in die Lackierung. Das Foto stammt vom Sommer 1959.
Links: Mercedes-Benz Limousine vom Typ 219, Baujahr 1956.

M-NM 1431

Links: Mercedes-Benz 190, Baujahr 1957, mit Motorhaube und Grill des 180. Rechts: 220 S mit Weißwandreifen, aufgenommen im Sommer 1956. Die schwarzgrundigen Kennzeichen gab es in der Bundesrepublik noch ein weiteres Jahr lang.

Rechts: Mercedes-Benz 220 S Limousine in Serienausführung. Rechte Seite oben: 220 SEb Coupé. Darunter ein Foto vom Bandauslauf Sindelfingen 1962. Ganz hinten ein 180c, im Vordergrund ein 190c und ein 220 Sb.

S-C 226

Vorsicht!
Montagegrube
Vorsicht!
Montagegrube
Vorsicht!
Montagegrube

HEB-K 202

Links: 220 S Cabriolet 1958 – im Besitz des Sammlers Georg Boos legte dieser Wagen bereits über 300 000 Kilometer zurück. Rechts eine 300 SE Limousine Baujahr 1962.

S-DE 984
D

Gegenüberliegende Seite: Mercedes-Benz 220 S Cabriolet. Dieses Modell wurde auf der IAA 1955 in Frankfurt/Main präsentiert und war der Nachfolger des klassischen Sechszylinder-Cabriolets konventioneller Bauform.
Links: Limousine vom Typ 250 SE Baujahr 1966 mit 1900 kg am Haken.

Rassiges Mercedes-Benz Cabriolet 220 SE 1956. In dieser Lackierung verließen nur wenige Exemplare das Werk; die meisten Kunden entschieden sich für dezentere Farben.

Benz & Cie., Rheinische Gasmotoren-Fabrik, Mannheim.

Patent-Motor-Wagen Benz „Victoria."

Preise:

Patent-Motor-Wagen »Victoria« mit einem Sitz für 2 Personen mit einer 3pferdigen Maschine, mit 4 massiv Gummiräder, mit Verdeck, Spritzleder und Laternen complett . . . . kostet **Mark 3800.—**

Auf Wunsch liefern wir zu diesem Wagen einen kleinen Nothsitz für 2 weitere Personen für . . . . **Mark 75.—**

Wird der Wagen mit einer 5pferdigen Maschine gewünscht, so erhöht sich der Preis um . . . . **Mark 200.—**

Gewicht des Wagens mit Maschine ca. 650 Kg.

Dimensionen:

Aeusserste Länge des Wagens	2	Meter	90	cm.
» Breite » »	1	»	50	»
Höhe des Wagens ohne Verdeck	1	»	50	»
Spurweite	1	»	25	»

Sämmtliche Wagen sind in hochfeiner Ausstattung, es wird nur allerbestes Material verwendet.

Preisliste der Firma Benz & Cie., Mannheim, aus dem Jahre 1893. Daimler und Benz konkurrierten auf dem Automobilmarkt bis zu ihrer Fusion, die erst viele Jahre später stattfand – nämlich 1926.

Der Nachfolger des 220a war ein 190 mit Sechszylindermotor. Vielleicht hätte er eine verkaufswirksamere Bezeichnung verdient gehabt:

Mercedes-Benz 219

Nach nur gut zweijähriger Bauzeit wurde der 220a im Mai 1956 durch zwei Sechszylindermodelle der oberen Mittelklasse ersetzt – die Typen 219 und 220 S, deren Vorserien bereits seit März liefen. An und für sich war diese Auffächerung des Angebots ein kaufmännisch und produktionstechnisch geschickter Schachzug, zumal bei diesem Modellwechsel das Baukastenprinzip voll genutzt wurde. Mit diesen Variationen des Grundthemas 220a konnte Daimler-Benz in zwei Preisklassen aktiv werden. Auch sprachen die beiden neuen Sechszylinder unterschiedliche Käuferschichten an.
Mit dem 219 zielte man bei seinem interessanten Preis von 10 500 Mark, zum einen auf Aufsteiger, die von der Mercedes-Vierzylinderklasse nach oben strebten. Immerhin war die zweite Hälfte der fünfziger Jahre noch eine Zeit allgemeiner Prosperität und eines progressiven Wirtschaftswachstums. Zum anderen sollte der 219 die Sechszylinderkäufer ansprechen, die der Leistungsfähigkeit und den Fahreigenschaften eines Wagens einen höheren Stellenwert einräumten als dem Repräsentationspotential. Schließlich stellte das Erscheinen des 219 wohl auch eine Kampfansage an den Opel Kapitän, der fast das gleiche Preisniveau innehatte, dar. Dem Charakter nach war der 219 ein Mischtyp – die logische Folge des florierenden Baukastensystems: Der 219 war nämlich ein 190 mit dem unveränderten Motor des 220a. Die Karosserie entsprach mit Ausnahme der Frontpartie bis ins kleinste Detail der des gleichzeitig vorgestellten und ausgelieferten, aufgewerteten Vierzylindermodells: Rahmen-Bodenanlage, Hinterachse mit Achsantrieb, Vorderradaufhängung, Bremsen, Räder mit Bereifung, Tank (ohne Reservehahn), Chromzierrat, Innenausstattung und Instrumentierung waren mit den entsprechenden Bauteilen des 190 identisch. Der Sechszylindermotor, der – wie das Getriebe – völlig

unverändert vom 220a übernommen worden war, also 85 PS bei 4800 U/min leistete, bedingte allerdings durch seine Baulänge einen ausladenderen Vorderwagen. Dadurch wuchsen der Radstand gegenüber dem des 190 um zehn Zentimeter auf 275 Zentimeter und die Gesamtlänge um 16,5 Zentimeter auf 465 Zentimeter. Damit war der 219 um knapp sieben Zentimeter kürzer als der 220a bzw. 220 S. Diese Einschränkung wirkte sich ausschließlich im hinteren Fußraum und in der Breite der Hintertüren aus.
Das Kühlergesicht des 219 entsprach wiederum in fast allen Einzelheiten dem des 220a – nur die beim Vorgänger serienmäßigen Nebellampen fehlten. Die aristokratische Sechszylinder-Physiognomie war völlig erhalten geblieben. Von vorn konnten 219 und 220a bzw. 220 S durchaus verwechselt werden – besonders, wenn der 219 mit den als Zubehör lieferbaren Nebelleuchten ausgerüstet war.
Ein weiterer Unterschied betraf die Lenkung, die – in Angleichung an die des 220 S – zwar vom Prinzip her der DB-Kugelumlauflenkung des 220a entsprach, aber mit vier Lenkradumdrehungen von Anschlag zu Anschlag indirekter übersetzt war. Dadurch war die Lenkung jetzt leichtgängiger geworden, hatte aber auch an Exaktheit eingebüßt. Das Zeitalter der Servolenkungen war noch nicht angebrochen, und Bedienungserleichterungen mußten mit Konzessionen an die Präzision des Fahrens erkauft werden. Der Zeitgeschmack, der noch immer von den einst aus Amerika eingeflogenen Idealen beherrscht war, forderte mühelosen Gebrauch.
Durch das eingesparte Blech bei der kürzeren Bauweise und durch die weniger pompöse Ausstattung konnte der 219 mit einem niedrigeren Gewicht aufwarten als sein Vorgänger. Aus seinem Betriebsgewicht von 1260 Kilogramm errechnete sich ein Leistungsgewicht von 14,8 kg/PS, das sich nicht so sehr in der Endgeschwindigkeit als im Beschleunigungsvermögen ausdrückte. Der 219 erreichte 100 km/h aus dem Stand bereits nach rund 16 Sekunden. Damit nahm er seinem Vorgänger etwa zwei Sekunden ab. Die Spitzengeschwindigkeit dagegen war praktisch gleichgeblieben: Testwerte streuten stets um 148 km/h, wie sie auch vom Werk angegeben wurden. Auch im Kraftstoffverbrauch stand der 219 seinem Vorgänger nicht nach: Motor und Stirnwiderstand waren ja gleichgeblieben. Dagegen war der Aktionsradius um zehn bis fünfzehn Prozent geringer geworden, da der Tankinhalt nur 56 Liter betrug.
Durch den kürzeren Radstand und die vom 190 übernommene Federabstimmung fühlte sich der 219 beim Fahren sportlich hart an und galt

Modell	219 (W 105)
Produktionszeit	März 1956 – Juli 1959
Motor	Reihen-Sechszylinder M 180 II
Bohrung/Hub/ccm	80 × 72,8, 2195 ccm
Verdichtung	7,6:1 (ab August 1957 8,7:1)
Leistung	85 PS b. 4800 U/min (ab Aug. 57 90 PS b. 4800)
Ventilsteuerung	ohc, 1 obenliegende Nockenwelle
Schmierung	Druckumlauf
Kühlung	Wasser (Pumpe, Thermostat)
Vergaser	1 Doppelvergaser Solex 32 PAATJ Fallstrom
Elektrik	12 Volt 56 Ah
Kupplung	Einscheiben-Trockenkupplung, a. W. Hydrak
Getriebe	4-Gang, Lenkradschaltung
Lenkung	Kugelumlauf
Fußbremse	hydraulisch, 4 Trommeln, a. W. Servo
Feststellbremse	mechanisch, Hinterräder
Aufbau	Limousine viertürig
Radstand; Spur v/h	2750, 1430/1470 mm
Gesamtabmessungen	4650 × 1740 × 1560 mm
Bereifung	6.40 – 13
Tankinhalt	56 Liter
Leergewicht	1260 kg
Höchstgeschwindigkeit	148 km/h
Stückzahl	27 845
Preis	DM 10 500

Gegenüberliegende Seite: Mercedes-Benz Limousine 219 in serienmäßiger Ausführung.

Rechts: 1975 war dieser gesunde 219 billig bei einem Gebrauchtwagenhändler zu haben.

Links: Der 219 des Teams Fritschy/Ellis bei der East African Safari Rallye 1958. Rechts Schemadarstellung des Hydrak-Kupplungsautomaten.

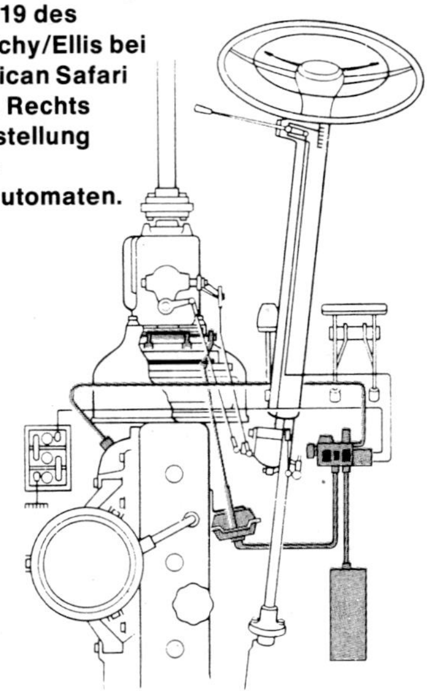

zu seiner Zeit auch als Geheimtyp für leistungsorientierte, weniger auf Renommee bedachte Fahrer. Er war deutlich wendiger und manövrierfähiger und lag weitaus besser in der Hand, als es seine gar nicht so stark geschrumpften Außenmaße vermuten ließen. Der 219 war ein Wagen mehr maskuliner Prägung.
Am 6. August 1957 wurde der Öffentlichkeit das überarbeitete Daimler-Benz-Personenwagenprogramm präsentiert. Auch der 219 erfuhr einige Änderungen. Durch eine Erhöhung der Verdichtung von 7,6:1 auf 8,7:1 wurde die Motorleistung von 85 auf 90 PS bei gleicher Tourenzahl angehoben. Das maximale Drehmoment stieg dabei von 16 auf 17 mkg. Durch eine erhöhte Kompression wurde der Brennwert des Benzins besser genutzt, wobei der Kraftstoffverbrauch um rund einen Liter gesenkt werden konnte. Daran war aber auch die zu gleicher Zeit von 4,10:1 auf 3,90:1 verlängerte Hinterachsübersetzung, die nun der des 190 SL entsprach, nicht unbeteiligt: Die Drehzahlen in den einzelnen Gängen konnten durch die niedrigere Gesamtübersetzung geringfügig gesenkt werden. Eine theoretisch in den einzelnen Gangstufen vermehrte Trägheit wurde durch die gesteigerte Motorleistung nicht offenkundig, dagegen erhöhte sich die Spitzengeschwindigkeit auf über 150 Stundenkilometer.
Hinten erhielt der 219 – analog zum 190 – wirksamere Stoßdämpfer. Beide Stoßstangen wurden verstärkt und die Innenausstattung wies nun freundlichere Bezugsstoffe auf.

Die aufsehenerregende Neuigkeit aber war der Kupplungsautomat, der gegen einen Mehrpreis von 450 Mark in den 219 eingebaut werden konnte. In Zusammenarbeit mit Fichtel & Sachs – ein Hersteller, der mit automatischen Kupplungen wie dem Saxomat bereits über einschlägige Erfahrungen verfügte – entstand der »Hydrak«. Er stellte eine aufwendig konzipierte Kombination aus einer hydraulischen Kupplung für die Anfahr- und Haltevorgänge, einer herkömmlichen, mechanischen Einscheiben-Trockenkupplung für das Aus- und Einrücken beim Gangwechsel und einer Freilaufvorrichtung dar und unterschied sich völlig vom Saxomat. Die Schaltkupplung wurde beim geringsten Berühren des Schalthebels durch einen über einen elektrischen Kontaktgeber und einen Elektromagneten gesteuerten Servomotor betätigt. Durch den hydraulischen Kupplungsteil vollzog sich das Anfahren völlig stoßfrei. Rein theoretisch war es möglich, unter Ausnutzung des Schlupfs der Flüssigkeitskupplung in jedem beliebigen Gang anzufahren, und tatsächlich empfahl Daimler-Benz den ersten Gang nur zum Anfahren am Berg oder mit einem Anhänger im Schlepp. Normale Anfahrstufe war der zweite Gang.
Der Mercedes 219 schien mit seinem leistungsfähigen, für ein Tuning geradezu prädestinierten Motor, seiner Agilität und dem günstigen Eigengewicht für den Sporteinsatz gut geeignet. Dennoch hielten sich die errungenen sportlichen Lorbeeren in Grenzen. Die interessantesten Erfolge wurden auf dem afrikanischen Kontinent davongetragen.

Blick auf das Armaturenbrett des Mercedes-Benz 219. Es ist identisch mit dem des 190. Der verstellbare Hupenring betätigte die Blinker; links unten der Zuggriff für die Motorhaubenöffnung und der Abblendlicht-Fußschalter.

Im Jahre 1958 wurde Manussis auf einem 219 Gesamtsieger der 5300 Kilometer langen East African Coronation Rally über unbefestigte Erdwege Kenias, Ugandas und Tanganjikas. Die Nachfolgeveranstaltung, die heute noch berüchtigte East African Safari, wurde 1959 und 1960 gleich zweimal hintereinander von den Privatfahrern Fritschy und Ellis aus Kenia auf einem 219 gewonnen, der praktisch schon Gebrauchtwagencharakter hatte. Diese Siege waren um so bemerkenswerter, als es sich dabei um Privateinsätze bei einer Rallye handelte, die zu den schwersten ihrer Art gehörte und noch gehört. Der größte Teil der Routenführung erstreckte sich über Naturpfade und Schlammpisten. Nicht ganz so erfolgreich war der sieggewohnte Innsbrucker Retter, der im Jahre 1957 mit einem speziell präparierten 219 mit Werksunterstützung an den Start zur Mille Miglia ging. Dieser Wagen besaß ein verbessertes Fahrwerk, war auf Knüppelschaltung umgebaut und verfügte über ein stark leistungsgesteigertes Triebwerk mit 130 PS. Dieser 219-Spezialtourenwagen, der fast 200 km/h lief, hielt sich zwar prächtig, mußte sich in seiner Klasse aber schließlich doch zwei BMW 502 V8 geschlagen geben, deren 3,2-Liter-Motoren über 160 PS leisteten.
Der Mercedes 219 wurde während seiner gesamten Produktionsperiode zum Preis von 10 500 Mark verkauft. Damit lag er nur gute tausend Mark über dem Verkaufspreis des 190, war aber um genau 2000 Mark billiger als der 220a, den er ablöste, und als der parallel gebaute 220 S.

Der 219 war somit ohne Zweifel ein preisgünstiges Auto und besaß das Zeug zu einem echten Erfolgsmodell. Doch die Rechnung ging in Untertürkheim nicht ganz auf, wobei die schwäbischen Autobauer von eigenem Verschulden nicht völlig freizusprechen sind.
Im Juli 1959 wurde der 219 durch den 220b abgelöst. Bis dahin waren in 37 Monaten 27 845 Wagen gebaut worden. Rechnet man diese zunächst wertneutrale Zahl auf das Jahresmittel um, so ergeben sich runde 9000 Wagen pro Produktionsjahr. Vom 220a waren vergleichsweise 12 000 Exemplare im Jahresdurchschnitt gebaut worden und der 220 S brachte es fast auf die doppelte jährliche Produktionsrate. Auch die Zulassungszahlen des 219 im Gebiet der Bundesrepublik Deutschland und in West-Berlin waren nicht unbedingt rühmenswert: »Zu Hause« wurden jährlich um die 3000 Wagen des Typs 219 abgesetzt – kein Vergleich zum Opel Kapitän, der ständig drei- bis viermal soviele Neuzulassungen auf sich verbuchen konnte und damit niemals vom Schlicht-Sechszylinder aus dem Schwabenlande gefährdet war. Der Exportanteil des 219 lag allerdings mit rund sechzig Prozent höher als die Ausfuhrquote der übrigen Daimler-Benz-Personenwagen. War hier das Sprichwort anwendbar, nach welchem der Prophet in seinem Vaterlande nichts gilt?
Es scheint so. Der mäßige Verkaufserfolg des 219 im Inland hatte verschiedene Ursachen: Einmal lag der 219 preislich wesentlich näher am 190 als am 220 S und besaß die Karosserie des kleineren Typs, wurde also weitgehend mit diesem identifiziert. Er wurde weniger als abgemagerter 220 S denn als motorisch aufgewerteter 190 gesehen. Und ein Glied der 220-Reihe sollte er andererseits nach dem Willen seiner Väter wohl auch nicht sein – die ungeschickt-unglücklich gewählte Typenbezeichnung läßt diese Schlußfolgerung zu. Durch die fehlende Einerstelle im Rufnamen wurde der 219 als irgendwie improvisiertes Zwischenmodell, als bloßer Aufsteigertyp gekennzeichnet. Der numerische Wert der Zahl 219 ist nun einmal niedriger als der der Zahl 220. Während alle übrigen jemals gebauten Daimler-Benz-Personenwagen »runde« Modellbezeichnungen besaßen – Bezifferungen mit ausgefüllten Einerstellen, z. B. L 312 oder L 319 D, blieben sonst stets den Mercedes-Nutzfahrzeugen vorbehalten – hatte sich der 219 mit einem wenig klangvollen Namen zufriedenzugeben. Seine Käufer mußten sich damit abfinden, daß ihnen zum Besitz des 220 irgendetwas fehlte . . .

Ob das S des neuen 220 für »Sport« oder »Super« stand, durfte sich der Mercedes-Kunde aussuchen:

Mercedes-Benz 220 S

Der eigentliche Nachfolgetyp des 220a war der mit dem 219 im Mai 1956 vorgestellte 220 S. Der Hauptunterschied zum Vorgänger wurde durch das »S« hinter der Typenbezeichnung charakterisiert: »S« stand sowohl für »Sport« als auch für »Super«. Daimler-Benz legt sich bezüglich der Bedeutung seiner Buchstaben-Zahlen-Kombinationen ungern fest, um zu verschiedenen Zeiten mehr oder weniger unterschiedliche Begriffsunterlegungen vornehmen zu können.

Der 220 S hob sich vom 220a vor allem durch die deutlich erhöhte Motorleistung ab, die jetzt 100 statt 85 PS betrug – »mehr Kraft als Sie brauchen«, wie der aufwendig gestaltete Prospekt versprach. Besonders der Durchzug im mittleren Drehzahlbereich war dem entsprechenden Verhalten des Vorgängers klar überlegen. Diese Leistungssteigerung wurde bei gleichgebliebener Verdichtung und Nenndrehzahl vor allem durch eine »freiere« Atmung erzielt: Der Motor, der die Codenummer M 180 III trug, war mit zwei Vergasern der Type Solex 32 PAJTA in Registeranordnung ausgerüstet, die erst bei höheren Tourenzahlen auf beiden Stufen arbeiteten und sich über den gesamten Drehzahlbereich durch einwandfreie Übergänge auszeichneten. Durch die Stufenvergaser wurde ein erstaunlich niedriger Kraftstoffverbrauch erreicht: Der 220 S war sowohl seinem Vorgänger als auch dem schwächeren und leichteren Parallelmodell 219 in dieser Disziplin deutlich überlegen. Das Werk gab einen Normverbrauch von 9,6 Liter auf 100 Kilometer an.

Der Motor des 220 S war jetzt, im Gegensatz zum Triebwerk des 220a oder 219, in vier Punkten am Fahrschemel gelagert. Durch diese Maßnahme, die eine veränderte Kupplungsbetätigung bedingte, wurde ein noch weicherer Motorlauf als bisher erzielt. Mit seiner ausgeprägten Laufruhe war der Mercedes 2,2 Liter dabei, in jene Domäne vorzudringen, die bislang vom Opel-Sechszylinder beherrscht worden war. Dabei verfügte der verschleißfest angelegte Kurzhuber über Kraftreserven, die den 220 S in die Gruppe der schnellsten deutschen Serienwagen einreihten. Das maximale Drehmoment des 220 S-Motors lag mit 16,5 mkg etwas höher als beim Vorgänger, wurde aber erst bei 3500 statt bei 2400 U/min erreicht. Dennoch legte das Triebwerk eine bisher nicht gekannte Elastizität an den Tag.

Der 220 S entsprach in Aufbau und Fahrwerk dem 220a. Die Karosserie wurde nach wie vor durch hervorragende Verarbeitungsqualität charakterisiert, verkörpert zum Beispiel durch den für alle Mercedes-Personenwagen typischen, saugenden Türschluß, durch eine solide Innenausstattung, vielleicht etwas zu schlichte Sitzbezüge, durch das feudal wirkende, aber nicht mehr so ganz zeitgemäße Holzarmaturenbrett und die vielen Ablagemöglichkeiten. Die deutsche Fachzeitschrift *Das Automobil* schrieb über den 220 S, er sei »ein echter,

Oben: Heck des 220 S. Wie schon beim Vierzylinder vom 180 an, saßen die Rückstrahler in den unteren Enden der Stoßstangenhörner. Links: Armaturenbrett des 220 S – jetzt mit einem Horizontal-Tachometer.

seriöser Reisewagen mit gediegenem Komfort, ein wenig britisch anmutend.« Einziges äußeres Unterscheidungsmerkmal zum 220a war die lange, geschwungene Zierleiste, mit der die Preßsicke an Vorderkotflügel und Vordertür unterlegt war. Sie bedeutete einen nicht geringen optischen Gewinn, da sie den Wagen noch gestreckter erscheinen ließ.

Das Fahrwerk harmonierte mit der nunmehr recht weichen, sehr auf Komfort ausgelegten Federabstimmung nicht mehr so gut wie beim Vorgänger. Die durch die weichere Federung bedingte Seitenneigung beim Kurvenfahren und das starke Tauchen beim Bremsen deuteten

Rechts: Fahrschemel des Mercedes 220 S. Gegenüberliegende Seite: Ein 220 S als Teilnehmer der Winterrallye Garmisch-Partenkirchen 1957.

auf den veränderten Charakter des Wagens hin: Als sportlich geprägt konnte man den 220 S kaum bezeichnen. Das Fahrverhalten durfte im ganzen immer noch mit »neutral« umschrieben werden. Eine leichte Übersteuerneigung im Grenzbereich konnte sich allerdings bei feuchter Fahrbahn oder lockerem Straßenbelag und einem weniger geübten Fahrer leicht zur Katastrophe auswirken: Ein reaktionsschnelles Gegensteuern war mit der recht indifferent wirkenden Lenkung einigermaßen problematisch. Diese Lenkung, die für den 220 S im Übersetzungsverhältnis überarbeitet worden war, erwies sich zwar als völlig stoßfrei und sehr leichtgängig, die Konzessionen an den Fahrkomfort waren aber zu sehr auf Kosten der permanenten Fahrsicherheit erfolgt.

Dennoch war der 220 S, sofern man sich allzu forschen »Bolzens« auf kurvenreicher Piste (das dürfte einem 220 S-Eigner von echtem Schrot und Korn ohnehin niemals im Sinn gelegen haben) enthielt, ein typischer Langstreckenjäger, mit dem man völlig ermüdungsfrei hohe Reisedurchschnitte erzielen konnte. Selbst ein Dauertempo von 150 bis 160 km/h nahm der 220 S klaglos hin.

Die Serienausstattung war gegenüber dem 220a kaum ergänzt worden. Lediglich eine Lichthupe befand sich jetzt im normalen Lieferumfang – der schnelle Wagen hatte sie auch nötig! Eine Scheibenwaschanlage gab es nach wie vor nur als Zubehör, ebenso die Mittelarmlehne der Rücksitzbank. Der 220 S wurde in fünf serienmäßigen Farbtönen, in 21 gegen Aufpreis zu bestellenden einfarbigen Sonderlackierungen und in 26 Zweifarbenkombinationen geliefert.

Anfang August 1957 wurde ein im Detail überarbeiteter 220 S präsentiert. Durch die Erhöhung der Verdichtung von 7,6:1 auf 8,7:1, unterstützt durch eine verstärkte Kurbelwelle, stieg die Motorleistung auf 106 PS bei 5000 U/min. Gleichzeitig erhöhte sich das maximale Drehmoment auf 17,5 mkg bei unveränderter Drehzahl. Trotz der gesteigerten Motorleistung wurden vom Werk nach wie vor die gleichen Endgeschwindigkeiten in den Gängen angegeben. Lediglich die Steigfähigkeit hatte geringfügig zugenommen.

Wegen der in der Praxis letztlich aber doch erhöhten Fahrleistungen gelangte ein Bremsgerät mit höherer Servowirkung zum Einbau, das den Kraftaufwand der Pedalbetätigung jetzt um fünfzig Prozent reduzierte. Wie beim Typ 219 wurde gegen Aufpreis der Kupplungsautomat Hydrak geliefert, der durch weiches, geschmeidiges Anfahren überzeugen konnte und sich als narrensicher und robust im Betrieb erwies.

Modell	220 S (W 180 II)
Produktionszeit	März 1956 – August 1959
Motor	Reihen-Sechszylinder M 180 III
Bohrung/Hub/ccm	80 × 72,8, 2195 ccm
Verdichtung	7,6:1 (ab Aug. 57 8,7:1)
Leistung	100 PS b. 4800 U/min (ab Aug. '57 106 PS bei 5000)
Ventilsteuerung	ohc, 1 obenliegende Nockenwelle
Schmierung	Druckumlaufschmierung
Kühlung	Wasserkühlung (Pumpe, Thermostat)
Vergaser	2 Register Solex 32 PAJTA Fallstrom
Elektrik	12 Volt 56 Ah
Kupplung	Einscheiben-Trockenkupplung, a. W. Hydrak
Getriebe	4-Gang, Lenkradschaltung
Lenkung	Kugelumlauf
Fußbremse	hydraulisch, 4 Trommeln, Servo
Feststellbremse	mechanisch, Hinterräder
Aufbau	Limousine viertürig
Radstand; Spur v/h	2820, 1430/1470 mm
Gesamtabmessungen	4715 × 1740 × 1560 mm
Bereifung	6.70 S – 13
Tankinhalt	64 Liter
Leergewicht	1325 kg
Höchstgeschwindigkeit	160 km/h
Stückzahl	55 279
Preis	DM 12 500

Seitenansicht des Mercedes-Benz 220 S von 1956. Das Kennzeichen wiederholt sich bei einer Reihe von anderen Wagen, die vom Werk zu Werbezwecken fotografiert wurden.

Ein 220 in Exportausführung mit Rechtslenkung, aufgenommen 1957 in England. Dem historischen Kennzeichen zufolge gehörte der Wagen einem Autoliebhaber – niedrige Nummern (diese stammt aus der Zeit vor dem Ersten Weltkrieg) ließen sich in England auf jüngere Fahrzeuge übertragen und hatten einen hohen Handelswert.

Die Innenausstattung war beim verbesserten Modell in helleren, freundlicheren Farbtönen gehalten. Den Türverkleidungen gab man ein neues Zweifarben-Design. Das Defrostergebläse arbeitete nun zweistufig, ebenso standen zwei Geschwindigkeiten bei den Scheibenwischern zur Verfügung. Die rechte Vordertüre konnte jetzt endlich auch von außen verschlossen und entriegelt werden. Beide Vordertüren erhielten Kontakte zum automatischen Einschalten der Leselampe über dem Fahrersitz. Weniger augenfällig waren die verbesserten Stoßdämpfer, über die der 220 S nun verfügte.

Äußerlich war der modifizierte 220 S nicht auf den ersten Blick als solcher erkennbar: Allein die unauffällig verstärkten Stoßstangen mit den längeren Hörnern, die offensichtlich nicht zuletzt im Hinblick auf den Export in die Vereinigten Staaten modifiziert wurden, und die Nummernschildbeleuchtung, die sich analog zu den übrigen Pontontypen nicht mehr rechts und links des Kennzeichens am Kofferdeckel befand, sondern in die hinteren Stoßstangenhörner integriert war, ließen eine Unterscheidung zu.

In den zeitgenössischen Prüfungsberichten schnitt der 220 S im großen und ganzen hervorragend ab. Der *Motorwelt* des ADAC stand offensichtlich ein bestens konstituierter Testwagen der älteren 100-PS-Ausführung zur Verfügung: Mit einer Spitzengeschwindigkeit von 161,4 km/h und einer Beschleunigungszeit von 16,5 Sekunden aus dem Stand auf 100 km/h hatte sich der 220 S auf das Niveau ausgesprochener Grand-Tourisme-Wagen wie des Porsche 356 A 1600 emporgeschwungen. Der überwachte Durchschnittsverbrauch von 14,1 Litern auf 100 Kilometern Fahrtstrecke war dabei als durchaus angemessen zu sehen. Ein mit dem Hydrak und dem 106 PS-Motor ausgerüstetes späteres Exemplar des 220 S, das vom Fachjournal *Das Automobil* getestet wurde, benötigte wegen des Kupplungsautomaten 19,7 Sekunden für die normierte »Null auf Hundert«-Spanne, erreichte die vom Werk angegebene Spitzengeschwindigkeit von 160 km/h und glänzte durch den bemerkenswert wirtschaftlichen durchschnittlichen Testverbrauch von 12,5 Liter auf 100 Kilometer.

Während seiner gesamten Bauperiode vom Mai 1956 bis zum August 1959 wurde der 220 S unverändert zum Preis von 12 500 Mark angeboten. In seiner Klasse stand er fast konkurrenzlos da und galt noch immer als europäischer Standard für einen Personenwagen der gehobenen Mittelklasse. So nimmt es nicht Wunder, daß in dreieinhalb Jahren 55 279 Exemplare dieses Typs hergestellt wurden, bis er vom völlig neuen 220 Sb abgelöst wurde.

Die große Überraschung auf der IAA 1956 – ein Mercedes Benz 220 mit Einspritzmotor:

Mercedes-Benz 220 SE

Eine der großen Überraschungen auf der Internationalen Automobil-Ausstellung in Frankfurt/Main 1958 war ein äußerlich unscheinbarer, da offensichtlich unveränderter Ponton-220, der aber mit einer technischen Sensation aufwartete. Als ersten Gebrauchswagen der Welt hatte man dieses Auto serienmäßig mit einem Einspritzmotor ausgestattet. Dieser 220 SE stellte erstmals eine ernstzunehmende, für eine langfristige Serienherstellung gedachte Konstruktion dar und sollte eine lange Reihe von SE-Modellen einleiten. Beweggrund für die Daimler-Benz-Konstrukteure für die Einführung der Benzineinspritzung war die Tatsache, daß dem Vergasermotor des 220 S mit herkömmlichen Mitteln und unter Berücksichtigung der Wirtschaftlichkeit keine Leistungssteigerung mehr abzuringen war.
Die Daimler-Benz AG hatte im Herbst 1957 die Repräsentationslimousine 300d mit Benzineinspritzung ins Saugrohr herausgebracht, wobei freilich dieser »Dreihunderter« in verschwindend geringer Stückzahl gebaut wurde. Die Erfahrungen hatte man sowohl im Rennmotorenbau als auch mit dem hochkarätigen Sportwagen 300 SL gesammelt, wo man sich allerdings der Direkteinspritzung in den Brennraum bedient hatte. Die Einspritzpumpen jener Modelle waren recht komplizierte Gebilde mit je einem Pumpenelement pro Zylinder.
Beim 220 SE ging man neue Wege: Die Sechsstempelpumpe wich aus Gründen der Herstellungs- und Wartungsvereinfachung einer Zweistempelpumpe, die den Kraftstoff über zwei Verteilerblöcke zu den Einspritzdüsen beförderte. Die Benzineinspritzung des 220 SE war eine intermittierende Saugrohreinspritzung, der Kraftstoff wurde hierbei dem Saugrohr kurz vor den Ventilen pro Arbeitstakt stoßartig in zwei Teilmengen injiziert. Die daraus folgende bessere Zerstäubung des Treibstoffs bedeutete erhöhte Wirtschaftlichkeit. Der dritte Unter-

schied zur bisher gepflegten Technik bestand im Regelsystem. Bei den bis dahin ausgeführten Mercedes-Einspritzanlagen, aber auch bei denen von Goliath und Gutbrod, war die Regelung der einzuspritzenden Benzinmenge pneumatisch erfolgt, wobei der veränderliche im Ansaugrohr herrschende Unterdruck eine Membran in der Pumpe verstellte. Dadurch war ein der Vergasercharakteristik ähnelndes, leichtes Übergangsruckeln beim Lastwechsel unvermeidlich. Beim 220 SE dagegen sorgte eine ganze Reihe von Meß- und Dosierungseinrichtungen unabhängig von der Gaspedalstellung für das jeweils optimale Kraftstoff-Luft-Volumenverhältnis. Das Korrekturgerät umfaßte einen Kaltstartmagneten sowie Vorrichtungen zur Warmlauf-Gemischanreicherung, Lufttemperatur-Angleichung und Höhenregulierung und gab die Messungen über ein kompliziertes mechanisches System an die Einspritzpumpe bzw. an die Drosselklappe im Ansaugrohr weiter. Bei geschobenem Motor, also beim Loslassen des Gaspedals, unterbrach dieser Regler sofort die Benzinzufuhr. Durch diese zuverlässig funktionierende Apparatur wurde sowohl die Luftzufuhr als auch die geförderte Kraftstoffmenge den Umwelt- und Betriebsbedingungen ständig angepaßt.

Der Aufwand lohnte sich. Beim »Ausdrehen« des Motors waren keinerlei Übergänge mehr festzustellen. Der gesamte breite Drehzahlbereich des 2,2-Liter-Motors konnte jetzt genutzt werden, die Beschleunigung war in allen Stadien besser. Der spezifische Kraftstoffverbrauch, in Relation zur Motorleistung gesehen, lag deutlich niedriger als bei der entsprechenden Vergaserversion. Das Kaltstartverhalten war vorbildlich. Während der Vergasermotor von der Geschwindigkeit und vom Druck der Luft im Saugrohr abhängig ist, konnte die exakt arbeitende Regeltechnik des 220 SE-Motors neue Wege aufzeigen.

Der Motor des 220 SE leistete bei unverändert 4800 U/min stolze 115 PS. Das Verdichtungsverhältnis war gleich geblieben, obwohl man es wegen der durch die Einspritzung erzielten verringerten Klopfneigung ohne weiteres hätte erhöhen können. Das maximale Drehmoment war sprunghaft auf 19 mkg bei 3800 U/min angestiegen. Die übrigen Fahrzeugdaten blieben gegenüber dem 220 S unverändert. Das Werk gab die Höchstgeschwindigkeit zunächst – wie beim 220 S – mit 160 km/h, später aber mit 165 km/h an; ein wenig zu hoch gegriffen, wie Testberichte zeigten. Die Beschleunigung hatte mit 14,8 Sekunden vom Stand auf 100 Stundenkilometer (Messung der *Automobil Revue*, Bern) angesichts des beachtlichen Wagengewichts von 1370 Kilogramm als durchaus flott zu gelten. Viele 220 SE wurden übrigens mit dem Hydrak-Kupplungsautomaten ausgestattet.

Mit dem 220 SE hatte das Baukastensystem der Daimler-Benz AG einen ersten Höhepunkt erreicht: Alle sieben Limousinen der Ponton-Reihe besaßen die gleiche Grundkarosserie und eine Vielzahl gemeinsamer Fahr- und Triebwerkselemente.

Modell	220 SE (W 128)
Produktionszeit	Oktober 1958 – August 1959
Motor	Reihen-Sechszylinder M 127
Bohrung/Hub/ccm	80 × 72,8, 2195 ccm
Verdichtung	8,7:1
Leistung	115 PS bei 4800 U/min
Ventilsteuerung	ohc, 1 obenl. Nockenwelle
Schmierung	Druckumlauf
Kühlung	Wasserkühlung (Pumpe, Thermostat)
Elektrik	12 Volt 56 Ah
Kupplung	Einscheiben-Trockenkupplung, a. W. Hydrak
Getriebe	4-Gang, Lenkradschaltung
Lenkung	Kugelumlauf
Fußbremse	hydraulisch, 4 Trommeln, Servo
Feststellbremse	mechanisch, Hinterräder
Aufbau	Limousine viertürig
Radstand, Spur v/h	2820, 1430/1470 mm
Gesamtabmessungen	4715 × 1740 × 1560 mm
Bereifung	6.70 S – 13
Tankinhalt	62 Liter
Leergewicht	1370 kg
Höchstgeschwindigkeit	165 km/h
Stückzahl	1974
Preis	DM 14400

Dieser Mercedes-Benz 220 SE wurde nachträglich zweifarbig umlackiert. Die Zweifarbenausführung auf der gegenüberliegenden Seite ist original.

Rechts: Einspritzmotor des 2,2 Liter mit den typischen, gebogenen Ansaugrohren.

Mehr Prestige, aber weniger Platz. Diese Wagen waren in ihrer Auslegung von Noblesse und Distinktion geprägt:

Mercedes-Benz 220 S/SE Cabriolet und Coupé

Der 220a wurde bei seinem Debüt im März 1954 begeistert aufgenommen, denn er stellte ein in allen Punkten absolut zeitgemäßes Automobil dar. Die traditionelle Politik der Daimler-Benz AG, zumindest in den oberen Wagenklassen den Limousinen jeweils ein exklusives Cabriolet zur Seite zu stellen, wurde auch beim 220a weiterverfolgt. Die Schöpfung eines offenen Aufbaus auf der Basis einer selbsttragenden Karosserie kann jedoch keine Blitzaktion sein, da die Bodengruppe wegen der notwendigen zusätzlichen Versteifungen als Folge der weggefallenen stabilisierenden Dachpartie massive Verstärkungen zu erfahren hat. So mußte man sich auch in Sindelfingen mit einem 220a-Cabriolet Zeit lassen und behielt die offene Zweisitzer-Version des alten 220 (Baumuster W 187) zusammen mit dem entsprechenden Coupé noch anderthalb Jahre (bis August 1955) im Programm. Der Motor dieses Chassis-Modells war allerdings an die 220a-Spezifikationen angeglichen worden, besaß einen Leichtmetall-Zylinderkopf und leistete 85 PS. Das 220 Cabriolet alter Bauart stand als klassische Schönheit jenseits aller Diskussionen – niemand warf diesem Fahrzeug etwa eine veraltete Karosserieform vor. Noblesse und Distinktion sind eben niemals dem Zeitgeschmack unterworfen, sondern folgen eigenen Gesetzmäßigkeiten.

So waren es wohl eher wirtschaftliche Überlegungen und produktionstechnische Gesichtspunkte, die zum Serienauslauf dieses Wagens und zur Vorstellung des 220a-Cabriolets auf der Frankfurter Internationalen Automobil-Ausstellung im September 1955 führten. Dieses Modell besaß die Typenbezeichnung »220 Cabriolet A/C«, weil es zunächst gemäß der traditionellen Daimler-Benz-Terminologie in zwei Ausführungen erhältlich sein sollte: Die Normalausführung als Cabriolet A sollte zwei- bis dreisitzig – je nachdem, ob vordere Einzel-

Mercedes-Benz 220 S Cabriolets in unterschiedlichen Farbkombinationen. Gegenüberliegende Seite: Eine Werksaufnahme des Cabrios vom Sommer 1956.

Oben: Interieur des 220 S. In den Türen befanden sich reichlich dimensionierte Kartentaschen.

sitze oder eine Sitzbank geordert wurden – mit einer hinteren Notsitzbank ausgeführt werden. Das Cabriolet C hingegen sollte über eine vollwertige, gepolsterte Fondsitzbank für zwei Personen verfügen.

Die Neuentwicklung wurde auf verschiedenen Autosalons gezeigt, erhielt eine Menge Vorschußlorbeeren, war in der Daimler-Benz-Verkaufsliteratur abgebildet und beschrieben und in allen Preislisten verzeichnet. Es sollte erst 18 850, dann 21 500 Mark kosten. Bestellungen wurden zu einem nicht näher bezeichneten Lieferzeitpunkt entgegengenommen. Aber der Wagen wurde als Abkömmling des 220a niemals produziert. Über eine kleine Vorserie kam er nicht hinaus. Die Beweggründe, die man in Untertürkheim für die Verzögerung hatte, dürften weniger in Schwierigkeiten bei der Produktionsvorbereitung zu suchen sein als in der Tatsache, daß das 1445 Kilogramm schwere Auto mit einem 85-PS-Motor nicht gerade stil- und zeitgemäß motorisiert war. Schließlich hatte man die S-Version des 220-Motors in petto und konnte noch etwas warten, bis man das Cabriolet seinem Charakter entsprechend mit zusätzlichen Pferdestärken vom Fließband zu versehen vermochte. In der peinlich genau geführten, sehr zuverlässigen internen Daimler-Benz-Produktionsstatistik wurde übrigens niemals ein 220a-Cabriolet erwähnt. Die wenigen Versuchsexemplare blieben unberücksichtigt.

Im Mai 1956 erschien die 220 S-Limousine, doch es sollte noch bis Juli 1956 dauern, bis das Cabriolet – nunmehr mit dem 100-PS-Motor ausgerüstet und als »220 S Cabriolet« bezeichnet – ausgeliefert wurde. Da nur an eine exklusive Kleinserie gedacht war, wurden in den ersten sechs Monaten nur knapp dreihundert Wagen auf Band gelegt und in Handarbeit komplettiert.

Äußerlich entsprach das 220 S Cabriolet völlig dem bisher auf vielen

Ausstellungen gezeigten Wagen mit dem älteren Motor. Die zum Teil leicht abweichenden Allgemeindaten, die nun angegeben wurden, waren offensichtlich Folge eines gründlicheren Vermessens. Obwohl das 220 S Cabriolet in der Linienführung viel Ähnlichkeit mit der Limousine aufwies, entstammte lediglich die Frontpartie bis zur Schottwand der Großserie. Bereits die Windschutzscheibe – aus Verbundglas gefertigt und im gemäßigten Panorama-Look gestaltet – war eine Sonderanfertigung. Das lange, aber dennoch grazil wirkende Heck des Wagens war gekonnt gezeichnet worden – italienische Designer hätten es nicht besser zuwege gebracht. Es erinnerte in prinzipiellen Stilelementen an den (bereits in Produktion befindlichen) 190 SL. Der »schnelle« Charakter des Wagenhecks wurde durch die langen, schrägstehenden Leuchteinheiten unterstrichen.
De gustibus non est disputandum – dennoch muß wohl auch das Styling der Seitenflächen ganz einfach als gelungen bezeichnet werden. Obwohl der Wagen auch als Cabriolet im ganzen noch massiv wirkte und dadurch nicht zuletzt ein gewisses Gefühl der soliden Wertanlage vermittelte, war doch die Längsansicht der Pontonkarosserie geschickt aufgelockert worden. Ein langer Chromspeer zog sich über die ganze Wagenseite und ließ hinter der Tür den Eindruck eines sportlich angehauchten »Hüftknicks« entstehen, wie er bei amerikanischen Wagen – zum Beispiel beim Buick – recht populär war. Diese Zierleiste umlief dann, schmaler werdend, die Oberkante der Sicke am hinteren Seitenteil. Die Prägung wirkte akzentuierter als bei der Limousine und vermittelte die Andeutung eines separaten Kotflügels der klassischen Ära. Eine weitere massive Chromleiste zierte den unteren Rand des Aufbaus und die Radläufe. Mit Chrom war beim 220 S Cabriolet wahrlich nicht gegeizt worden, der Zierat wirkte sogar eher üppig. Aber es waren nicht zuletzt jene Chromleisten, die den Wagen gestreckter und flacher als die Limousine erscheinen ließen. Auch die auffällig breite Tür, die einen bequemen Durchstieg in den Wagenfond ermöglichte, aber beim Schrägparken zum Aussteigen großen seitlichen Abstand zum Nachbarn erforderte und nur mit einigem Kraftaufwand zu öffnen war, unterstrich diese Linie.
Eine weitere Strukturierungsmöglichkeit der Seitenflächen konnte mit den vielen Zweifarben-Kombinationen wahrgenommen werden, die auf Kundenwunsch lieferbar waren. Dabei füllte die dunklere Farbe das Feld zwischen den Zierleisten und ließ den Wagen schlanker erscheinen. Freilich waren nicht alle vorgesehenen Farbzusammenstellungen dem seriösen Charakter des Wagens unbedingt angemessen. Die untere Lackfläche lief in einer speerartigen Spitze, die durch eine kleine, gewölbte Chromleiste begrenzt wurde, am vorderen Radausschnitt aus. Das einfarbige Finish dürfte populärer gewesen sein. Das 220 S Cabriolet war in den Serienlackierungen der Limousine lieferbar, daneben gab es eine Reihe von Sonderfarbtönen.
Ein dicker, verchromter Windschutzscheibenrahmen und ebenso gestaltete Seitenfenster-Einfassungen sowie die der Limousine entlehnten Radzierringe vollendeten das Bild des Luxusgefährts.
Ohne Zweifel stellte das 220 S Cabriolet eine formal gelungene Synthese aus bewährten Elementen der Großserie und individualistisch geprägtem Karosseriezuschnitt dar.
Die Rahmenboden-Anlage des Cabriolets war im Prinzip die gleiche wie die der Limousine, nur war der Radstand aus Gründen der Ästhetik und des Fahrverhaltens um zwölf Zentimeter verkürzt worden. Die Bodengruppe hatte man konstruktionsbedingt kräftig versteifen müssen, um den durch den Wegfall des Stahldaches entstandenen Stabilitätsverlust zu kompensieren. So wurden in die Rahmenprofile zusätzliche Stahl- und (aus Gewichtsgründen) Leichtmetallträger eingeschweißt. Trotz der etwas verminderten Korpulenz stieg durch diese Versteifungen und durch das schwere Verdeckgestänge das Leerge-

Auch für das 220 S Cabriolet gab es wieder einen maßgeschneiderten Koffersatz.

Hinter den üppigen Sitzen gab es viel Platz für zusätzliches (Hand-)Gepäck. Das Verdeck war voll versenkbar; Weißwandreifen erhielt man gegen Aufpreis.

wicht gegenüber dem der Limousine kräftig an: Das Cabriolet brachte – je nach Ausstattung – bis zu drei Zentner mehr auf die Waage.

Die Länge des offenen 220 S war gegenüber der der Limousine um nur anderthalb Zentimeter geschrumpft, was in einem ausladenden Heckübergang resultierte. Die Breite war wegen der fülliger gestalteten hinteren Kotflügel und des reichlichen seitlichen Chromzierrats um fünf Zentimeter angestiegen, die Wagenhöhe konnte indessen um drei Zentimeter reduziert werden. Diese Angaben dürften verdeutlichen, daß man es beim 220 S Cabriolet weder mit einem Sportwagen noch mit einem »sportlichen Wagen« (als solcher wurde dieses Auto gerne klassifiziert), sondern mit einem klassischen Luxusgeschöpf zu

220 S Coupés – dem unteren Wagen fehlen allerdings einige Zierleisten sowie die Radkappen. Das Coupédach war beim 220 kein abnehmbares Hardtop. Das Coupé wog 35 kg weniger als das Cabriolet dieses Modelltyps.

tun hatte. Die *Motor-Revue* bezeichnete das 220 S Cabriolet als »exklusives Fahrzeug von hohem Komfort für einen kleinen Kreis besonderer Liebhaber.«

Dieser Charakter wurde in hohem Maße auch von der hervorragend verarbeiteten Innenausstattung verkörpert. Echtes Leder und teuere Edelhölzer dominierten. Die Sitze – wie bei der Limousine konnte man stets zwischen vorderen Einzelsitzen und einer Sitzbank für drei Personen wählen – waren mit Leder bezogen, das an den Sitzflächen perforiert war und somit die Transpiration verminderte; sie waren auf Wunsch mit einer Verstelleinrichtung lieferbar, die eine Ruheposition der Rückenlehnen zuließ. Auch die Türverkleidungen und die glattflächige Armaturenbrettunterkante erhielten eine Drapierung mit feinstem Leder. Das Oberteil der Armaturentafel, in das ein Beifahrer-Haltegriff integriert war, und die Fenstereinfassungen bestanden aus Edelholz. Das Kombi-Instrument und die wesentlichen Bedienungsorgane waren mit denen der Limousine identisch. Die Betätigungshebel für Heizung und Belüftung ordnete man beim Cabriolet allerdings waagrecht an.

Der Kofferraum wies trotz seines flachen Deckels ein geradezu riesenhaftes Volumen auf. Bei der Cabriolet-Ausführung A entstand durch Umklappen der Notsitzlehne ein weiterer geräumiger Stauraum. Das formal gelungene Verdeck entsprach in Verarbeitungsqualität und Dichtigkeit dem gewohnt hohen Daimler-Benz-Fertigungsstandard. Das fast völlige Fehlen der üblicherweise bei Cabriolets auftretenden intensiven Windgeräusche war ein weiteres Symptom der aus Sindelfingen zu erwartenden technischen Noblesse. Der Verdeckbezug bestand aus einem widerstandsfähigen Gummistoff. Das Verdeck war voll versenkbar, Öffnen und Schließen waren Sache weniger Sekunden.

Radaufhängungen, Bremsen und Motor mit Getriebe entsprachen der in der 220 S Limousine gebotenen Technik. Bei den Fahrleistungen waren gegenüber der Limousine bei gleichem Luftwiderstand und dem höheren Gewicht keine Wunder zu erwarten. Dagegen hatten die Fahreigenschaften durch den kürzeren Radstand noch etwas gewonnen.

Zur Cabriolet-Version stieß – wie beim Vorgänger mit separatem Chassis – im Oktober 1956 wieder ein Coupé auf der gleichen Bodengruppe und mit größtenteils identischen Aufbauelementen. Mit seinem großen, etwas steil stehenden Panorama-Heckfenster wirkte das Coupédach wie ein abnehmbares Hardtop. Ausstattung und Sitzva-

Oben: Auch 1956 versah man das 220 S Cabriolet werksseitig noch nicht mit Außenspiegeln.

Rechts: Die Rücksitzbank im 220 S Coupé ließ sich zu einer Gepäckablage verwandeln.

rianten entsprachen denen des Cabriolets. Das Coupé war, da vor allem die Chassisversteifungen entfallen waren, 35 Kilogramm leichter als die offene Version. Gegen einen Aufpreis von 750 Mark konnte das Coupé mit einem Schiebedach ausgestattet werden.
Beide Karosserievarianten erhielten jeweils synchron die an der Limousine vorgenommenen technischen Veränderungen, so den 106-PS-Motor, den wahlweise lieferbaren Hydrak und ab Oktober 1958 schließlich auch den 115-PS-Einspritzmotor, der den Sondermodellen eine neue Typenbezeichnung (220 SE Cabriolet und Coupé) eintrug und ihnen zu adäquaten Fahrleistungen verhalf.
220 S Cabriolet und Coupé wurden im Oktober 1959 nach 3429 gebauten Einheiten aus der Fertigung genommen, während es den entsprechenden SE-Ausführungen vergönnt war, als eine der letzten Seitenlinien der ursprünglichen Mercedes-Ponton-Reihe bis zum November 1960 in Amt und Würden zu bleiben. Die Einspritzer-Spezialmodelle erreichten dabei mit 1942 Exemplaren – bei allerdings fast doppelt so langer Bauzeit – fast die gleiche Stückzahl wie die SE-Limousine. Ab September 1959 wurden sie mit dem auf 120 PS verstärkten Einspritzmotor der neu herausgekommenen 220b-Reihe ausgeliefert.
Stolze Produktionsergebnisse waren das nicht und sollten es auch nicht sein. Daß die Cabriolets und Coupés, die nur auf Bestellung gebaut wurden, nicht zu größerer Popularität gelangten, dafür sorgten nicht zuletzt die Preise: Die Vergaserversionen kosteten während ihrer gesamten Fertigungsspanne 21 500 Mark – eine in den fünfziger Jahren beachtliche Summe! Zum Vergleich kosteten die Mercedes-Spitzenlimousine 300c mit Schaltgetriebe 22 000 Mark, der leistungsfähigere 190 SL 16 500 Mark und der 219 war nicht einmal halb so teuer. Die exklusivste BMW-Limousine, der 3,2 Super bzw. der 3200 S, befand sich mit 21 240 Mark etwa auf dem gleichen Preisniveau und war erheblich leistungsfähiger, aber eben doch nicht so distinguiert wie die schwäbischen Kleinserienmodelle. Auch der in der Ausstattung vergleichbare, aber doch als rassereiner, sehr leistungsfähiger Sportzweisitzer (mit Cabrioverdeck) zu klassifizierende Jaguar XK 150 kostete im Jahre 1957 auf den Pfennig genausoviel wie die Mercedes-Exklusivmodelle. Die Einspritzversionen des Cabriolets und des Coupés waren mit 23 400 Mark nochmals erheblich teuerer, wurden aber im Herbst 1959 beim Erscheinen der neuen Sechszylinder-Limousinengeneration um 200 Mark im Preis gesenkt.
Tatsache bleibt, daß die bei beiden Sitzversionen beengten Raumverhältnisse im Fond und die zwei Türen letztlich einen Prestigegewinn bedeuteten, der eben mit 9000 Mark Mehrpreis gegenüber der Limousine kräftig zu Buche schlug. Die distanzierende Höhe dieser Summe wird deutlich, wenn man weiß, daß man im Jahre 1957 allein für den genannten Mehrpreis zwei Volkswagen 1200 Export-Limousinen erhielt! Wer sich von der Masse abheben will, muß Luxuszuschlag zahlen – das war schon immer so. Dabei kam der immense Preisunterschied durchaus nicht von ungefähr. Die vergleichsweise winzige Serie des 220 S/SE Cabriolets bzw. Coupés, die hochwertige Innenausstattung, die Modifikation des Rahmenbodens, die maßgeschneiderte Karosserie und ein hoher Anteil an manueller Arbeit bedingten unverhältnismäßig hohe Produktionskosten und rechtfertigten ohne weiteres einen Luxusklassen-Tarif.

Dezente Heckflossen bestimmten eine neue Karosserie-Generation bei Daimler-Benz:

Mercedes-Benz 220b/Sb/SEb

Der Genfer Salon im März 1959 war eine Autoschau der Überraschungen: Die von Pininfarina kreierte »Trapezlinie« mit ihren strengen geometrischen Formen und der kantigen Silhouette begann sich durchzusetzen. Die mittleren und größeren Personenwagen des britischen BMC-Konzerns, allen voran der Austin A 55, wiesen diesen Karosserie-Baustil ebenso auf wie die ebenfalls neuen Fiat-Sechszylinder 1800 und 2100. Auch jenseits des Atlantiks war das Styling gegen Ende der fünfziger Jahre in Bewegung geraten: Dreidimensional gewölbte Panorama-Windschutzscheiben, Vollsicht-Heckfenster, Doppelscheinwerfer und immer furchterregendere, der Tierwelt der Hochsee abgeguckte Heckflossengebilde lösten ebenso heftige Diskussionen aus wie die stetig schwellenden Außenmaße. Die Ära der Straßenkreuzer strebte ihrer Hochblüte zu. Mit gehobenem Selbstgefühl, der wirtschaftlichen Sättigung und einem akzentuierten Repräsentationsbewußtsein stiegen die Platzansprüche des Bürgers der westlichen Welt. Dieser Trend wirkte sich nicht zuletzt auf das Automobil aus, das den Mitmenschen schließlich ständig zur Schau stand und als Visitenkarte der sozialen Stellung diente.
Während die kleinen und mittelgroßen Wagen häufig aktualisiert wurden und amerikanische Stilelemente wie Panoramascheiben, Heckflossen und Zweifarbenlackierungen erhielten, stagnierte die Formentwicklung bei den Autos der gehobenen Mittelklasse. Die rundliche Mercedes-Ponton-Karosserie war nun seit sechs Jahren im Dienst und konnte – besonders, was die Ansprüche der Sechszylinder-Käufer betraf – bezüglich der Sichtverhältnisse eines Tages nicht mehr genügen. Die teuere Alfa Romeo 2000 Berlina zum Beispiel wirkte mit ihren ruhigen, geraden Linien um Generationen jünger.
Da aber beim Kauf eines Mercedes-Benz nicht das angepaßte Styling

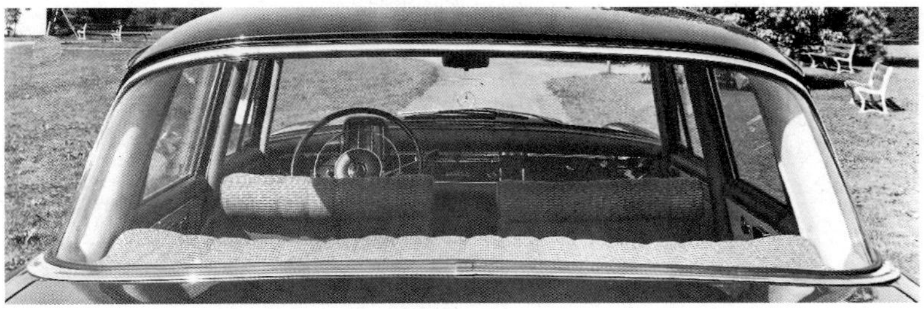

Gegenüberliegende Seite: Mercedes-Benz 220 SEb. Mit seiner völlig neugestalteten Karosserie eine

Überraschung im Sommer 1959. Oben das »Fieberthermometer«-Tacho und die Vollsicht-Heckscheibe.

Fond des neuen Sechszylinders mit seinen körpergerechten Sitzen – sofern man dort nicht zu dritt saß.

den Ausschlag zu geben pflegte, war man sich in Untertürkheim seiner Sache sehr sicher. Alle Typen verkauften sich unverändert gut, dennoch war man für einen Modellwechsel gerüstet, zumal Opel einen erheblich geräumigeren Kapitän in der Retorte hatte und Borgward im fernen Bremen an einem neuen Sechszylindermodell werkelte. Die Konkurrenz in der oberen Mittelklasse, nun meist als große Klasse bezeichnet, war ernstzunehmen.

Die Vorgeschichte des sich anbahnenden Modellwechsels bei Daimler-Benz begann irgendwann im Jahre 1956 am Schreibtisch von Chefingenieur Prof. Dr.-Ing. e. h. Fritz Nallinger. Er hatte die Diplomingenieure Rudolf Uhlenhaut (Leiter der Personenwagen-Entwicklung und begnadetes Fahrtalent), Karl Wilfert (den genialen Styling-Chef) und Josef Müller (Chef der Motorenentwicklung) zu sich gebeten, um das Konzept eines 220-Nachfolgers zu diskutieren. Die Maße des Innenraums waren dabei vorgegeben, der Serienanlauf wurde mit Herbst 1959 fixiert – alle anderen Details blieben offen. Drei Modelle sollte die neue Sechszylinder-Reihe umfassen, die von der Basis her die gleichen Motoren, Fahrwerke und Aufbauten besitzen sollten. Dabei hatte die Motorenentwicklung wohl die leichtere Aufgabe, denn der Daimler-Benz-2,2-Liter-Motor war noch lange up to date und in seinem Leistungspotential längst nicht ausgeschöpft. Die Styling-Abteilung dagegen hatte einmal mehr eine harte Nuß zu knacken, nachdem ein Mercedes bei aller Modernität konservative Stilelemente aufzuweisen hatte. Wilferts Mannen in Sindelfingen waren dabei ganze fünfzig Köpfe stark, die Modellschreiner eingeschlossen. Im Jahre 1957 war der Rohentwurf der Karosserie fertig. Schnell hintereinander entstanden nun mehrere Plastilin- und Gipsmodelle im Maßstab 1:10 und schließlich in Lebensgröße. Inzwischen waren Chassis (konstruk-

Modell	220 b (W 111/1)	220 Sb (W 111/2)	220 SEb (W 111/3)
Produktionszeit	August 1959 – August 1965	August 1959 – Juli 1965	August 1959 – August 1965
Motor	Reihen-Sechszylinder M 180	Reihen-Sechszylinder M 180	Reihen-Sechszylinder M 127
Bohrung/Hub/ccm	80 × 72,8/2195 ccm	80 × 72,8, 2195 ccm	80 × 72,8, 2195 ccm
Verdichtung	8,7:1	8,7:1	8,7:1
Leistung	95 PS bei 4800 U/min	110 PS bei 5000 U/min	120 PS bei 4800 U/min
Ventilsteuerung	(ohc), 1 obenliegende Nockenwelle	ohc, 1 obenliegende Nockenwelle	ohc, 1 obenliegende Nockenwelle
Schmierung	Druckumlauf	Druckumlauf	Druckumlauf
Kühlung	Wasserkühlung (Pumpe, Thermostat)	Wasserkühlung (Pumpe, Thermostat)	Wasserkühlung (Pumpe, Thermostat)
Vergaser	2 Solex 34 PJCB Fallstrom	2 Solex 34 PAJTA, ab Juli 63 2 Zenith 35/40 INAT	Saugrohreinspritzung, 2-Stempel-Pumpe
Elektrik	12 Volt 52 Ah	12 Volt 52 Ah	12 Volt 60 Ah
Kupplung	Einscheiben-Trockenkupplung	Einscheiben-Trockenkupplung	Einscheiben-Trockenkupplung
Getriebe	4-Gang, Lenkradschaltung, ab Okt. '64 Stockschaltung a. W., ab Aug. 62 a. W. automatisches Getriebe		
Lenkung	Kugelumlauf	Kugelumlauf	Kugelumlauf
Fußbremse	hydraul., 4 Trommeln, ab Aug. '63 vorne Scheiben, Servo	hydraul., 4 Trommeln, Servo ab April '62 vorne Scheiben	hydraul. 4 Trommeln, Servo ab April '62 vorne Scheiben
Feststellbremse	mechan., Hinterräder	mechan., Hinterräder	mechan., Hinterräder
Aufbau	Limousine viertürig	Limousine viertürig	Limousine viertürig
Radstand; Spur v/h	2750, 1470/1485 mm (ab April '62 bzw. Aug. '63 1480/1485 mm)		
Gesamtabmessungen	4875 × 1795 × 1450 mm	4875 × 1795 × 1450 mm	4875 × 1795 × 1450 mm
Bereifung	6.70 S – 13, ab März 60	7.25 S – 13	7.25 S – 13
Tankinhalt	65 Liter	65 Liter	65 Liter
Leergewicht	1168 kg (1964: 1320 kg)	1178 kg (1964: 1345 kg)	1208 kg (1964: 1380 kg)
Höchstgeschwindigkeit	155 km/h	165 km/h	170 km/h
Stückzahl	69691	161119	66086
Preise	DM 11 500 ab April '62 DM 12 160	DM 13 250 ab April '62 DM 13 750	DM 14 950 ab April '62 DM 15 450

tive Basis: Typ 219) und Fahrwerk völlig überarbeitet und dem neuen Konzept angepaßt worden. Noch im gleichen Jahr wurde der erste fahrfähige Prototyp von Hand zusammengebaut und strukturellen Tests unterworfen.

Im Januar 1958 wurden auf in- und ausländischen Straßen Kolonnen von Prototypen gesichtet, die an den Begleitfahrzeugen als Untertürkheimer Produkte kenntlich waren. Diese Wagen waren vorne durch einen runden Kühllufteinlaß verfremdet, hatten teils runde Scheinwerfer, teils senkrechte Leuchteinheiten, waren NATO-olivfarben lackiert, mit waagrechten, improvisiert wirkenden Heckleuchten ausgerüstet und trugen, ebenfalls zur Tarnung, Frankfurter oder Neu-Ulmer Kennzeichen. Ihre eckigen Karosserien wirkten wie auf dilettantenhafte Art und Weise handgeschneidert. Bei der Erprobung auf öffentlichen

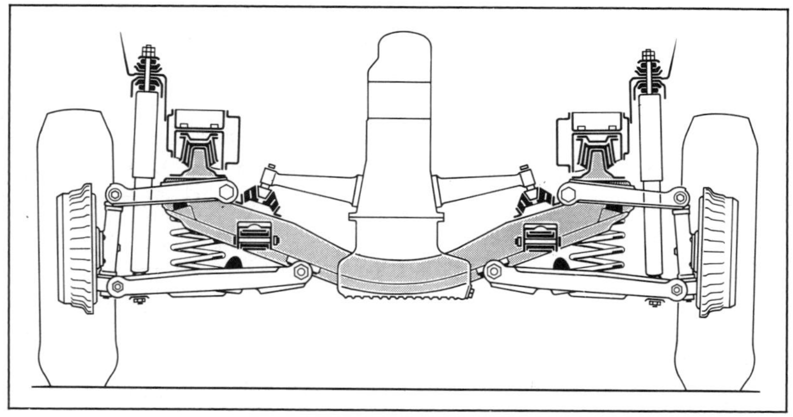

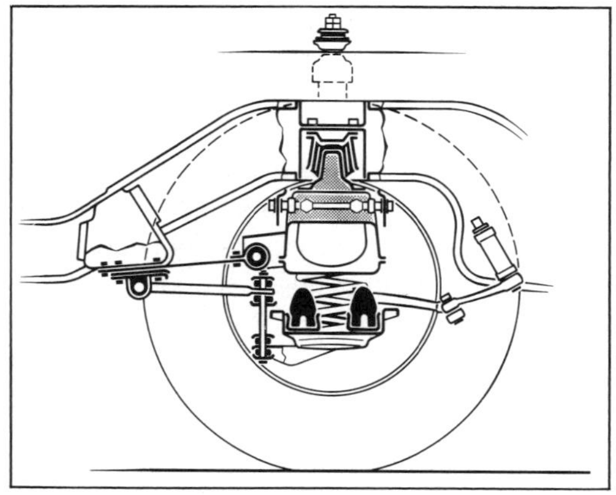

Motor des 220 Sb 1959, Fahrschemel und Vorderradaufhängung mit außenliegenden Stoßdämpfern.

Gegenüberliegende Seite: Ein 220 S Polizeiwagen und ein verfremdeter 220 SE 1956 bei einem Straßentest. Der »Erlkönig« blieb nicht lange unentdeckt!

Straßen war natürlich trotz aller Maskerade keine vollkommene Geheimhaltung möglich, zumal zwei Wagen in ernsthafte Unfälle verwikkelt wurden. Die ganze Fachwelt war alarmiert, als eine Kolonne mit drei solchen »Erlkönigen« bei Winterversuchen im Schweizer Engadin in eine Journalistentagung zum Thema Winterreifen geriet. Aber Daimler-Benz dementierte wahrheitsgetreu einen bevorstehenden Serienbeginn und verkündete, es werde noch lange dauern, bis ein Modellwechsel nötig werde.

Im Februar 1959 wurde der Straßenversuch mit einer Art Rennen abgeschlossen. Eine Gruppe von vier Prototypen, die jeweils von den Entwicklungs-Verantwortlichen Prof. Nallinger, Uhlenhaut, Müller und Wilfert gefahren wurden, gingen auf den Rundkurs Stuttgart-Neapel-Stuttgart, der Teile der Mille-Miglia-Route, aber auch »wilde« Alpenpässe umfaßte. Diese Prüfung war die letzte Gelegenheit, Schwachpunkte zu diagnostizieren und zu beheben, ehe im Mai 1959 die Vorserie begann.

Diese Vorserienwagen wurden in winzigen Stückzahlen produziert. Wegen der notwendigen Umschulung des Fertigungspersonals und der allmählichen Umstellung der Automaten rollten anfangs nur zwei neue 220 pro Tag aus den Sindelfinger Hallen, von den Inspektoren der Endkontrolle argwöhnischer denn je unter die Lupe genommen. Trotz langsam gesteigerter Tagesproduktion dauerte es Monate, bis die abgeschirmten, reservierten Abstellplätze mit dem neuen Modell belegt waren. Während dieser Zeit lief die Fertigung des alten 220 S bzw. SE uneingeschränkt weiter.

Die Wagen der Vorserie waren nicht für den Verkauf bestimmt – nicht ein einziger geriet in private Hände. Diese »Muletti« verblieben teilweise im Daimler-Benz-Fuhrpark, andere wurden der Versuchsabteilung für weitere Testreihen überstellt und viele dienten als Ausstellungsstücke oder als Testwagen für die Presse, als der Vorstellungstermin des neuen Modells heranrückte.

Im August 1959 wurde der Fachwelt die völlig neu entwickelte 220b-Reihe präsentiert. Die alte Dreigliederung war beibehalten worden: 220 S und 220 SE erhielten direkte Nachfolger gleichen Namens, die bis auf die Motoren einander identisch waren. Der 219 wurde durch eine vereinfachte und schwächere Ausführung des 220 abgelöst, die aber im Konzept grundsätzlich den übrigen neuen Modellen entsprach.

Als sich internationale Fachjournalisten im Französischen Jura vor Ablauf der Pressesperrfrist – aus Gründen der Geheimhaltung waren von den Vorserienwagen die markanten Kühlerverkleidungen und die

Markenembleme entfernt worden – mit allen 220b-Modellen bekanntmachen konnten, erklärte Professor Nallinger, daß bei »diesem Programm für alle Wünsche« von der Konstruktion des Innenraums ausgegangen und erst dann die äußere Form gesucht worden sei. Der ebenfalls gegenwärtige Rudolf Uhlenhaut verriet, daß der neue Sechszylindertyp schneller um die Kurven zu jagen sei als der 190 SL. Mit dem neuen Dreigestirn war wohl der revolutionärste Daimler-Benz-Personenwagen-Grundtyp seit dem 180 entstanden.

Völlig neu war die Karosserie dieser Wagen. Sie erregte bei der Auslieferung der ersten Exemplare ungeheueres Aufsehen, da sie ganz von dem bisherigen Mercedes-Styling abwich und sich dennoch zurückhaltend modisch zeigte. Die neuen »Zwo-Zwanziger«, an die Trapezlinie italienischer Schule angeglichen, wiesen gleichzeitig dezente Amerika-orientierte Stilelemente auf – wie die gemäßigten Heckflossen, die von Daimler-Benz als »Peilstege« bezeichnet wurden und der rückwärtigen Orientierung beim Einparken dienen sollten, die weit herumgezogene Panorama-Heckscheibe und die massiven Stoßstangen.

Die 220b-Typen wirkten wesentlich gestreckter als ihre Vorgänger – der tatsächliche Unterschied betrug 12,5 Zentimeter. Diese optische Täuschung wurde durch eine Längssicke, die die gesamte Wagenseite durchlief, und den leicht geneigten Abschluß der flossenartig auslaufenden Hinterkotflügel erzielt. Zu diesem Eindruck trug auch die um fünf Zentimeter verringerte Wagenhöhe bei. Die längere Karosserie kam vor allem der Vergrößerung des Kofferraums zugute, dessen Volumen um fünfzig Prozent anstieg. Die um 5,5 Zentimeter gewachsene Wagenbreite brachte auf den Vordersitzen drei Zentimeter und auf der Rückbank einen Zentimeter mehr Sitzbreite mit sich.

Die Wagenfront war eine gekonnte, von stilsicherer Hand zeugende Komposition: Der traditionelle Kühler war zusammen mit der Motorhaube um fünf Zentimeter flacher geworden und etwas in die Breite gewachsen. Die schmalen Lufteinlässe links und rechts der Attrappe unterhalb der Hauben-Vorderkante betonten die Horizontale. Die hörnerlose Stoßstange wurde durch schmale, aufgesetzte Stoßecken ergänzt, die das Gesicht des Wagens wuchtiger erscheinen ließen. Markantestes Stilelement der neuen Mercedes-Physiognomie waren aber die dem 300 SL nachempfundenen Leuchteinheiten, die Hauptscheinwerfer, Parkleuchten, Blinker und – bei den Ausführungen S und SE – serienmäßige Nebelleuchten umfaßten.

Das kastenförmige Wagenheck wirkte beim S und SE sehr schwer und durch den üppigen Chromzierrat an der doppelten Stoßstange, an den waagrechten, nach Funktionen gegliederten Heck-Leuchteinheiten und an der massiven Nummernschildbeleuchtung sowie durch weitere Zierleisten an den Peilstegen beinahe überladen.

Ganz oben: Mercedes-Benz 220 Sb in US-Exportausführung mit Sealed-Beam-Scheinwerfern und zusätzlichen Blinkern in der Bugpartie. Das untere Foto verdeutlicht das enorme Fassungsvermögen des Kofferraums.

Wesentlich graziler bot sich der Dachaufbau dar, der durch die um 35 Prozent größeren Fensterflächen im Vergleich zum Vorgängermodell fast ein Glashaus darstellte. Die Windschutzscheibe war in gemäßigter Form als Panoramascheibe ausgebildet, während das Heckfenster auf völlige Rundumsicht hin konzipiert worden war. Am breiten hinteren Dachholm war die chrombesetzte Luftaustrittsöffnung für die Zwangsentlüftung des Innenraums angebracht.

Das Werk bezeichnete die Karosserieform als »zeitlos gültig«. Sicher hatte man sich mit der 220b-Reihe einen langjährigen stilistischen

Ein 220 SEb siegte 1960 bei der Rallye Akropolis. Das Foto zeigt den Wagen nach seiner Ankunft in Athen.

Vorsprung sichern können, indem man auf Modegags weitgehend verzichtete, aber von einem zeitlosen Styling – falls es so etwas überhaupt wirklich gibt – konnte durchaus keine Rede sein. Spätestens beim Erscheinen der »Großen Drei« von Opel, den A-Modellen des Kapitän, des Admiral und des Diplomat, im Jahre 1964 wurde diese Behauptung ad absurdum geführt. Da man in Sindelfingen von jeher auf modische Effekthascherei verzichtete, war man auch der Trapezlinie nicht blindlings gefolgt: Das Dach der 220b-Typen war – im Gegensatz zur kantigeren Silhouette eines Fiat 1800 – noch deutlich gewölbt und der sogenannte C-Holm, der hintere Dachholm, der bei den Pininfarina-Aufbauten sehr breit und damit sichtbehindernd geriet, war wesentlich leichter konstituiert. Die Linienführung des neuen 220 war eine »Vereinigung von Haus-Tradition, Gegenwarts- und Zukunftsgeschmack«, wie Dieter Korp 1959 in *auto motor und sport* schrieb – eine überaus gelungene Synthese, wie man noch heute zugestehen muß.

Bodengruppe und Fahrwerk des neuen 220 hatten eine wirkungsvolle Überarbeitung erfahren; die bewährte Rahmenboden-Anlage war im Prinzip weiterverwendet worden. Man ging dabei vom Chassis des ehemaligen Typs 219 aus, behielt den – im Vergleich zum alten 220 S/SE – kürzeren Radstand von 275 Zentimetern bei, führte aber einige Modifikationen durch. Die Hauptlängsträger wurden kräftig verstärkt, um die Verwindungsfestigkeit der Karosserie zu erhöhen – eine Maßnahme, die bei den möglichen Kurvengeschwindigkeiten der neuen Modelle mit Sicherheit nicht fehl am Platze war. Der Wagenboden wurde tiefergelegt. Dadurch konnte die Sitzposition abgesenkt werden, um bei der reduzierten Dachhöhe Einbußen an Kopffreiheit zu vermeiden. Außerdem wurde der Fahrzeugschwerpunkt tiefer gelegt, was der Straßenlage zugute kam.

Der im Prinzip beibehaltene Fahrschemel wurde in seiner Gestalt aus fertigungstechnischen Gründen vereinfacht: Er nahm die Form eines simplen Querträgers an, der an Stelle von vormals drei jetzt nur noch an zwei Punkten links und rechts am Rahmenboden angelenkt war. Zwei Einblattfedern verbanden den Aufbau elastisch mit dem Fahrschemel und absorbierten auftretende Längskräfte. Kurze Schwingungen konnten dadurch vom Fahrgastraum ferngehalten werden.

Die nun stärker dimensionierten Bilstein-Stoßdämpfer an Vorder- und Hinterachse waren aus den Schraubenfedern ganz nach außen an die Räder gewandert, konnten dadurch leichter ausgewechselt werden und dienten vor allem der wirkungsvolleren Dämpfung der Radschwingungen. Die Geometrie der Vorderradaufhängung blieb im Grunde unverändert. Die Einstellung wurde aber verfeinert, ebenso wie die Abstimmung der Federung. Die Kinematik der Kugelumlauflenkung erwies sich als bis in die letzte Feinheit ausgeklügelt. Die Lenkung war mit 3,75 Umdrehungen des Lenkrades von Anschlag zu Anschlag wieder etwas direkter übersetzt, erwies sich aber dennoch als sehr leichtgängig. Sie war mit einem Lenkungsdämpfer ausgerüstet, der jegliche Vibrationen in den Übertragungsorganen vermissen ließ. Ab August 1961 wurden die 220b-Modelle auf Wunsch gegen Mehrpreis mit einer Servolenkung ausgerüstet, die mit drei Lenkrad-

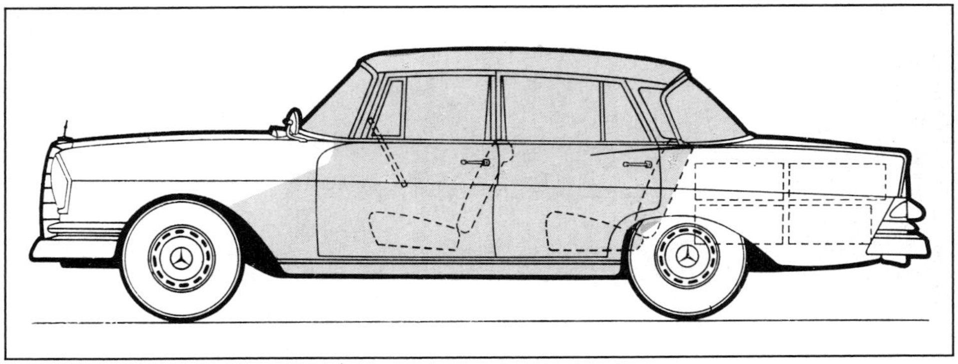

Oben: Mercedes-Benz 220 Sb mit Windabweiser in der Öffnung des Stahlschiebedachs. Links eine Draufsicht. Ab 1963 gab es eine Zusatz-Luftfederung für schwere Zuladungen.

Rechts: Frontpartie des Mercedes-Benz 220 Sb von 1960.

umdrehungen für den gesamten Wirkungsbereich deutlich knapper übersetzt war.

Die bewährte Eingelenk-Pendelachse erhielt über ihrem Drehpunkt eine horizontal angeordnete Ausgleichs-Schraubenfeder, die sich auf den beiden Pendelarmen abstützte und eine gleichmäßige Verteilung der Achslast auf die Antriebsräder bewirkte. Der Schlupf des jeweils kurveninneren Rades wurde so weitgehend herabgesetzt und damit die Seitenführung erhöht. Da sich das Wagenheck bei vollem Ausnützen der Zuladung stark senkte, wurde ab August 1963 wahlweise gegen Aufpreis eine Zusatz-Luftfederung eingebaut. Die Spur wurde an der Hinterachse um vierzehn Millimeter und vorne um vierzig Millimeter verbreitert. Durch alle diese Maßnahmen und nicht zuletzt auch durch das Verlegen des Gesamtschwerpunktes konnten Fahreigenschaften erzielt werden, die als vorbildlich im Personenwagenbau gelten mußten.

Das Fahrverhalten konnte wirklichkeitsgetreu mit dem Begriff »völlig neutral« beschrieben werden, während das Vorgängermodell bei aller Gutmütigkeit noch ein leichter Übersteuerer war. Selbst bei hoher Querbeschleunigung in schnell gefahrenen Kurven waren keine Lenkkorrekturen nötig. Wie auf Schienen meisterte der neue 220 auch enge Biegungen und vermittelte dabei das Gefühl ausgesprochener Handlichkeit. Bei dieser glücklichen Konzeption kamen der Daimler-Benz AG zweifellos ihre Erfahrungen aus dem Rennwagenbau der letzten großen Epoche zustatten. Bei Wettbewerbsfahrzeugen darf aber eine Komponente der Fahrwerksabstimmung außer acht gelassen werden: der Fahrkomfort. Der 220 wurde jedoch auch nach diesem Gesichtspunkt optimal verbessert und bot ein absolutes Maximum an Fahrkultur. Große und kleine Straßenunebenheiten wurden in jedem Geschwindigkeitsbereich absorbiert, die Fahrgastzelle war von jeglichen Fahrwerksbewegungen isoliert. Diese gelungene Synthese von hoher Fahrsicherheit und außergewöhnlichem Fahrkomfort konnte nur in aufwendigen und zeitraubenden Abstimmungsversuchen erzielt werden. Auf einen Nenner gebracht, waren die zusätzliche Ausgleichsfeder, der weicher gewordene Querstabilisator, die neuentwickelten Gummielemente zwischen Fahrschemel und Aufbau und die Stoßdämpfer und Schraubenfedern mit veränderter Kennung in erster Linie für das Fahrverhalten des neuen 220 verantwortlich, der nicht zuletzt dadurch international höchste Anerkennung erntete.

Dagegen waren die Bremsen kaum weiterentwickelt worden: Der Durchmesser der vier turboverrippten Trommeln und die Gesamtbremsfläche von 1064 cm^2 waren gegenüber dem Vorgängermodell gleichgeblieben. Lediglich die Ate-Unterdruck-Bremshilfe der Ausführungen S und SE war zugunsten der leichteren Dosierbarkeit etwas modifiziert worden. Beim vereinfachten Typ 220b war der Bremskraftverstärker nur auf Wunsch lieferbar, wurde allerdings auch bei diesem Modell für einige Exportländer serienmäßig geliefert. Im Urteil zeitgenössischer Fachkritiker zeigten sich die Bremsen noch als ausreichend wirksam und standfest – aber nicht mehr als das. Natürlich hatte man in Untertürkheim längst Scheibenbremsen aus eigener und fremder Fertigung in Prototypen und Vorserienwagen des 220b erprobt, konnte aber zunächst noch kein Zutrauen zu diesen relativ jungen Neuentwicklungen fassen. So wurden die Ausführungen S und SE erst ab April 1962 mit vorderen Scheibenbremsen des britischen Fabrikats Girling – die Engländer waren damals auf diesem Gebiet noch führend und besaßen die größte Erfahrung – bestückt. Daimler-Benz war damit nach BMW (Typ 2600) und gemeinsam mit Porsche (Carrera 2) der zweite deutsche Pkw-Hersteller, der sich zum Serieneinbau von Scheibenbremsen entschloß. Zur Zweikreisbremse ging Daimler-Benz relativ spät über: Erst im August 1963 erhielten alle drei Ausführungen des 220 die Zweikreis-Hydraulik, der einfachere 220b dann zusammen mit den vorderen Scheibenbremsen.

Die ohc-Triebwerke der b-Typen waren, in Anbetracht der sonstigen Neuentwicklungen, nur relativ geringfügig modifiziert worden. Vor allem der Ventiltrieb erfuhr eine Überarbeitung: Eine veränderte Schwinghebellagerung mit Kugelzapfen und -pfanne erlaubte die Verwendung einer »steileren« Nockenwelle. Das Verdichtungsverhältnis von 8,7:1 war vom Vorgängermodell her beibehalten worden. Die gepanzerten Auslaßventile waren zur Kühlung mit Natrium gefüllt. Die Ölwanne mußte dem neuen Fahrschemel angepaßt werden und wies nur noch eine Kapazität von 5,5 statt 6 Liter auf. Der verminderte Ölinhalt tat aber der Gesundheit des Motors wegen des nach wie vor vorhandenen Öl-Wasser-Wärmetauschers keinen Abbruch.

Änderungen gab es auch bei der Gemischversorgung. Der 220b, als Nachfolger des 219 zu verstehen, verfügte nun über zwei einfache Fallstromvergaser vom Solex-Typ 34 PJCB. Der 220 S hatte sein »Gaswerk« zunächst beibehalten (zwei Solex 34 PAJTA), wurde aber ab Juli 1963 mit zwei ebenfalls in Registeranordnung gestalteten Zenith 35/40 INAT mit Startautomatik bestückt. Die Einspritzanlage der SE-Version war leicht modifiziert worden; die Ansaugrohre waren jetzt gerade statt gekrümmt ausgebildet und standen von ihrer Form her einer Leistungsentfaltung nicht mehr im Wege.

Durch diese Modifikationen, vor allem aber durch die veränderten Steuerzeiten, stieg die Leistung der drei Motoren um durchschnittlich fünf PS. Der 220b leistete 95 PS statt der 90 PS des 219, der 220 Sb brachte 110 statt 106 PS auf die Bremse und der 220 SEb wartete mit 120 statt 115 PS auf. Auf eine Drehzahlsteigerung konnte verzichtet werden; der S-Motor erreichte seine Höchstleistung sogar 200 Umdrehungen früher, obwohl die Maschine jetzt drehfester ausgelegt war und bis zu 6400 U/min vertrug. Das maximale Drehmoment aller drei Maschinen blieb praktisch unverändert.

Die 2,2-Liter-Motoren gaben sich laufruhiger und elastischer denn je zuvor. Sie besaßen die Flexibilität amerikanischer V8-Motoren mit sechs Litern Hubraum. Die Einspritzversion beschleunigte ohne Unarten von 10 km/h im direkten Gang bis zur Höchstgeschwindigkeit! Auch die Vergaserausführungen kamen schaltfaulen Fahrern entgegen, zumal die Schwungscheibe mit dem Kupplungsmechanismus vergrößert worden war. Die Betätigung der Kupplung erfolgte nun hydraulisch – eine Maßnahme, die ein weicheres Einrücken ermöglichte und Vibrationen fernhielt.

Das vollsynchronisierte Vierganggetriebe hatte neue Gang-Abstufungen erhalten. Ab April 1962 rückten erster und zweiter Gang in ihren Fahrbereichen ein wenig enger zusammen. Die zuweilen schwergängige Lenkradschaltung war nicht allen 220-Eignern eitel Freude, eine Mittelschaltung wurde allgemein vermißt. Ab Oktober 1964 war dann auch eine dem sportlichen Charakter des Wagens angemessene Knüppelschaltung lieferbar.

Während der ersten anderthalb Jahre seiner Produktionszeit war der neue 220 noch mit der hydraulisch-automatischen Hydrak-Kupplung lieferbar. Nach weiteren eineinhalb Jahren Pause, in der die 220-Käufer auf Schalterleichterungen verzichten mußten, waren die Wagen dann ab August 1962 auf Wunsch mit einem neuentwickelten Automatikgetriebe lieferbar, das 1400 Mark Aufpreis erforderte. Dieser Getriebeautomat bestand aus einem Viergang-Planetengetriebe und einer hydraulischen Kupplung, die den (bei amerikanischen Wagen üblichen) Drehmomentwandler ersetzte und den Leistungsverlust mit etwa fünf PS in Grenzen hielt. Ein Wandler hätte doppelt so viele Pferdestärken absorbiert! Andererseits zeigte die Daimler-Benz-Automatik jener Jahre auch typische Schwächen: Sie paßte sich der jeweiligen Situation zu spontan an und schaltete auf nervöse Weise zu schnell und zu häufig hinauf und hinunter. Diese Schaltvorgänge wurden – besonders beim Kickdown – ruckartig spürbar. Beim Stehen mit laufendem Motor und einer eingelegten Fahrstufe wurde eine starke Neigung zum Kriechen lästig. Wirkungsvoller als der Kickdown war eine manuelle Beeinflussung – Herunterschalten per Hand ermöglichte eine durchaus flotte Fahrweise. Der Verbrauch der Automatikwagen lag etwa um fünf Prozent höher als der der Schaltgetriebe-Versionen.

Der Innenraum der vierten 220-Generation – der eine »stabile Fahrgastzelle« nach dem von Daimler-Benz bis 1969 gehaltenen Bundespatent 854157 (Erfinder Béla Barényi) darstellte – war vor allem nach den Prinzipien der passiven Sicherheit gestaltet worden. Das Armaturenbrett hatte man an der oberen und unteren Kante stoßabsorbierend gepolstert. Das Lenkrad wies eine große, umschäumte Prallplatte auf, die sich – wie Crash-Versuche zeigten – als potentiell sicherer erwies als schüsselförmige Lenkräder. Das Armaturenbrett selbst, das statt mit edlem Holz mit einem nicht splitternden, holzimitierenden Kunststoff beschichtet war, wurde stoßnachgiebig in Gummi gelagert. Die dick gepolsterten Sonnenblenden waren ebenso auf Insassenschutz hin entworfen wie die kunststoffummantelten Fensterkurbeln und Bedienungsknöpfe, die elastischen Tür-Armlehnen und der Sicherheits-Innenspiegel, der bei Stoßeinwirkung abfiel.

Das Einblick-Kombi-Instrument der 220b-Reihe dürfte jedoch – obwohl in ein elastisches Kunststoffgehäuse eingebettet – aus einem anderen Geist heraus konzipiert worden sein. Es stellte den stetigen Anlaß einmütiger Kritik dar und war wohl der einzige Schwachpunkt des Wagens. Die reichlich kurze und dadurch unübersichtliche Tachometerskala war wie ein Fieberthermometer vertikal angeordnet. Die Kilometerziffern – Kalibrierung bis 180 km/h, beim Basismodell 220b bis 160 km/h – waren rechts und links der Signalsäure versetzt plaziert. Die im sichtbaren Ausschnitt gepfeilt wirkende Walze, die bis 50 km/h gelb war, sich bis 75 km/h rot-gelb gestreift zeigte und ab 75 km/h in leuchtendem Rot warnte, zeigte die jeweils gefahrene Geschwindigkeit ziemlich ungenau an. Die mangelhafte Ablesbarkeit dieses Unikums wurde durch den dicken Kranz und den Signalring des Lenkrades noch verstärkt. Links und rechts der Tacho-Skala befanden sich die Anzeigen für Wassertemperatur, Öldruck und Tankinhalt sowie die Kontrolleuchten für linken und rechten Blinker (getrennt), Fernlicht, Starterzug (entfiel ab 1963) und Ladefunktion der Lichtmaschine.

Die Betätigung der Blinkleuchten erfolgte nun erstmals durch einen kleinen Hebel links an der Lenksäule. Anziehen dieses Hebels löste die Lichthupe aus, hielt man ihn dabei in dieser Stellung fest, wurden

durch einen Fernlicht-Blinkgeber selbsttätig Lichtimpulse ausgesandt. Der Abblendschalter wurde noch mit dem Fuß betätigt. Die zweistufig arbeitenden Scheibenwischer liefen im überlappenden Schmetterlingsverfahren.

Heizung und Belüftung waren wirksamer geworden. Die Betätigungshebel waren in der Mitte des Armaturenbretts angeordnet, für Fahrer und Beifahrer gleichermaßen gut erreichbar und durch klare Symbole gekennzeichnet. Der Frischlufteintritt befand sich jetzt in Form einer breiten Lufthutze vor der Windschutzscheibe, wo weniger Staub und Abgase eingesogen wurden. Eine zusätzliche Belüftungsmöglichkeit bestand im Öffnen der vorderen Schwenkfenster, die durch Handräder eingestellt wurden.

Die Vordersitze waren bei den Ausführungen S und SE mit Reutter-Liegesitzbeschlägen, die Hintersitze mit einer Mittelarmlehne versehen. Eine straffe Polsterung und eine körperangepaßte Form der Sitze erlaubten ermüdungsfreies Fahren auch auf längeren Strecken. Die Rücksitzbank war in der Länge verstellbar. Die Ablageschale zwischen den vorderen Einzelsitzen konnte auf Wunsch mit einem gepolsterten Deckel versehen und dadurch zu einem weiteren Sitz (für ein kleines Kind) umfunktioniert werden.

Gegenüberliegende Seite: Ein Privatfahrer im Mercedes-Benz 220 SEB als Teilnehmer an der Rallye Monte-Carlo 1960. Unten: Das Team Schock/Schiek wurde auf einem 220 SEb Gesamtsieger im strapaziösen Rennen um den Großen Straßenpreis von Argentinien 1961.

Während die Modelle 220 Sb und SEb bis auf die Motoren völlig übereinstimmten, war der 220b wesentlich sparsamer ausgestattet. Außer der nur 95 PS leistenden Maschine und der verzögerten Modernisierung der Bremsen wies der 220b, was die Mechanik betrifft, die mehr auf Wirtschaftlichkeit denn auf Spritzigkeit ausgelegte Hinterachsübersetzung des ehemaligen Typs 219 (3,90:1) auf, während die Varianten S und SE wie ihre Vorgänger (4,10:1) länger übersetzt waren. Dem Basismodell fehlten die Liegesitzbeschläge, die sportiv wirkenden Radzierringe, die geräumigen Türtaschen, die Mittelarmlehne im Fond und die vier Innentürgriffe der beiden Schwestertypen. Bremskraftverstärker und Nylonreifen waren nur gegen gesonderte Berechnung lieferbar. Am deutlichsten wurde der Unterschied am Wagenheck offenbar: Die rückwärtigen Leuchteinheiten waren beim 220b wesentlich kleiner und elliptisch geformt. Die hintere Stoßstange besaß keine doppelten Ecken, die Nummernschildbeleuchtung war in die Stoßstange integriert, die Peilstege wiesen nur kurze Zierleisten an ihrer Hinterkante auf, die horizontale Zierleiste unter dem Heckdeckel fehlte und die Heckscheibe war sparsamer mit Chrom eingefaßt. Von vorn konnte der 220b nicht ohne weiteres als Sparversion identifiziert werden: Lufteintrittsöffnungen links und rechts der Kühlermaske besaßen je eine Zierleiste und das verchromte Gitterwerk an der Frischlufthutze fehlte.

Die 15 PS Leistungsunterschied zum 220 Sb wirkten sich weder auf die Sparsamkeit noch auf das Temperament des 220b aus. In den seinerzeitigen Fahrberichten der Fachpresse erreichte die einfachere Version in etwa die gleiche Höchstgeschwindigkeit wie der Sb, etwa 165 km/h, in einem Fall war er sogar geringfügig schneller! Dabei lag das Wagengewicht nur um etwa 30 Kilogramm niedriger. In den Beschleunigungswerten war der Sb leicht überlegen: Testwerte für die Zeit von 0–100 km/h bewegten sich zwischen 13,7 und 15,1 Sekunden, während der schwächere Typ dafür knapp 16 Sekunden benötigte. Im Kraftstoffverbrauch konnte der 220b dem Sb, der schließlich mit Registervergasern ausgerüstet war, nicht viel abgewinnen: Beide Versionen schluckten auf 100 Kilometern 13,5 bis 14,5 Liter Superbenzin, wobei sich mit dem 65-Liter-Tank ein Aktionsradius von etwa 450 Kilometern ergab.

Der 220 SEb distanzierte sich leistungsmäßig von den beiden Parallelversionen in dem Maße, wie es die zehn PS Mehrleistung zum 220 Sb vermuten ließen. Vom Stillstand bis zu einer Geschwindigkeit von 100

Oben: Rallye Monte-Carlo 1962; Ott/Knoll im 220 SEb. Links: Böhringer im gleichen Modell beim Schlußrennen der Deutschland-Rallye 1963, das er als Gesamtsieger beendete.

Rechts: Böhringer als Teilnehmer der Lüttich-Sofia-Lüttich-Rallye 1962.

km/h benötigte die Einspritzvariante nach zeitgenössischen Testberichten zwischen 12,1 und 13,5 Sekunden, die ermittelten Spitzengeschwindigkeiten lagen in einem Bereich zwischen 168 und 174 km/h. Dennoch war der SEb sparsamer als die Vergasermodelle und benötigte 12,5 bis 13,5 Liter Superbenzin auf einer Strecke von 100 Kilometern. Jerry Sloniger bezeichnete 1960 die neuen 220er in der Fachzeitschrift *Cars* als »Sportgeräte mit den Qualitäten von Wölfen in Schafspelzen.«

In der Tat spielten die b-Modelle eine bedeutende Rolle im Motorsport. Schier endlos ist die Liste der Wettbewerbserfolge, die besonders der SEb erzielen konnte. Die wichtigsten seien hier wiedergegeben: Unter der Leitung von Karl Kling beteiligte sich Daimler-Benz ab 1960 erneut am Tourenwagensport, wobei der 220 SEb schwerpunktmäßig eingesetzt wurde. Die Erfolgsserie begann mit der Rallye Monte Carlo 1960, wo die drei Teams Schock/Moll, Böhringer/Socher und Ott/Mahle einen 1-2-3-Sieg auf 220 SEb-Limousinen herausfuhren. Im gleichen Jahr gewannen Walter Schock und Rolf Moll den 2000 Kilometer langen Raid Polski in Polen und die Rallye Akropolis in Griechenland und plazierten sich in einigen weiteren Veranstaltungen an der Spitze des Feldes, um schließlich für das Untertürkheimer Haus den Titelgewinn der Rallye-Europameisterschaft zu erringen. Rudi Golderer und Leopold Freiherr von Zedtlitz wurden 1960 auf einem stark verbesserten 220 SEb Gesamtsieger des »Großen Preises der Tourenwagen«, des ADAC-6-Stunden-Rennens am Nürburgring, mit einem Schnitt von 110,5 km/h. Im ganzen errang der neue SE im Jahre 1960 117 Siege.

Das Sportjahr 1961 wurde für diesen Wagen mit 133 Siegen noch erfolgreicher: Karl Kling und Rainer Günzler gewannen die Rallye Centafrique Algier-Bangui-Algier, die in elf Tagesetappen über 11 942 Kilometer führte, vor einem weiteren 220 SEb. Das Team Manussis/Coleridge/Beckett siegte in der East African Safari vor einem zweiten 220 SE, und Walter Schock und Manfred Schiek waren Gesamtsieger des Gran Premio Internacional Standard Argentina, des 4624 Kilometer langen Großen Straßenpreises für Tourenwagen in Argentinien, mit einem Schnitt von 121,23 km/h auf Geröllstraßen!

Im Jahre 1962 konnte der 220 SEb 54 Siege für sich verbuchen: Die

Das Damenteam Ewy Rosqvist/Ursula Wirth in den Kordilleren beim Großen Straßenpreis von Argentinien 1963. Ihr Fahrzeug ist ein 220 SEb.

Gesamtsiege Eugen Böhringers mit den Beifahrern Lang bzw. Eger bei der Rallye Akropolis, der Polen-Rallye und dem Marathon de la Route Lüttich-Sofia-Lüttich und weiteren vorderen Plazierungen führten zum Titelgewinn der Rallye-Europameisterschaft durch den Stuttgarter Hotelier. Das schwedisch-deutsche Damenteam Ewy Rosqvist und Ursula Wirth siegte im Großen Straßenpreis von Argentinien mit dem angesichts der Straßenverhältnisse fast unglaublichen Schnitt von 126,87 km/h. Becker/Golderer gewannen die 9000 Kilometer lange Tour d'Europe und Rolf Kreder wurde als Privatfahrer auf einem 220 SEb Deutscher Rallyemeister.

In das Sportgeschehen des Jahres 1962 griffen auch die Modelle 300 SE und 230 SL ein. Dennoch erzielten auch die 220 SEb beachtliche Erfolge, wie den Gesamtsieg der Polen-Rallye (Glemser/Braungart) und den Sieg in der Damenwertung der Rallye Monte Carlo durch Rosqvist/Wirth.

Durch die hausinterne Vormachtstellung des 300 SE waren die großen Siege des 220 SE in den folgenden Jahren dünner gesät: 1964 startete beim Straßenmarathon Spa-Sofia-Lüttich ein interessanter Wagen, der mit einem 2,5-Liter-Motor ausgerüstet war und der Erprobung des bald darauf serienreif werdenden 250 SE-Aggregats dienen sollte. Ewy Rosqvist-Korff (inzwischen verehelicht) und Manfred Schiek errangen damit den 6. Platz im Gesamtklassement. Mit der Produktionseinstellung des 220 SEb (und des 300 SE auf gleicher Basis) gab Daimler-Benz 1965 den werksseitigen Einsatz im Tourenwagensport auf, Rennleiter Karl Kling schied aus.

Die Produktion der 2,2-Liter-b-Modelle wurde gestaffelt eingestellt: Der 220 Sb wurde im Juli 1965 durch den 230 S ersetzt, während 220b und 220 SEb erst im August gleichen Jahres dem 230 bzw. dem 250 SE/S weichen mußten. In der sechsjährigen Bauzeit wurden ansehnliche Produktionsergebnisse erzielt: Der Basistyp 220b brachte es auf 69691 gefertigte Exemplare, der Sb wurde in 161119 und der SEb in 66086 Einheiten hergestellt. Mit diesen Stückzahlen beherrschte Daimler-Benz in der Personenwagen-Klasse zwischen zwei und drei Litern Hubraum jetzt den bundesdeutschen Markt. Der Mercedes 220 war ein ausgesprochenes Erfolgsmodell, hatte sich eindeutig zum Klassenprimus gemausert.

Wie man mit einer Luxuslimousine Rallies gewinnt, zeigten Könner mit dem neuen Dreihunderter:

Mercedes-Benz 300 SE und 300 SE lang

Im August 1961 wurde den Vertretern der internationalen Fachpresse im Werk Sindelfingen ein neuer Daimler-Benz-Personenwagen und auf der nahegelegenen Solitude für Probefahrten zur Verfügung gestellt, der in dreifacher Beziehung bemerkenswert war.
Einmal trug er die magische Typenbezeichnung 300 SE, und ein Dreihunderter bedeutete in jenen Tagen absolute Spitzenklasse. Die Epoche der Hubraumgiganten mit Achtzylindermotoren mit fünf und mehr Liter Inhalt war seit 1939 passé. Eine Renaissance im Sinne des amerikanischen Bonmots, Hubraum sei durch nichts zu ersetzen, sollte erst in den siebziger Jahren stattfinden. Während Dreiliter-Wagen vor dem Kriege noch als Autos der oberen Mittelklasse galten, verkörperten sie im Nachkriegs-Europa die exklusive Sonderklasse. An diesem Gesetz vermochten weder die importierten V8-Amerikaner noch die relativ preisgünstigen Jaguar, die immerhin mit einem 3,8-Liter-Triebwerk ausgerüstet werden konnten, zu rütteln. Der Mercedes 300 (W 186/189) – nicht nur im deutschen Volksmund als »Adenauer-Mercedes« bezeichnet – war ein Jahrzehnt lang Sinnbild jener europäischen Kategorie von Automobilen, die für normale Sterbliche, auch für wohlhabendere Käufer, fast unerreichbar blieben und Monarchen, Spitzenpolitikern, Finanzmagnaten und Großindustriellen vorbehalten waren. Noch gab es eine strikte Abgrenzung der Einkommensklassen – die Aufweichung der bundesdeutschen Sozialstruktur setzte erst ein, als auch die Hubräume wieder zu wachsen begannen. So war in den Augen mancher ehrfürchtiger Automobilbegeisterter der magisch-mythische Status des Dreihunderter in Gefahr, verwässert zu werden, als der um mehr als 4000 Mark billigere 300 SE erschien und dazu noch auserkoren war, in größeren Stückzahlen produziert zu werden.

Gegenüberliegende Seite: Ein 300 SE beim argentinischen Gran Premio 1964, gefahren von Herrmann/Schiek.

Oben: Mercedes-Benz 300 SE Limousine mit nachträglich montierten Nebelscheinwerfern. Rechts der Sechszylinder-Einspritzmotor M 189 (2996 ccm, 160 PS bei 5000 U/min), eine Leichtmetallkonstruktion.

Bemerkenswert war der 300 SE auch, weil er als Träger dieser eine gewisse Exklusivität verkörpernden Typenbezeichnung eine der Großserie entstammende Karosserie trug: Er war äußerlich mit dem seit zwei Jahren ausgelieferten 220 S/SEb nahezu identisch und glich auch dem gerade halb so teueren 220b bei einem flüchtigen Blick weitgehend – nicht gerade das Rezept, eine Repräsentationslimousine zu konzipieren, meinten viele.
Schließlich gelang es dem 300 SE aber auch, im positiven Sinne Aufmerksamkeit zu erwecken. Und zwar vor allem bei Leuten, die in der Materie verhaftet und nicht durch typologisches Statusdenken befangen waren, etwa bei Fachjournalisten. Der 300 SE wies nämlich unter dem Blech ein Maximum an Komponenten auf, die höchstes konstruktives Niveau repräsentierten und das technologische know how der Daimler-Benz AG unter Beweis stellten.
Professor Nallinger war bei seiner Rede anläßlich der Vorstellung des 300 SE stolz darauf, ein Fahrzeug präsentieren zu können, »das, gemessen am Weltstandard, zu den Spitzenprodukten komfortabler Reisewagen gehört.« Neben seinem Dasein als »schwere Reiselimousine internationaler Klasse« – ein Begriff, der damals durch die Tagespresse geisterte – war dem 300 SE noch eine zweite, weniger aristokratische Karriere beschieden. Davon aber später.
Die Daimler-Benz AG hatte mit dem 300 SE, wie schon mit dem 190 und dem 219, ihr Personenwagen-Angebot weiter aufgefächert; eine Tendenz, die ihrem Höhepunkt noch zustrebte. Der 300 SE ergänzte die Modellreihe 220 nach oben, indem er alle die Bedienungserleichterungen, Verfeinerungen und Verbesserungen bot, die den Preis des 220 SE in die Höhe getrieben hätten. Er sollte jene Schicht des Käuferpublikums ansprechen, die Wert auf höchstmöglichen Fahrkomfort bei optimaler Bedienbarkeit und hohen Fahrleistungen legte. Der 300 SE ersetzte zwar theoretisch den klassischen 300d, dessen Fertigung im März 1962 auslief, aber die Rolle des Spitzenmodells war ihm nicht zugedacht. Mit dem Typ 600 befand sich nämlich ein ausgesprochener Superlativ im letzten Stadium seiner Entwicklung und sollte anderthalb Jahre später debütieren.
Im Aufbau entsprach der 300 SE weitgehend dem 220 S bzw. SE. Lediglich in der Ornamentik gab es Unterschiede, die den Dreiliter-Wagen optisch aufwerteten: Die Längssicke war auf voller Wagenlänge mit einer Chromleiste unterlegt, ebenso die Prägekante über dem

hinteren Radausschnitt. Vordere Radlauf-Zierleisten, breite Türschweller-Verkleidungen aus poliertem Aluminium und eine stärker durch Chrom akzentuierte Entlüftungsöffnung am hinteren Dachholm trugen zum äußeren Prunk bei. Da das Heck des 220 S/SE bereits gut mit Chromzierrat dekoriert war, beschränkte man sich darauf, zur Unterscheidung für den nachfolgenden Verkehr das Typenkennzeichen »300 SE« einzurahmen. Die Kühlerfront erfuhr keinerlei Veränderungen. In den inneren und äußeren Abmessungen des Fahrgastraums entsprach der 300 SE durch die Verwendung der »Einheitskarosserie« nicht nur den 2,2-Liter-Modellen, sondern auch den ebenfalls zur IAA 1961 vorgestellten Vierzylindern der zweiten Generation. Der 190c, der nicht einmal halb so viel kostete wie der 300 SE, wies also das gleiche Raumangebot auf.

Der Innenraum des 300 SE war noch großzügiger als beim 220 S/SE ausgestattet. Die Holzeinfassungen der Windschutzscheibe, der Seitenfenster und der Türtaschen verliehen dem Interieur einen hochkarätigen Touch. Für die Polster wurden die hochwertigsten Bezugsstoffe verarbeitet. Nicht nur im Fond, sondern auch zwischen den Vordersitzen befand sich eine klappbare Mittelarmstütze. Große Gepäcknetze an den Rückseiten der Vordersitzlehnen nahmen die Reiseutensilien der Fondpassagiere auf.

Das, was den 300 SE mit der wohlbekannten Karosserielinie zur Sensation werden ließ, war kaum augenfällig: Leichtmetall-Motor, Automatikgetriebe, Luftfederung, Servolenkung, Sperrdifferential, Vierrad-Scheibenbremsen und weitere Raffinessen stellten eine nie zuvor erlebte Massierung technischer Novitäten dar.

Der Sechszylindermotor des Typs M 189 war in seinen Zylinderabmessungen identisch mit jenem Triebwerk, mit dem die Spitzenmodelle 300, 300 S und 300 SL ausgerüstet waren. Das Bohrung-Hub-Verhältnis zeigte eine nicht mehr ganz zeitgemäße, unterquadratische Auslegung, die allerdings hohe Flexibilität versprach. Der Zylinderblock des Dreilitermotors wurde für eine vorgesehene Produktionsrate von fünfhundert Wagen im Monat – die übrigens nicht realisiert wurde – aus Leichtmetall gefertigt und mit eingepreßten, trockenen Laufbuchsen versehen. Die Erfahrungen mit Motorblöcken aus Aluminium-Legierungen hatte Daimler-Benz im Rennwagenbau – zum Beispiel beim 300 SLR, 1955 – gesammelt. Zu der teueren und angesichts der kleinen Serie wenig rentablen Konzeption eines Leichtmetall-Motors entschloß man sich aus mehreren Gründen. Der Block des 300 SE war im Vergleich zur Grauguß-Ausführung des 300d rund vierzig Kilogramm leichter, die Kopflastigkeit des Wagens konnte vermindert werden. Die Wärmeableitung lag wesentlich günstiger als bei herkömmlichen Materialien; der neue Dreilitermotor war thermisch kerngesund, zumal er – wie die übrigen Mercedes-Triebwerke – über den Öl-Wasser-Wärmetauscher verfügte. Schließlich brauchte man im Falle hoher Beanspruchung der Maschine keine Überlegungen hinsichtlich irgendwelcher Dichtigkeitsprobleme mehr anstellen: Zylinderblock und -kopf besaßen, da aus dem gleichen Material gefertigt, den gleichen Ausdehnungs-Koeffizienten.

Die Kurbelwelle lief – wie bei den übrigen Dreilitermotoren, aber im Gegensatz zu den vierfach gelagerten 2,2-Liter-Aggregaten – in sieben Vielstofflagern. Dagegen war die Gemischaufbereitung mit der des 220 SE identisch: Eine Bosch-Zweistempel-Einspritzpumpe beförderte den Kraftstoff über zwei Verteilerstücke zu den Einspritzdüsen, die in den sechs sorgfältig in der Länge abgestimmten, geraden Saugrohren saßen. Die Förderung des Kraftstoffs aus dem von der 220-Reihe übernommenen, reichlich knapp bemessenen 65-Liter-Tank übernahm eine im Wagenheck angeordnete elektrische Benzinpumpe.

Der 300-SE-Motor erwies sich als kräftiges Triebwerk, obwohl er einen beträchtlichen Anteil seines Leistungspotentials an die Antriebe der angebauten Aggregate abgeben mußte. Die Pumpe der Servolenkung und der Kompressor der Luftfederung verlangten ihren Tribut über einen gesonderten Keilriemen. Wenn dann noch die auf Wunsch lieferbare Klima-Anlage bestellt worden war, deren Luftpresser ebenfalls vom Motor getrieben wurde, kam auch die Dreilitermaschine ganz schön ins Schwitzen. Sie wurde dann mit einem größeren Lüfter versehen, der über einen temperaturabhängigen Kontaktgeber im Ölkreislauf des Motors und eine kleine Flüssigkeitskupplung in seiner Nabe gesteuert wurde.

Eine interessante Vorrichtung war der elektromagnetische Schalter, der die Drosselklappe etwas über die Leerlaufstellung hinaus öffnete, wenn eine Fahrstufe des Automatikgetriebes eingelegt oder die Servolenkung im Stand benützt wurde. So verhinderte man, daß der Motor bei Leerlaufdrehzahl durch den Widerstand der Flüssigkeitskupplung oder der Hydraulikpumpe der Hilfskraftlenkung abgewürgt wurde.

Zum Genfer Salon 1963 sollte der 300 SE serienmäßig einen thermostatisch gesteuerten Kühlluftventilator mit elektromagnetischer Kupplung erhalten, der sich erst bei höheren Temperaturen einschaltete. Durch produktionstechnische Schwierigkeiten wurde der Einbau dieses energiesparenden Lüfters indessen bis zum Sommer 1963 verzögert.

Der 300-SE-Motor besaß die gleiche Leistung wie der Grauguß-Motor des 300d »Adenauer«, von dem er abstammte: 160 PS, die allerdings bereits bei 5000 (statt 5300) Touren abgegeben wurden. Das maximale Drehmoment lag mit 25,6 mkg (gegenüber 24,2 mkg beim 300d) etwas höher und wurde bei 3800 U/min, also 400 Umdrehungen früher, er-

Beim Coupé wie bei der Limousine ging es im Motorraum des 300 SE recht eng zu. Als heimtückisch für den Monteur erwies sich bei Servicearbeiten immer wieder die Motorhaube mit anhängender Kühlermaske – man konnte sich an ihr leicht verletzen, wenn man sich aus geneigter Körperhaltung darunter aufrichtete.

reicht. Der Dreiliter-Leichtmetall-Motor wies eine turbinenartige Laufcharakteristik auf und verfügte über ein (gefühlsmäßig) grenzenloses Drehvermögen. Die »offizielle« Drehzahlgrenze lag bei 6000 U/min. Seine Dienste verrichtete er allerdings nicht lautlos: Im höheren Drehzahlbereich sprach er mit deutlicher Stimme.

Erwartungsgemäß entwickelte dieses Triebwerk trotz der die Treibstoffenergie besser nutzenden Einspritzung einen gesunden Durst. In Fahrberichten und Tests gemessene Durchschnitts-Verbrauchswerte lagen zwischen 17,5 und 19 Liter auf 100 Kilometer. Mit seinem 65-Liter-Tank verfügte der 300 SE aber zunächst über einen beschränkten Aktionsradius: Nach 350 Kilometern mußte bei flotter Fahrweise bereits wieder eine Tankstelle angelaufen werden – ein Charakterzug, der wahrlich nicht zu einer schnellen Reiselimousine paßte. So befleißigte man sich bei Daimler-Benz, dem 300 SE ab März 1963 einen größeren Tank mit einem Volumen von 82 Litern zu spendieren, der die Reichweite bis zum Nachtanken auf rund 450 Kilometer erhöhte.
Das betriebsfertige Gewicht des 300 SE lag mit 1580 Kilogramm zwar um 15 Prozent über dem des 220 SE, sein Leistungsgewicht stellte aber mit 9,9 kg/PS (220 SE: 11,5 kg/PS) einen durchaus beachtlichen Wert dar. Dennoch konnte der mit einer spezifischen Leistung von rund 53 PS/Liter bei all dem konstruktiven Aufwand relativ gering belastete Motor gut und gerne noch eine Leistungsspritze vertragen. Im Januar 1964 wurde er mit einer Bosch-Sechsstempel-Einspritzpumpe ausgerüstet; jeder Zylinder wurde nun von seinem eigenen Pumpenkolben bedient. Die Verdichtung wurde von 8,7:1 geringfügig auf 8,8:1 erhöht. Die Höchstleistung stieg auf 170 PS bei 5400 U/min. Das maximale Drehmoment änderte sich kaum, wurde aber erst bei 4000 U/min erreicht — das 300-SE-Triebwerk verlangte nach hohen Drehzahlen. Vielleicht war diese Leistungserhöhung auch ins Bayerische gezielt, nachdem BMW mit dem 3200 Super (160 PS) seit 1961 den Titel der schnellsten deutschen Serienlimousine hielt. Dieses Prädikat konnte Daimler-Benz nun wieder für sich beanspruchen, denn der 300 SE lief dem weiß-blauen Achtzylinder mit der längeren Antriebs-Übersetzung davon, obwohl er gut 100 Kilo schwerer war.

Das Viergang-Automatikgetriebe mit hydraulischer Kupplung war das bereits bei der 220b-Reihe beschriebene, nur zählte es beim 300 SE zur Serienausstattung – eine Alternative zum Schaltgetriebe gab es zunächst nicht. Daimler-Benz verließ sich von jeher nur ungern auf Zulieferer und zog es im Rahmen des Möglichen vor, Fahrzeugkomponenten selbst zu entwickeln. Auch das Automatikgetriebe war eine Eigenkonstruktion, der fünf Jahre harter Versuchsarbeit vorausgingen – ein ausgereiftes, zuverlässiges Bauteil. Der 300d war übrigens mit dem Detroit-Gear-Getriebeautomaten der amerikanischen Firma Borg-Warner ausgerüstet. Bahnbrechend gegenüber den automati-

Die Mercedes-Benz Limousine vom Typ 300 SE galt in den sechziger Jahren als ein repräsentatives, technisch ausgereiftes Fahrzeug. Fast ein Jahr lang gab es diesen Wagen parallel zu seinem Vorgängertyp 300 d (oben).

schen Getrieben anderer Hersteller war bei der Daimler-Benz-Automatik die Verbesserung des Ölkreislaufs durch zwei Ölpumpen. Dadurch konnte der Wagen auch an- und abgeschleppt werden.
Ab März 1963 wurde, um sportlich gesonnene Kunden zufriedenzustellen, sicher aber auch mit dem geplanten werksseitigen Wettbewerbseinsatz im Auge, wahlweise ein mechanisches Vierganggetriebe angeboten, das im Grunde dem der 220-Reihe entsprach, aber einen mehr auf Spurtfreudigkeit ausgelegten ersten Gang besaß. Dabei konnte der Käufer zwischen Lenkrad- und Knüppelschaltung wählen. Das Schaltgetriebe war um 15 Kilogramm leichter als die Automatik.
Die Hinterachse des 300 SE war die von den 2,2-Liter-Typen her bekannte Eingelenk-Pendelachse mit tiefliegendem Drehpunkt. Auch der Achsantrieb stammte zunächst vom 220 S/SE und wies ein Übersetzungsverhältnis von 4,10:1 auf. Ab März 1963 wurden dafür zwei »schnellere« Übersetzungen zur Auswahl angeboten: 3,92:1 und 3,75:1. Auch dabei dürfte die notwendige Homologation des 300 SE

Modell	300 SE (W 112/3)
Produktionszeit	April 1961 – Juli 1965
Motor	Reihen-Sechszylinder M 189
Bohrung/Hub/ccm	85 × 88/2996 ccm
Verdichtung	8,7:1, ab Januar '64 8,8:1
Leistung	160 PS b. 5000 U/min, ab Jan. '64 170 bei 5400
Ventilsteuerung	ohc, 1 obenliegende Nockenwelle
Schmierung	Druckumlauf
Kühlung	Wasserkühlung (Pumpe, Thermostat)
Einspritzung:	Zweistempel-Einspritzpumpe, ab Jan. '64: Sechsstempel-Pumpe
Elektrik	12 Volt 66 Ah
Getriebe	Automatik, ab März '63 a. W. mech. 4-Gang
Lenkung	Kugelumlauf mit Servo
Fußbremse	hydraul., 4 Scheiben, Servo
Feststellbremse	mechan., 2 Trommeln hinten
Aufbau	Limousine viertürig
Radstand; Spur v/h	2750 (300 SE lang: 2850); 1480/1490 mm
Gesamtabmessungen	4875 (300 SE lang: 4975) × 1795 × 1455 mm
Bereifung	7.50 H – 13
Tankinhalt	65 Liter, ab März '63 82 Liter
Leergewicht	1580 kg; 300 SE lang: 1615 kg
Höchstgeschwindigkeit	180–200 km/h
Stückzahl	300 SE: 5202, 300 SE lang: 1546
Preise (alle Preise: Automatik-Version)	DM 24 150 ab März 63 DM 24 500 300 SE lang DM 27 800

als Renntourenwagen bei der FIA/CSI eine Rolle gespielt haben. Bei der Vorstellung des Wagens im August 1961 war auch der Einbau eines Sperrdifferentials angekündigt worden, die Serienmontage der 50-Prozent-Sperre erfolgte aber erst ab März 1962. Dem größeren Wagengewicht und der höheren Endgeschwindigkeit wurde gegenüber den kleineren Sechszylindern durch die Bestückung mit Hochgeschwindigkeits-Reifen der Dimension 7,50 H 13 Rechnung getragen.
Ein Novum war auch die von Daimler-Benz entwickelte Servolenkung, deren Hydraulikpumpe zunächst in den USA bei Vickers, dann bei Ate in Frankfurt hergestellt wurde. Die Ventile dieses Systems wurden durch die an der Lenkspindel auftretenden Hebelkräfte gesteuert. Diese Lenkung war sehr sensibel ausgelegt und ließ nie das Gefühl für die Fahrbahn verlorengehen. Das feedback war den weniger progressiv gearteten Servolenkungen bei amerikanischen Wagen, aber auch den meisten europäischen Systemen deutlich überlegen. Bis zu einer Lenkkraft von 175 Kilogramm, also unter normalen Fahrbedingungen, war ein Drittel der Bedienungsenergie vom Fahrer aufzubringen. Darüber hinaus, etwa beim Einparken, öffnete sich unter dem Flüssigkeitsdruck im Lenkgetriebe ein Ventil, und der Servoeffekt nahm in Relation zu den auftretenden Lenkkräften zu.

Mit den Vierrad-Scheibenbremsen begab sich Daimler-Benz auf ein Gebiet, das bislang als Domäne der Briten galt. Die Bremsen des Zweikreis-Systems wurden bei Ate in Lizenz der englischen Firma Dunlop hergestellt, der Hauptbremszylinder kam aus England von Girling. Die Bremsscheiben wiesen vorne einen Durchmesser von 253 Millimetern, hinten einen von 255 Millimetern auf. Das beim 220 lästige »Tauchen« des Vorderwagens bei Vollbremsungen wurde beim 300 SE durch die Bremskraftabstützung, ein Zug- und Schubgestänge, unterbunden, das das Wagenheck auch bei starken Verzögerungen auf gleichbleibendem Niveau hielt.

Die Bremsen des 300 SE arbeiteten völlig fadingfrei; auch bei hoher Geschwindigkeit war beim Bremsen absolute Spurtreue sicher. Dabei vollzog sich die Betätigung durch das Ate-Bremsgerät mühelos, aber jederzeit optimal dosierbar.

Die Luftfederung des 300 SE schließlich war es, die dem Wagen einen völlig veränderten Charakter verlieh. Gewiß – die 220er verfügten über eine ausgezeichnete Straßenlage und boten bemerkenswerten Fahrkomfort. Lediglich die starke Seitenneigung beim flotten Durchfahren von Kurven, das »Tauchen« beim Bremsen und das ausgeprägte Absacken des Wagenhecks bei höherer Zuladung waren unangenehme Begleiterscheinungen. Und genau hier griff die Luftfederung ein.
Der 300 SE bewies, daß die Assoziation der Adjektive »sportlich« und »hart« der Vergangenheit angehörte. Er vermochte trotz einer auf höchsten Komfort ausgelegten Federung mit ausgesprochen sportlichen Fahreigenschaften aufzuwarten – eben dank seiner Luftfederung, die an Stelle konventioneller Schraubenfedern flexible Federbälge aufwies. Diese vier Luftkammern – eine pro Rad – wurden über einen Kompressor, der die Luft durch das Luftfilter des Einspritzmotors ansaugte, mit dem nötigen Druck versorgt. Die Steuerung übernahmen drei Höhenkorrektor-Ventile, je eines pro Vorderrad und eines über der Hinterachse, die mit dem Aufbau verbunden waren und durch dessen Niveau-Änderungen den normalen Federweg wieder herstellten: Der Luftdruck in den Bälgen wurde erhöht. Diese automatische Höhenkontrolle sorgte unabhängig von Besetzung und Zuladung für stets gleichbleibendes Niveau des Aufbaus. Das diesem System zu Grunde liegende Prinzip war recht einfach: Die Luft wirkte durch ihren elastischen Widerstand als progressive Feder. Die herkömmliche Stahlfederung war ihrem Absorptionsvermögen unterlegen. Die Luftfederung wurde in ihrer Wirkungsweise durch Bilstein-Gasdruck-Stoßdämpfer (Lizenz de Carbon) ergänzt. Da die Federbälge keinerlei Neigungswiderstand bieten konnten, wurde der 300 SE an Vorder- und Hinterachse mit kräftigen Torsionsstäben ausgerüstet. Schnelles Fahren auf welliger Fahrbahn erlaubte die Luftfederung des 300 SE zwar in geringerem Maße als die hydropneumatische Federung des Citroën DS 19, bei langsamem Fahren aber sprach das Mercedes-System besser auf Straßenunebenheiten an.

Die Fahreigenschaften des 300 SE verkörperten ein Maximum an Kultiviertheit. Auch im Grenzbereich zeigte der Wagen ein annähernd neutrales Verhalten. In schnell gefahrenen Kurven war allenfalls ein kaum merkliches Untersteuern festzustellen.

Auch in seinen Fahrleistungen rückte der 300 SE in die Nähe hochkarätiger Sportwagen. Die Werkangaben für die Höchstgeschwindigkeit bewegten sich je nach Getriebeart, Antriebsübersetzung und Motorvariante (160 oder 170 PS) zwischen 175 km/h für die erste Ausführung und 200 km/h für die 170-PS-Version mit Handschaltung und 3,75er Hinterachse. Leistungswerte, die Daimler-Benz angab, wurden erfahrungsgemäß in der Praxis spielend erreicht. Die Beschleunigungswerte lagen bei der potentesten Kombination von Aggregaten nahe der Traumgrenze von zehn Sekunden für das Erreichen von 100 km/h aus dem Stand. Ein von der amerikanischen Zeitschrift *Car & Driver* 1963 geprüftes Exemplar des 300 SE benötigte 10,2 Sekunden von 0–60 mph (96 km/h).

Bei diesen Voraussetzungen nahm es nicht Wunder, daß Rennleiter Karl Kling beim Einsatz in der Rallye-Europameisterschaft den 220 SE zu Beginn der Saison 1963 durch den 300 SE ersetzte und dieses Championnat – fast erwartungsgemäß – von Eugen Böhringer auf der Dreiliter-Limousine gewonnen wurde. Im VII. Straßenpreis von Argentinien siegte Böhringer mit Beifahrer Klaus Kaiser mit einem Schnitt

von 131,95 km/h, ein weiterer 300 SE mit dem Team Glemser/Braungart ging als Zweiter durchs Ziel.
1964 wurde ein noch erfolgreicheres Jahr für den 300 SE: Böhringer/Kaiser errangen erneut den Gesamtsieg im argentinischen Gran Premio, diesmal mit einem Gesamtschnitt von 138,05 km/h. Der 300 SE war nicht nur auf den Rallye-Routen, sondern auch auf den Rennpisten der Welt zu Hause und holte den Europapokal der Tourenwagen nach Untertürkheim, nachdem er die meisten Rennen der Saison von Brands Hatch bis Spa gewonnen hatte. Bei den 24 Stunden von Spa-Francorchamps wurde unter Böhringer ein präparierter 300 SE eingesetzt, der mit einem ZF-Fünfgang-Getriebe und 15-Zoll-Rädern ausgerüstet war. Seine Maschine leistete bei 6000 U/min mindestens 195 PS. Die Spitzengeschwindigkeit dieses Wagens lag bei 230 km/h, obwohl er noch recht seriennah konstituiert war, also über die Servolenkung verfügte und immerhin 1450 Kilogramm auf die Waage brachte. Mit diesem Geschoß lag Böhringer lange Zeit vor potenten Gegnern wie den Lotus Cortina (Sir John Whitmore) und BMW 1800 TI (Hahne, Aaltonen) in Führung und fuhr nachts einen neuen Rundenrekord. In der 24. Stunde brach die Tragödie herein: Der linke vordere Radtragarm war der Dauerbeanspruchung nicht mehr gewachsen, brach und wurde ausgetauscht. Da das Ersatzteil nicht dem Reglement gemäß in den Boxen gelagert worden war, wurde Böhringer – den Sieg greifbar nahe vor Augen – disqualifiziert. Dennoch wurde ein 300 SE Siegerwagen: Die Belgier Crevits und Gosselin wurden mit einem angeschlagenen Wagen dieses Typs, bei dem nur noch der dritte und der vierte Gang des Fünfgang-Getriebes zu verwenden waren, Erste im Gesamtklassement. Nur einmal mußten sich die 300 SE völlig geschlagen geben: Beim schwedischen Kanon-Löppet, dem »Kanonenrennen« von Karlskoga, schlug 1964 Alan Mann auf einem bärenstarken Ford Galaxie die 300 SE unter Böhringer und Versuchsingenieur Waxenberger. Unvergeßlich werden die erbitterten Duelle zwischen Böhringers 300 SE und dem Jaguar Mk II 3,8 Liter des später tödlich verunglückten Wiesbadener Jaguar-Importeurs Peter Lindner bleiben, die damals durch spektakulären Fahrstil Zehntausende von Rennbegeisterten von den Sitzen rissen.
Während der Rennsaison 1964 war die Leistung des 300 SE-Rennmotors bei 205 PS angelangt. Manfred Schiek, Daimler-Benz-Ingenieur und Werksfahrer, verbesserte die Maschine im Jahre 1965 in der Rennabteilung mehr oder weniger im Stillen weiter und konnte durch Anheben der Maximaldrehzahl um 1000 U/min dem Triebwerk relativ

Mercedes-Benz Limousine Typ 300 SE mit Weißwandreifen.

problemlose 230 PS entlocken. Aber zum offiziellen Einsatz kam diese letzte Version nicht mehr: Daimler-Benz stellte den Tourenwagensport ein und Mitte des Jahres war der 300 SE kein aktuelles Auto mehr. Er mußte seinem Nachfolger auf der Basis des W 108 weichen.

Privat gemeldete 300 SE setzten die Siegesserien der Werkswagen noch lange fort, bis die Homologation 1970 auslief. Von den 100 Meilen von Hockenheim über die Rallye Bavaria bis zum Celler Flugplatzrennen waren ihnen zumindest Klassensiege sicher, wobei besonders ein Pforzheimer Fahrer mit dem Pseudonym »Fred Cats« auf Lorbeeren abonniert war.

Obwohl der 300 SE keinen Top-Wagen, sondern mehr »ein Alltagsauto für Begüterte« (*Car & Driver*) darstellte, blieben seine Produktionszahlen in exklusiven Tiefen: Vom Beginn der Vorserie im April 1961 (in diesem Jahr wurden ganze 13 Wagen gefertigt, die Produktion kam erst 1962 voll in Gang) bis zum Serienende im Juli 1965 wurden 5202 Wagen mit Normalradstand gebaut. Bestes Jahr war 1962, sonst kam der 300 SE über fünfhundert bis tausend jährliche Exemplare nicht hinaus.

Der 300 SE war zwar ein perfektes Automobil, einer größeren Verbreitung stand aber wohl sein Preis im Wege. Er kostete zu Beginn seiner Karriere – die Automatik war serienmäßig und im Preis inbegriffen – 24 150 Mark. Im März 1963 wurde, als der Wagen auch mit mechanischem Getriebe lieferbar war, der Grundpreis für diese Version auf 23 100 Mark festgelegt, die Automatik-Variante kostete dann 24 500 Mark. In den Vereinigten Staaten erfreute sich der 300 SE relativ großer Beliebtheit, obwohl er dort mit 8637 Dollar, die etwa 36 500 Mark entsprachen, kräftig zu Buche schlug. Die Zeitschrift *Car & Driver* bezeichnete ihn einmal als »fast ideal für amerikanische Verhältnise«.

Der 300 SE besaß auf dem Heimatmarkt von Leistung und Preisklasse, nicht aber vom technischen Raffinement her einen einzigen Konkurrenten: den 21 240 Mark teueren BMW 3200 S, von dem aber nur ein paar hundert Stück praktisch handgefertigt wurden. Auf den Exportmärkten traf er auf den Jaguar Mk 10, der in der Regel etwas preisgünstiger war, eine luxuriöse Ausstattung aufwies und in den Fahrleistungen etwa ebenbürtig war.

Um dem Repräsentationsbedürfnis derer entgegenzukommen, die den alten 300d vermißten, stellte Daimler-Benz beim Genfer Salon 1963 den Typ 300 SE lang vor. Radstand und Gesamtlänge waren bei diesem Modell um zehn Zentimeter gewachsen, die dem hinteren Fußraum zugute kamen. Die Streckung des Wagens brachte aber auch ein Mehrgewicht von fünfzig Kilogramm mit sich. Bei der Ausführung mit mechanischem Getriebe wurde der erste Gang auf 4,42:1 »verkürzt«, um dem höheren Wagengewicht Rechnung zu tragen.

Der 300 SE lang kostete mit Schaltgetriebe 26 400 Mark, mit Automatik 27 800 Mark und lag damit etwa auf dem Preisniveau des alten 300d, dessen nicht designierter Nachfolger er wohl war. Auf Wunsch konnte der Typ »lang« mit einer Trennwand einschließlich elektrisch versenkbarer Scheibe geliefert werden, falls man die Arbeit des Fahrens einem Chauffeur übertragen wollte und die Diskretion der Gespräche im Wagenfond gewahrt bleiben sollte. Der Kunde konnte zwischen Dralon-Velours-Polstern oder Bezügen aus Feincord wählen.

Vom verlängerten 300 SE wurden bis zur Produktionseinstellung im April 1965 1546 Einheiten hergestellt, ein im Dezember 1962 gefertigtes Pilotexemplar eingerechnet.

Eugen Böhringer, Teilnehmer der Rallye Akropolis 1963, mit seinem 300 SE. Böhringer galt als einer der erfolgreichsten Rallyefahrer und trat auf Mercedes-Benz-Fahrzeugen auch bei Rundstreckenrennen an.

Der Nachfolger des 220 war zwar ein Auslaufmodell – aber ein recht erfolgreiches. Schwanengesang in allegro:

Mercedes-Benz 230 S

Man bewies in Untertürkheim gutes kaufmännisches Gespür, als man sowohl den 220 Sb (kalkulatorisch) als auch den 220 SEb (leistungsmäßig) im Juli 1965 durch einen »neuen« Typ ersetzte – den 230 S. Dieser Wagen erforderte nur einen bescheidenen konstruktiven Aufwand. Die selbsttragende Karosserie stammte vom 220 S/SEb, ebenso das Fahrwerk, das allerdings in einigen Bauteilen an die neuen 250er angeglichen wurde. Der Motorblock war der des 230 SL. Wieder einmal war das Baukastenprinzip erfolgreich praktiziert worden.
Diese »Untertürkheimer Mélange« war zwar ein Auslaufmodell, als Notlösung konnte man den 230 S allerdings nicht bezeichnen. Er hatte den höchsten technischen Reifestand erreicht, war in allen Details ausgefeilt und in der Mechanik durchaus aktuell.
Die vom 220 übernommene Karosserie war äußerlich überhaupt nicht verändert worden. Im Innenraum gab es dagegen einige Vereinfachungen: Die Polster und Türverkleidungen waren nüchterner gehalten, die Holzverkleidungen an den Fenstern fehlten.
Der 2,3-Liter-Motor des 230 S war mit dem Triebwerk des 1963 eingeführten 230 SL nahe verwandt; im Grunde handelte es sich um die um zwei Millimeter aufgebohrte 220-Maschine, deren Verdichtung auf 9,0:1 erhöht worden war. Der Gemischaufbereitung diente die Vergaseranlage des 220 Sb. Die zwei Fallstrom-Registervergaser vom Typ Zenith 35/40 INAT mit Startautomatik wurden 1968 den Typen 230/8 und 250/8 weitervererbt. Der 230 S-Motor leistete 120 PS – soviel wie vormals die Einspritzmaschine des 220 SE, mußte dazu aber 600 Umdrehungen mehr aufbringen. Auf Wunsch wurde statt des starren Ventilators ein Lüfter mit Viskosekupplung eingebaut, der erst bei höherer Kühlwassertemperatur mit voller Kurbelwellendrehzahl umlief und weniger leistungsmindernd war. Neu war ebenfalls die 490-

Watt-Drehstrom-Lichtmaschine, die auch bei Leerlaufdrehzahl lud. Dadurch konnte die Batteriekapazität von 52 bzw. 60 auf 44 Ampèrestunden gesenkt werden.
Das Getriebe war ebenfalls überarbeitet worden und war mit dem bisher in den 230 SL eingebauten identisch. Es verfügte über einen »langen« dritten Gang, der bis 125 km/h reichte und höhere Leistungsreserven beim Überholen freistellte.
Vom Preis her war der 230 S auf den ersten Blick nicht uninteressant: Er kostete mit 13 750 Mark genau so viel wie der 220 S als sein direkter Vorgänger, wobei er die schlichtere Innenausstattung mit einem Plus an Leistung wettmachte. Im April 1966 wurde der Preis auf 14 000 Mark erhöht. Das automatische Getriebe erforderte einen Aufpreis von 1400 Mark, die Servolenkung kostete 500 Mark mehr. Die Zubehörliste umfaßte außerdem eine elektrisch beheizbare Heckscheibe, orthopädisch geformte Rückenlehnen und Kopfstützen an den Vordersitzen, eine von Behr gebaute Klimaanlage sowie ein Stahlschiebedach. In der zweiten Hälfte des Jahres 1967 wurde das Käuferinteresse am 230 S, der sich mittlerweile – von der konstruktiven Basis her gesehen – im achten Produktionsjahr befand, spürbar geringer. Trotz eines Preisunterschiedes von 1800 Mark stellte der noch geräumigere und leistungsfähigere, vor allem aber zeitgemäßere 250 S eine echte Alternative dar. Ende Januar 1968 wurde daher die Produktion des 230 S eingestellt, nachdem in jenem Monat noch ganze achtzig Wagen die Werkhallen in Sindelfingen verlassen hatten. Ein Verbleib dieses Typs im Personenwagen-Lieferprogramm wäre auch aus einem anderen Grund nicht sinnvoll gewesen: Ab Januar 1968 wurde der 280 S/SE ausgeliefert, und der 250 S spielte jetzt die Rolle des Auslaufmodells zu einem Preis, der nur 650 Mark über dem des 230 S lag.

Modell	230 S (W 111 I A)
Produktionszeit	Juli 1965 – Januar 1968
Motor	Reihen-Sechszylinder M 180
Bohrung/Hub/ccm	82 × 72,8, 2306 ccm
Verdichtung	9,0:1
Leistung	120 PS bei 5400 U/min
Ventilsteuerung	ohc, 1 obenliegende Nockenwelle
Schmierung	Druckumlauf
Kühlung	Wasser (Pumpe, Thermostat)
Vergaser	2 Fallstrom-Register Zenith 35/40 INAT
Elektrik	12 Volt 44 Ah
Kupplung	Einscheiben-Trockenkupplung
Getriebe	4-Gang, Lenkrad- oder Stockschaltg., a. W. Automatik
Lenkung	Kugelumlauf a. W. Servo
Fußbremse	hydr., vorn Scheiben, hinten Trommeln, Servo
Feststellbremse	mechan., Hinterräder
Aufbau	Limousine viertürig
Radstand; Spur v/h	2750, 1480/1485 mm
Gesamtabmessungen	4875 × 1795 × 1500 mm
Bereifung	7.25 S – 13
Tankinhalt	65 Liter
Leergewicht	1350 kg
Höchstgeschwindigkeit	175 km/h
Stückzahl	41 107
Preise	DM 13 750, ab April '66 DM 14 000

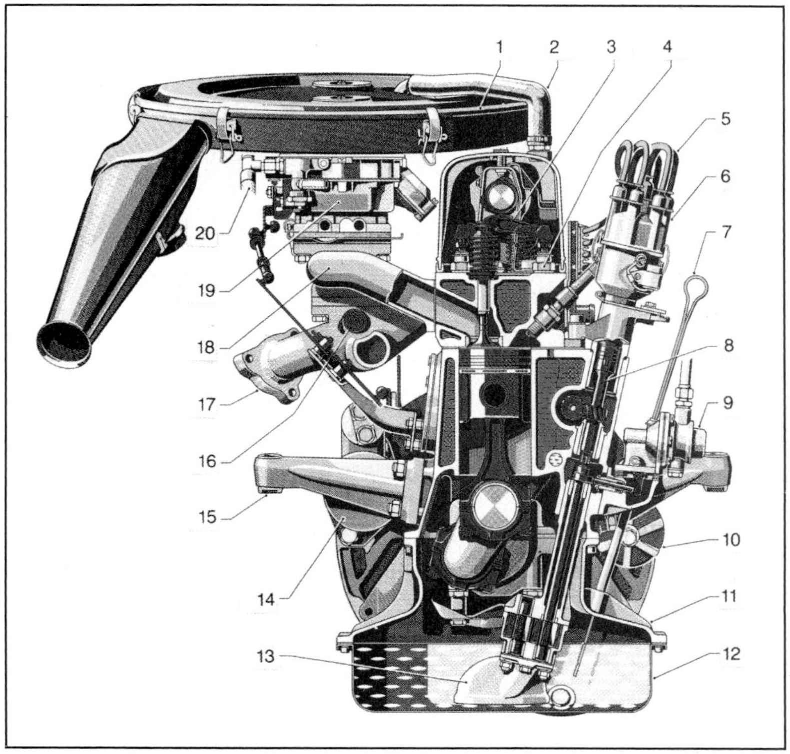

Motor des 230 (M 180) im Schnitt: 1 Ansaugdämpfer, 2 Entlüftungsrohr, 3 Schwinghebel, 4 Schwinghebellagerung, 5 Zündkabel, 6 Verteiler, 7 Ölmeßstab, 8 Verteiler/Ölpumpen-Antrieb, 9 Kraftstoffpumpe, 10 Ölfilter, 11 Oberteil der Ölwanne, 12 Unterteil der Ölwanne, 13 Saugkorb, 14 Anlasser, 15 Motorträger, 16 Heizklappe, 17 Auspuffkrümmer, 18 Saugrohr, 19 Vergaser, 20 Kraftstoffleitung.

Aus dem Foto-Archiv des Mercedes-Benz-Liebhabers

Jeder Automobil-Enthusiast bringt seiner favorisierten Marke besondere Sympathien entgegen. Für den Mercedes-Benz-Liebhaber sind die Autos mit dem Stern etwas ganz Besonderes; der Stern ist für mehr als ein Symbol für Tradition oder technische Perfektion. Er verkörpert eine Philosophie . . . Und gerade bei den Besitzern älterer Mercedes-Modelle ist das Markenbewußtsein besonders stark ausgeprägt. Bei oft sehr hohen Kilometerleistungen werden fünfzehn oder fünfundzwanzig Jahre alte Veteranen gehegt und gepflegt, innen wie außen. Die Restaurierung eines solchen Wagens macht viel Mühe und zieht sich oft über einen längeren Zeitraum hin.

Mercedes-Benz 220 SEb Cabriolet im Schwarzwald. Ein klassischer Grand Routier der sechziger Jahre.

1964 110 1964
S-PD 703

Gegenüberliegende Seite: Eugen Böhringer am Steuer eines Mercedes-Benz 300 SE bei der Rallye Monte-Carlo 1964 am Start in Frankfurt am Main.
Links: 220 SEb Limousine 1959. Daß Radkappen und Wagenfarbe nicht übereinstimmten, gab es nur selten . . .

BT CP 227

Links: Mercedes-Benz 220 Sb Limousine 1963. Den Wagen besitzt der Sammler Peter Schaeche aus Eckersdorf. Rechts ein 230 SL in amerikanischer Exportausführung mit Sealed-Beam-Scheinwerfern (Automobile Quarterly-Photo).

Rallye Akropolis 1962. Eugen Böhringer, der spätere Gesamtsieger, am Steuer eines 220 SE.

Großer Straßenpreis von Argentinien 1963. Der Wagen der Damenmannschaft Rosqvist/ Wirth auf einer Gebirgsetappe.

BT-U 710

Links: Mercedes-Benz 300 SE, Baujahr 1964. Der in allen Details originalgetreue Wagen gehört Horst Lindinger, Bayreuth. Unten: 230 SL Coupé im Besitz eines Wiener Sammlers. Der Wagen stammt aus dem Jahre 1964.

Band 21 216
Band 20 216
Band 19 216

Links: Bandauslauf in Sindelfingen, 1966. Zu sehen sind Fahrzeuge der Typen 230 S, 200 und 250 SE.

Unten: Werbeaufnahme von Mercedes-Benz 220 SEb Limousine aus dem Jahre 1959.

Links: 250 SL Coupé 1965. Rechts: Offener 230 SL von 1964 im Besitz von Josef Reinhard, Sachseln/Schweiz.

Modell	Fabr.-Bez.	Vorserie	Produktion Hauptserie	Stückzahl	1953	1954	1955	1956	19
180	120 I		Juli 1953 – Juni 1957	52 186	4 362	20 306	17 704	8 464	1
180 a	120 II		Juni 1957 – Juli 1959	27 353					4
180 b	120 III		Juli 1959 – August 1961	29 415					
180 c	120 IV		Juni 1961 – Oktober 1962	9 280					
180 D	120 I	Oktober 1953	Februar 1954 – Juli 1959	116 485	11	15 532	20 345	21 013	22
180 Db	120 II		Juli 1959 – August 1961	24 676					
180 Dc	120 III	April 1961	Juni 1961 – Oktober 1962	11 822					
190 SL	121 II	Januar 1955	Mai 1955 – Februar 1963	25 881			1 727	4 032	3
190	121 I		März 1956 – August 1959	61 345				16 001	22
190 b	121 III		Juni 1959 – August 1961	28 463					
190 D	121 I		August 1958 – Juli 1959	20 629					
190 Db	121 II		Juni 1959 – September 1961	61 309					
190 Dc	110	April 1961	Juni 1961 – August 1965	225 645					
190 c	110		April 1961 – August 1965	130 554					
220 a	180 I	März 1954	Juni 1954 – April 1956	25 937		4 178	19 348	2 411	
219	105	März 1956	Mai 1956 – Juli 1959	27 845				5 474	8
220 S	180 II	März 1956	– August 1959	55 279				10 525	15
220 SE	128	April 1958	Oktober 1958 – August 1959	1 974					
220 b	111/1	Mai 1959	August 1959 – August 1965	69 691					
220 Sb	111/2	Mai 1959	August 1959 – Juli 1965	161 119					
220 SEb	111/3		August 1959 – August 1965	66 086					
200	110		Juli 1965 – Februar 1968	70 207					
200 D	110		Juli 1965 – Februar 1968	161 618					
230	110		Juli 1965 – Februar 1968	40 258					
230 S	111 IA		Juli 1965 – Januar 1968	41 107					
250 S	108 II	Juli 1965	September 1965 – März 1969	74 677					
250 SE	108 III	August 1965	September 1965 – Januar 1968	55 181					
230 SL	113	März 1963	Juli 1963 – Januar 1967	19 861					
250 SL	113 A	November 1966	Dezember 1966 – Januar 1968	5 196					
250 SE C.	111 III	August 1965	September 1965 – Dezember 1967	6 213					
220 SE b C.	111 III	September 1960	Februar 1961 – Oktober 1965	16 902					
280 S	108 V 28	November 1967	Januar 1968 – September 1972	93 666					
280 SE	108 E 28	November 1967	Januar 1968 – September 1972	91 051					
280 SEL	108 E 28		Januar 1968 – April 1971	8 250					
280 SE C.	111 E 28		November 1967 – Mai 1971	5 187					
280 SL	113 E 28		Januar 1968 – März 1971	23 885					
300 SE (L)	112/3		April 1961 – Juli 1965	6 748					
300 SE C.	112/3		Februar 1962 – Dezember 1967	6 213					
300 SE	108 IV		August 1965 – Dezember 1967	2 737					
300 SEL	109 III	September 1965	März 1966 – Dezember 1967	2 369					
300 SEL	109 E 28	Dezember 1967	Februar 1968 – Januar 1970	2 519					

Typentabelle Produktionszahlen 1953–1972

8	1959	1960	1961	1962	1963	1964	1965	1966	1967	1968	1969	1970	1971	1972
67	6 730													
	7 314	14 384	7 717											
			4 980	4 300										
3	9 981													
	8 076	11 151	5 449											
			4 822	7 000										
22	3 949	3 977	3 792	2 246	104									
91	6 975													
	6 613	12 986	8 864											
69	15 160													
	13 709	29 116	18 484											
			12 882	45 414	60 784	64 422	42 143							
			9 249	31 275	35 457	33 776	20 797							
96	4 570													
81	9 114													
01	1 773													
	3 375	13 127	14 842	11 618	10 492	11 327	4 910							
	7 267	26 642	32 238	26 077	26 236	28 732	13 927							
	1 579	9 247	10 761	10 786	12 848	14 336	6 529							
							16 864	26 842	26 169	332				
							30 937	61 707	68 399	575				
							8 548	14 951	16 441	318				
							12 621	17 230	11 176	80				
							2 844	31 564	37 866	389				
							1 334	26 555	27 242	50				
					1 465	6 911	6 325	4 945	185					
								17	5 177	2				
							1 205	3 601	1 407					
		2	2 537	4 287	3 755	3 528	2 793							
									762	20 110	25 249	24 882	16 234	6 429
									365	18 685	25 081	25 627	14 871	6 422
										1 688	2 610	3 674	278	
									55	1 950	2 501	613	68	
									143	6 930	8 047	7 935	830	
			13	2 769	1 382	1 687	897							
				331	630	706	710	497	253					
							214	1 989	534					
							1	1 404	964					
									37	1 325	1 137	20		

BT H 710

Links: Letzte Ausführung des 280 SE von 1972 mit Leichtmetallfelgen und Exportscheinwerfern. Der Wagen gehört Horst Lindinger, Bayreuth. Rechts: Start zur Rallye Baden-Baden 1962. Einige 220 SE sind im Kurpark angetreten.

Daimlers »große Kleine« aus dem Baukasten – kerngesund und zuverlässig:

Mercedes-Benz 190c, 190 Dc, 200, 200 D, 230

Im August 1961 erreichte in Sindelfingen das Streben, die ökonomisch geprägte Idee der »Einheitskarosserie« möglichst weitgehend in die Praxis umzusetzen, seinen absoluten Höhepunkt. Außer den auslaufenden Typen 180c/Dc und 300d, die – mit welchem Vorzeichen auch immer – nur Außenseiterrollen spielten, besaßen alle Daimler-Benz-Limousinen von der Windschutzscheibe ab die gleiche Grundkarosserie. Fahrgastzelle und Kofferraum waren bei den sechs Vier- und Sechszylinder-Personenwagen-Modellen identisch.
Nachdem beim Debüt der 220b-Reihe die Ponton-Vierzylinder nochmals überarbeitet und optisch halbwegs aktualisiert worden waren, wurde nun zwei Jahre später auch die »kleine« Modellreihe der vom »Peilsteg« charakterisierten Wagenfamilie angepaßt: Der 190 in Vergaser- und Dieselversion war nun zu einem stattlichen Automobil geworden.

Die Karosserie des 190c entsprach bis auf den um 14,5 Zentimeter verkürzten Vorderwagen der des 220b, der Basisversion der Sechszylinderreihe. Innenausstattung, Armaturenbrett, Zierrat und die Heckgestaltung mit den tropfenförmigen Rückleuchten stimmten überein. Einzige Ausnahme: Die Öffnung der Zwangsentlüftung am hinteren Dachholm fehlte. Der Hauptunterschied zu den größeren Typen lag in der stilistischen Ausarbeitung des Kühlergesichts. Runde Scheinwerfer statt der langen, vertikalen Leuchteinheiten der größeren Typen beherrschten die Physiognomie und ließen die breite Front etwas nackt erscheinen. Die Blinker saßen, wie bei den alten Vierzylindern, noch immer vor der Windschutzscheibe an den Vorderkotflügeln, waren aber von allen Seiten gut einzusehen. Die ziemlich großen, ungegliederten Flächen unterhalb der Scheinwerfer konnten auf Wunsch durch angebaute Nebelleuchten aufgelockert werden, die in ihrer

Form den Kombileuchten des Nachfolgemodells 200 ähnelten und für einige Exportländer – mit zusätzlichen Blinkern kombiniert – im serienmäßigen Lieferumfang enthalten waren. Die Stoßstangen waren im Gegensatz zu denen der Sechszylinder einteilig ausgeführt, die schmalen Zusatzecken fehlten.

Im ganzen wirkte die durch den »Baukasten« bedingte Linienführung des 190c unproportioniert. Das ausladende Heck und die kurze Motorhaube harmonierten in der Seitenansicht nicht unbedingt gut miteinander. Letztlich ist aber jegliches Styling subjektiven Empfindungen unterworfen. Als sehr viel konkreter war da der häufige Vorwurf zu werten, der sich auf die Ausmaße des 190c bezog. Sehen wir uns das Wachstum dieses Typs näher an: Der neue »Kleine« war gegenüber seinem Vorgänger, dem Ponton-190b, um 6,5 Zentimeter niedriger, um 5,5 Zentimeter breiter und um stolze 23 Zentimeter länger geraten. Und gerade die Länge war es, die Kritik hervorrief. Die einsetzende Parkraumknappheit der sechziger Jahre gebot zwar eine Reduzierung auf vernünftige Abmessungen – der 190c war jedoch mit 473 Zentimetern Außenlänge ein großes Auto, beileibe aber kein Straßenkreuzer. Er stach gegen seinen Vorgänger in dieser Dimension nur deshalb so erheblich ab, weil der 190b ein ungewöhnlich kompaktes, gedrungen gebautes Auto war. Von einer Gigantomanie bei der Entwicklung des 190c konnte keine Rede sein: Die Einheitskarosserie, die letztlich auch den Kaufpreis günstig beeinflußte, bedingte zwangsläufig auch einheitliche Dimensionen.

Das Fahrwerk des 190c entsprach im wesentlichen dem der Sechszylindertypen, wies also den neu konzipierten Fahrschemel und die Eingelenk-Pendelachse mit tiefliegendem Drehpunkt und horizontal angeordneter Ausgleichs-Schraubenfeder auf. Die hintere Spurweite war ebenfalls identisch, während die Spur der Vorderräder um unmerkliche zwei Millimeter schmaler war, im August 1963 aber wieder um 1,4 Zentimeter wuchs. Im Vergleich zum 190b war das Fahrwerk um vier bzw. einen Zentimeter verbreitert worden. Die Trommelbremsen waren zunächst unverändert vom Vorgängermodell übernommen worden und entsprachen auch denen der Sechszylinder. Ein Bremskraftverstärker wurde gegen 300 Mark Mehrpreis geliefert.

Ab August 1963 wurden die Bremsen des 190c analog zu denen der 220-Modelle modernisiert. Vorne erhielten auch die Vierzylinder die Girling-Scheibenbremsen, hinten wurden die Trommeln beibehalten. Die Servohilfe befand sich jetzt im serienmäßigen Lieferumfang und die gesamte Bremsanlage wurde als Zweikreis-System ausgebildet. Die Reifen des 190c mit der Dimension 7.00–13 waren voluminöser als die Pneus seines Vorgängers und damit dem um 40 Kilogramm erhöhten Fahrzeuggewicht und der um 60 Kilogramm größeren Zuladung angepaßt.

Gegenüberliegende Seite: Mercedes-Benz 200 Limousine. In seiner Grundform ist der Wagen mit dem 190c identisch. Oben: Interieur des 200. Das senkrechte Tacho war nicht überall gleichermaßen beliebt.

Ab August 1963 konnte der 190c – wie auch die 220er – wahlweise mit einer Zusatz-Luftfeder ausgerüstet werden, die bei voll beladenem Wagen das Heck auf konstantem Niveau hielt. Dieser Load-Lift war eine recht umständlich zu bedienende Vorrichtung: Der Luftdruck des hinter der Ausgleichsfeder angeordneten und deren tragende Wirkung verstärkenden Federbalgs mußte an einer Tankstelle je nach Belastung zwischen einem und acht bar reguliert werden, da eine automatische, lastabhängige Anpassung nicht vorgesehen war.
Die Lenkung entsprach im Übersetzungsverhältnis und in den wesentlichen Bauteilen der des 220b. Auf Wunsch wurde sie ab April 1964 mit der progressiv wirkenden Servohilfe versehen, die eine direktere Auslegung zuließ (3,2 statt 3,75 Lenkradumdrehungen) und die vom Fahrer aufzuwendende Handkraft auf ein bis zwei Kilogramm reduzierte.
Die Fahreigenschaften des 190c errangen das einhellige Lob der

Modell	190 c (W 110)	200 (W 110)	190 Dc (W 110)	200 D (W 110)
Produktionszeit	April 1961 – Aug. 1965	Juli 1965 – Febr. 1968	Juni 1961 – Aug. 1965	Juli 1965 – Febr. 1968
Motor	Reihen-Vierzyl. (Verg.) M 121;		Reihen-Vierzyl. (Diesel) OM 621;	
Bohrung/Hub/ccm	85 × 83,6, 1897 ccm	87 × 83,6, 1988 ccm	87 × 83,6, 1988 ccm	87 × 83,6, 1988 ccm
Verdichtung	8,7:1	9,0:1	21,0:1	21,0:1
Leistung	80 PS b. 5000 U/min	95 PS b. 5200 U/min	55 PS b. 4200 U/min	55 PS b. 4200 U/min
Ventilsteuerung	ohc, 1 obenliegende Nockenwelle		ohc, 1 obenliegende Nockenwelle	
Schmierung	Druckumlauf	Druckumlauf	Druckumlauf	Druckumlauf
Kühlung	Wasser (Pumpe, Thermostat)	Wasser (Pumpe, Thermostat)	Wasser (Pumpe, Thermostat)	Wasser (Pumpe, Thermostat)
Vergaser	1 Solex 34 PJCB	2 Solex 38 PCSJ-2	–	–
Elektrik	12 Volt 52 Ah	12 Volt 44 Ah	12 Volt 66 Ah	12 Volt 66 Ah
Kupplung	Einscheiben-Trockenkupplung	Einscheiben-Trockenkupplung	Einscheiben-Trockenkupplung	Einscheiben-Trockenkupplung
Getriebe	4-Gang, Lenkradschaltung, ab 7/65 a. W. Stockschaltung; ab 8/62 a. W. Automatik			
Lenkung	Kugelumlauf, ab April '64 a. W. Servo			
Fußbremse	hydraulisch, 4 Trommeln, a. W. Servo; ab August 1963: vorne Scheiben, hinten Trommeln, Servo			
Feststellbremse	mechanisch, Hinterräder	mechanisch, Hinterräder	mechanisch, Hinterräder	mechanisch, Hinterräder
Aufbau	Limousine viertürig	Limousine viertürig	Limousine viertürig	Limousine viertürig
Radstand; Spur v/h	2700 1468/1485 mm, ab August'63: 1482/1485 mm		2700 (Version »lang« 3100); 1482/1485 mm	
Gesamtabmessungen	4730 × 1795 × 1495 mm		4730 (Version »lang« 5130) × 1795 × 1495 mm	
Bereifung	7.00 – 13	7.00 S – 13	7.00 – 13	7.00 – 13
Tankinhalt	52 Liter	65 Liter	52 Liter	65 Liter
Leergewicht	1187 kg	1275 kg	1285 kg	1315 kg
Höchstgeschwindigkeit	150 km/h	160 km/h	130 km/h	130 km/h
Stückzahl	130 554	70 207	225 645	161 618
Preise	DM 9 950 ab April '66 DM 10 600	DM 10 800 ab April '66 DM 11 000	DM 10 450 ab April '62 DM 11 100	DM 11 300 ab April '66 DM 11 500

Fachleute. Wegen der durch die leichtere Vierzylinder-Maschine bedingten günstigeren Gewichtsverteilung und den um fünf Zentimeter kürzeren Radstand war der neue »Kleine« den größeren Familienmitgliedern in bezug auf die Straßenlage sogar etwas überlegen. Das Fahrverhalten war leicht untersteuernd ausgelegt, konnte aber im ganzen als neutral beschrieben werden. Dazu mußte der vom Werk vorgeschriebene Reifenluftdruck aber zwingend eingehalten werden, da sich die Bereifung in dieser Hinsicht als sehr empfindlich erwies und den Charakter des Wagens unangenehm beeinflussen konnte. Die britische Fachzeitschrift *The Motor* begeisterte sich in einem Fahrbericht darüber, daß mit dem 190c »Kurvenfahren fast wie mit einem Sportwagen« möglich sei.

Der Vierzylindermotor mußte einige Änderungen über sich ergehen lassen. So erhielt er eine neue Nockenwelle, die Schwinghebel wurden auf Kugelzapfen gelagert. Die Verdichtung hatte man geringfügig von 8,5:1 auf 8,7:1 erhöht. Da aber statt des Registervergasers ein einfacher Fallstromvergaser vom Typ Solex 34 PJCB – die der 220b-Motor in doppelter Ausfertigung besaß – verwendet wurde, blieb die Höchstleistung von 80 PS erhalten, wurde aber erst bei einer um 200 Umdrehungen höheren Nenndrehzahl erreicht. Das maximale Drehmoment stieg von 13,9 auf 14,5 mkg, wurde aber um 300 Umdrehungen »später« erreicht als beim 190b. Der Kühlerinhalt, der zuvor unter manchen Umständen des Fahrbetriebs etwas zu knapp bemessen erschien, wurde um 0,8 Liter auf 10,1 Liter erhöht. Die vom 190b vererbte, ein wenig leistungsschwache Lichtmaschine wurde ab August 1963 durch einen 240-Watt-Dynamo ersetzt.

Die Stärke des überarbeiteten Motors war seine außerordentliche Laufruhe, die ihn in dieser Disziplin in die Nähe der Sechszylinder rückte. Die Vierzylinder-Laufcharakteristik wurde nur in höheren Drehzahl-Regionen deutlich wahrnehmbar. Nicht zuletzt dadurch

V 110)
965 – Febr. 1968
n-Sechszyl. (Verg.) M 180
72,8, 2306 ccm
S b. 5200 U/min, ab Aug. '66: 120 b. 5400
obenliegende Nockenwelle
umlauf
er (Pumpe, Thermostat)
ex 38 PCSJ-2, ab 8/66: 2 Zenith 35/40 INAT
lt 44 Ah
heiben-Trockenkupplung
anisch, Hinterräder
usine viertürig
S – 13
ter
kg
km/h, ab 8/66: 175 km/h
8
DM 11 700 pril '66 DM 11 950

Der Mercedes-Benz 230 war äußerlich ein Vierzylinder, hatte unter der Motorhaube aber ein Sechszylinder-Aggregat. Der annähernd drei Jahre lang gebaute Wagen erwies sich als ein recht leistungsfähiges Automobil. Eines seiner Attribute war Understatement – seine 170 km/h sah man ihm nicht ohne weiteres an . . .

wurde der 190c zu einem echten Konkurrenten aus eigenem Hause, für das Basismodell 220b, zumal er nur 15 PS weniger Leistung erbrachte und sich auch im Leistungsgewicht nicht so stark unterschied, wie es nüchterne Zahlen zunächst vermuten ließen.
Etwas dürftig ausgefallen war der Tankinhalt von 52 Litern. Der speziell für den 190c gebaute Tank faßte immerhin vier Liter weniger als der Treibstoffbehälter des Vorgängermodells und schränkte dadurch bei leicht erhöhtem Verbrauch den Aktionsradius unnötig ein.
Das Getriebe des 190c wurde unverändert vom 190b übernommen. Ab August 1962 konnte der Wagen mit der Daimler-Benz-Getriebeautomatik (hydraulische Kupplung und Viergang-Planetengetriebe), wie sie auch für die Baureihe 220 lieferbar war, bestellt werden. Auch mit der Vierzylinder-Maschine harmonierte das Automatikgetriebe gut. Übrigens trug der 190c keinen Hinweis auf ein eingebautes automatisches Getriebe am Kofferdeckel.

Bei den Fahrleistungen zeigte sich, daß die zerklüftet wirkende Flossenkarosserie der neuen Generation dem Pontonaufbau von der Aerodynamik her offenbar überlegen war. Trotz des höheren Betriebsgewichts war der 190c bei gleichgebliebener Nennleistung und nur unwesentlich veränderter Antriebsübersetzung (4,10:1 gegenüber 4,08:1) deutlich schneller: Das Werk gab eine Spitzengeschwindigkeit von 150 km/h und eine Beschleunigungszeit von 18 Sekunden für 0–100 km/h an. Ein Test der Zeitschrift *Motor Tourist*, München, ergab eine Höchstgeschwindigkeit von 149 km/h bei einem mit Getriebeautomatik ausgerüsteten 190c. Die *Automobil Revue*, Bern, ermittelte für einen handgeschalteten Wagen 146,5 km/h Maximum und 18,6 Sekunden für die Beschleunigung aus dem Stand auf 100 km/h. Als Verbrauch wurden je nach Fahrbedingungen 11 bis 14 Liter Super auf 100 Kilometer gemessen. *Motor Tourist* hatte einen Durchschnittswert von knapp 13 Liter ermittelt. Als sparsamer Wagen konnte der 190c damit kaum gelten. Auch in dieser Hinsicht hatte er sich von der Mittelklasse entfernt.

Im Motorsport wurde der 190c offiziell nicht eingesetzt, doch belegten die Engländer Sprinzel und Wilson mit der Vierzylinder-Limousine bei der East African Safari 1965 einen beachtlichen vierten Platz im Gesamtklassement – noch vor dem einzigen überlebenden 300 SE aus dem Werks-Viererteam.

Der »kleine« Flossen-Mercedes erwies sich als äußerst zuverlässiges Automobil und setzte damit die uralte Familientradition fort. Der von der Zeitschrift *auto motor und sport* im Jahre 1965 durchgeführte demoskopische »Automobil-Report«, eine Untersuchung von gängigen in- und ausländischen Mittelklassewagen im Alltagsbetrieb, wußte nahezu ausschließlich Positives zu vermelden. Die 98 unter die Lupe genommenen 190c, die zusammen eine Laufleistung von 3,3 Millionen Kilometern repräsentierten, lagen in puncto Schadensanfälligkeit von Motor und Kraftübertragung an letzter Stelle und damit in Siegerposition. Ebenso erwies sich die Elektrik als kerngesund, während die Startwilligkeit des Motors nicht unbedingt als Stärke des Wagens ermittelt wurde. Die geringe Pannenanfälligkeit lag – zusammen mit der des Opel Rekord – am tiefsten erreichbaren Punkt der Skala. Nur vier Prozent der beobachteten Wagen waren unterwegs ein- oder mehrmals mit einem Defekt liegengeblieben. Bei der Karosserie wurden die gut schließenden Türen als hervorstechendstes Qualitätsmerkmal genannt. Die Wagenheizung wurde nur als zufriedenstellend erachtet. Die Gesamterfahrungen der befragten 190c-Eigner waren weit überdurchschnittlich positiv.

Zunächst kostete der 190c 9950 Mark und war damit nur um 500 Mark teuerer als sein vergleichsweise unscheinbarer Vorgänger. Im April 1962 wurde der Preis auf 10 600 Mark angehoben. Damit konkretisierte sich nochmals der Abstand zur eigentlichen Mittelklasse und selbst zu deren oberen Kategorien: Der 1962 im Handel erschienene BMW 1500 war um mehr als 1100 Mark billiger, und selbst der schnelle BMW 1800 (ab Herbst 1963) kostete erst 9985 Mark. Für 9700 Mark lieferte Ford ab Herbst 1964 einen robusten Zweiliter-Sechszylinder, den 20 M. Auch bei Opel war ab März 1964 ein preisgünstiger Sechszylinder im Programm: der Rekord L-6 2,6 Liter für 9370 Mark. Borgward hatte 1961 die Werkstore für immer geschlossen. Trotz gewisser Konkurrenz mit verlockender Preisgestaltung fand der 190c regen Zuspruch – wegen seines Raumangebots, seiner Fahreigenschaften, seiner qualitativ hochwertigen Verarbeitung und Ausstattung sowie wegen der Zuverlässigkeit, die nicht alle Mitbewerber bieten konnten.

Die Zubehör- und Sonderausstattungsliste der Daimler-Benz AG wurde von Modell zu Modell umfangreicher. Der Endpreis eines 190c konnte durch entsprechende Accessoires preislich über den Gegenwert eines 220 S getrieben werden! Von der nur 95 Mark teueren Doppelton-Fanfare konnte man sich über Kindersicherungen an den Fondtüren und eine Ruhesitzeinrichtung für die Vordersitze bis zu einem elfenbeinfarbenen Lenkrad oder einer Sonderlackierung alle Wünsche erfüllen. Sicherheitsgurte wurden auf Wunsch ebenfalls eingebaut, Ankerpunkte hierfür waren serienmäßig vorhanden. Ein sechsteiliger Lederkoffer-Satz war ebenso gegen Aufpreis lieferbar wie Zwischenpolster, die die Lücke am Kardantunnel ausfüllten, vorne einem dritten Fahrgast Platz boten und bei heruntergeklapptem Lehnenteil eine breite Armstütze bildeten.

Bis zur Ablösung durch den Typ 200 im August 1965 wurden 130 554 Exemplare der Vergaserversion des 190c hergestellt – ein wahrlich stolzes Ergebnis, mehr als doppelt so gut wie bei den beiden Vorgängertypen angesichts deren längerer Bauzeit. Die Schweizer *Automobil Revue* hatte recht behalten, als sie den 190c in einem Fahrbericht als »glänzenden Wurf« bezeichnete.

Die Dieselversion des 190c verfügte über einen überarbeiteten Vorkammermotor, der im Prinzip mit dem des 180 Dc identisch war. Durch Aufbohren um zwei Millimeter erhöhte sich der Hubraum von 1,9 auf zwei Liter. Das Verdichtungsverhältnis von 21:1 war beibehalten worden. Dagegen wurde die Einstellung der Bosch-Einspritzpumpe verändert und die gekrümmten Saugrohre wurden – ähnlich den Ottomotoren mit Benzineinspritzung – in der Länge abgestimmt. Diese Maßnahmen und eine neue Nockenwelle ließen die Motorleistung um fünf auf 55 PS bei leicht erhöhter Nenndrehzahl (4200 statt 4000 U/min) steigen. Auch das maximale Drehmoment konnte von 11,0 auf 11,5 mkg angehoben werden. Dabei wurde der Motor auf besseren Durchzug oberhalb von 2000 U/min ausgelegt. Weitere Verfeinerungen dienten der Laufruhe und der Wirtschaftlichkeit; so wurden etwas die Ventilschäfte mit Gummiabdichtungen versehen, um das Motoröl vom Brennraum fernzuhalten.

Der 190 Dc lief bei höheren Drehzahlen so ruhig wie ein Benziner. Das dieselspezifische Nageln war kaum mehr hörbar, allenfalls unter 1500 Umdrehungen wurde man sanft daran erinnert, von einem Dieselmotor vorwärtsbewegt zu werden. Der Geräusch- und Vibrationsdämpfung war große Aufmerksamkeit gewidmet worden.

Der 190 Dc erwies sich als relativ temperamentvoll: Mit einer Spitzengeschwindigkeit von 130 km/h und einer Beschleunigungszeit von 29 Sekunden aus dem Stand auf 100 km/h gehörte er definitiv nicht mehr zu den Langsamen auf den Straßen. An der Agilität des neuen Diesel-Personenwagens war auch die im Verhältnis zur Vergaser-Version kürzer ausgelegte Hinterachs-Übersetzung nicht unbeteiligt. Wenn man den 190 Dc mit Verstand bewegte, kam man mit ihm flotter vorwärts als mit den meisten kleineren Mittelklassewagen. Dabei blieb er

sparsam, obwohl sich sein Durchschnittsverbrauch gegenüber dem Vorgänger um einen halben Liter auf 100 Kilometer (Werkangabe) erhöht hatte.
Ab August 1962 war der 190 Dc ebenfalls mit der Getriebeautomatik erhältlich, die der Leistung des Wagens kaum einen fühlbaren Abbruch tat. Der Verbrauch konnte damit allerdings bis auf 12 Liter/100 Kilometer steigen. Im August 1963 erhielt auch die Dieselausführung eine servounterstützte Bremse. Da der Unterdruck im Saugrohr eines Dieselmotors jedoch nicht ausreicht, um einen Servoeffekt zu erzielen, wurde der Bremskraftverstärker durch eine motorgetriebene Unterdruckpumpe versorgt.
Der amerikanische Fachjournalist William Carroll begab sich 1965 mit einem 190 Dc auf einen »Transeuropa Economy Test«, der den voll beladenen Wagen auf 6505 Kilometer langer Route durch fünf europäische Länder führte. Der Wagen verbrauchte dabei durchschnittlich 6,85 Liter auf 100 Kilometer.
Auch im Jahre 1966 führte die Fachzeitschrift *auto motor und sport* wieder ihren »Automobil-Report« durch. Der 190 Dc wurde in dieser Serie zusammen mit dem Opel Kapitän bzw. Admiral, dem BMW 1800 und dem Mercedes 220 Sb untersucht, wobei die Dieselwagen insgesamt auf die höchste Laufleistung kamen. Der 190 Dc schnitt in dieser Qualitäts- und Zuverlässigkeits-Enquete an zweiter Stelle hinter dem Stallgefährten 220 Sb ausgezeichnet ab, erwies sich aber nicht als robuster als der zuvor untersuchte Vergaser-190c. Der Durchschnittsverbrauch aller beobachteten 190 Dc belief sich auf 9,1 Liter auf 100 Kilometer.
Der 190 Dc kostete zunächst 10 450 Mark, im April 1962 wurde der Preis auf 11 100 Mark erhöht. Die Zubehörliste war die gleiche wie beim Vergasermodell.

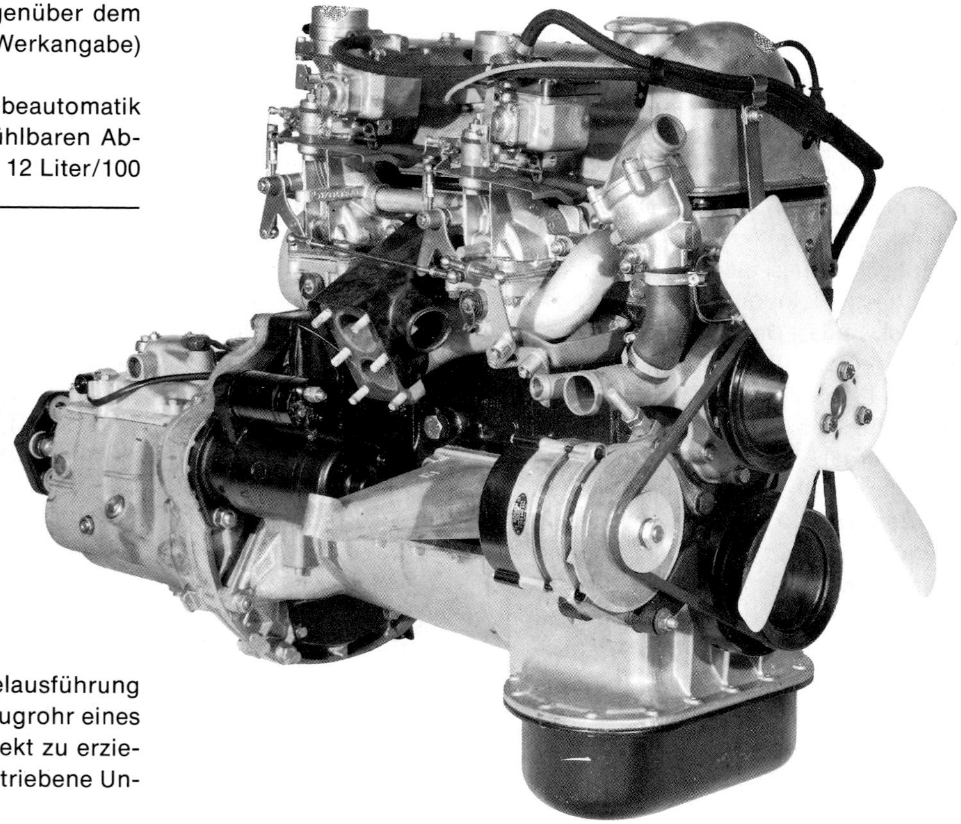

Zweivergasermotor des Mercedes-Benz 200 von 1965. Die beiden Vergaser waren notwendig, um der konstruktiv inzwischen veralteten Vierzylindermaschine leistungsmäßig auf die Sprünge zu helfen. Wirtschaftlich gesehen, kein lange vertretbares Konzept. Dennoch gab es den 200 (W 110, Motor M 121) vom Juli 1965 bis zum Februar 1968; parallel dazu bot man eine Dieselversion an, als Sparmodell jedoch mit spürbar weniger Leistung: Der 200 D hatte 40 PS weniger als das Vergasermodell.

In der Zulassungs- und Produktionsstatistik lag der 190 Dc weit vor seinem mit Ottomotor ausgestatteten Bruder. In der Regel wurden Jahr für Jahr doppelt so viele Diesel wie Benziner verkauft. Am 8. April 1965 lief ein ganz normaler 190 Dc vom Band, der aber die stolze Zahl von genau einer halben Million bislang hergestellter Daimler-Benz-Diesel-Personenwagen verkörperte. Dieses Jubiläum zeigte, daß die Mercedes-Diesel-Pkw mit ihrer hohen Lebensdauer, ihrer ausgeprägten Wirtschaftlichkeit und ihrem weit überdurchschnittlichen Komfort an immer breiter werdende Käuferschichten appellierte. Fast zwei Drittel der in der Bundesrepublik registrierten Taxis und Mietwagen waren Mercedes-Diesel, und der 190 Dc war daran dank seines großzügigen Raumangebots stark beteiligt.
Als der 190 Dc im August 1965 200 D das Feld räumte, waren 225 645 Heckflossen-Diesel der ersten Serie hergestellt worden – die höchste bisher produzierte Zahl eines einzelnen Daimler-Benz-Personenwagenmodells.

Im August 1965 wurde dann auch das Vergaser-Triebwerk des »kleinen« Mercedes einer Modernisierung unterzogen. Analog zum seit vier Jahren gefertigten Zweiliter-Dieselmotor des 180 Dc bzw. 190 Dc wurde der Hubraum durch ein Aufbohren um zwei Millimeter auf 1988 ccm vergrößert. Daraus ergab sich die geänderte Typenbezeichnung »200«, die den Dieseln versagt geblieben war.

Die Kurbelwelle des überarbeiteten Motors lief nun in fünf Lagern, neigte also weniger zu Vibrationen. Die Laufruhe der Maschine war erheblich verbessert worden. Bei niedrigen Drehzahlen wie unter Volllast bestand in puncto Akustik kaum mehr ein Unterschied zum Sechszylinder. Daran war auch die bessere Geräuschdämmung zwischen Motor- und Fahrgastraum nicht unbeteiligt.

Die Verdichtung war abermals angehoben worden und besaß jetzt ein Verhältnis von 9,0:1. Der Gemischaufbereitung dienten zwei Fallstromvergaser Solex 38 PCSJ-2, die für gleichmäßigere Füllung der Zylinder sorgten und durch eine elektrische Benzinpumpe versorgt wurden. Der Tank war nun der gleiche wie bei den Sechszylindern, faßte 65 Liter Kraftstoff und vergrößerte die Reichweite des Wagens beträchtlich.

Durch die vorgenommenen Modifikationen stieg die Motorleistung bei um 200 U/min erhöhter Nenndrehzahl sprunghaft auf 95 PS. Der 200 war ein temperamentvolles Auto! Auch das maximale Drehmoment war merklich geklettert und betrug jetzt 15,7 mkg, die aber erst bei 3600 U/min zur Verfügung standen – der Zweilitermotor verlangte, »gedreht« zu werden. Ein Muster an Elastizität war er nun nicht mehr.

Neu war die 490-Watt-Drehstromlichtmaschine, die bereits bei 700 U/min Leistung abgab. Auf Wunsch wurde statt des starren Lüfters ein Kühlluftventilator mit Viskose-Kupplung eingebaut. Die Übersetzungsverhältnisse des Vierganggetriebes wurden geringfügig geändert. Das automatische Getriebe, das bereits im 190c lieferbar war, wurde unverändert beibehalten. Es beeinflußte das Beschleunigungsvermögen im unteren und mittleren Bereich überhaupt nicht und ließ den Wagen erst in der oberen Drehzahlregion wegen der fehlenden Wandlerwirkung etwas träger erscheinen. Der Kunde konnte zwischen einem Schalt- bzw. Wählhebel an der Lenksäule oder in der Wagenmitte entscheiden.

Die Lenkung des 200 war etwas indirekter übersetzt worden. Von Anschlag zu Anschlag waren nun 4,1 statt 3,75 Lenkradumdrehungen nötig. Wegen der gestiegenen Endgeschwindigkeit mußte der Wagen mit Sportreifen unveränderter Dimension ausgerüstet werden. Federn und Stoßdämpfer des 200 waren neu abgestimmt worden.

Neu im Lieferprogramm war auch die hydropneumatische Ausgleichsfeder, die das Karosserieniveau ungeachtet der Besetzung oder Zuladung konstant hielt. Diese »hydroMAT« genannte Vorrichtung war von Daimler-Benz und dem Stoßdämpfer-Hersteller Boge gemeinsam entwickelt worden und gegen Aufpreis erhältlich, während sie in den 230 S serienmäßig eingebaut wurde. Der Niveauausgleich ersetzte sowohl die horizontale Ausgleichsfeder als auch die beim 190c noch wahlweise angebotene Luft-Zusatzfeder und konnte auch nachträglich montiert werden.

Die Karosserie des Vierzylindermodells blieb weitgehend unangetastet und mußte lediglich einige Detail-Retuschen über sich ergehen lassen. Am augenfälligsten waren die großen kombinierten Nebel-, Blink- und Parkleuchten, die unter den Scheinwerfern saßen und die »Warzen« auf den Kotflügeln ersetzten. Die rückwärtigen Leuchteinheiten waren jetzt kantig geformt und paßten sich der geradlinigen Gestaltung des Hecks harmonischer an. Der hintere Dachholm wies jetzt eine chromverzierte Öffnung für die Dauerentlüftung des Innenraums auf, wie sie auch die Sechszylinder besaßen. Eine zusätzliche Zierleiste am Kofferdeckel vervollständigte das »neue« äußere Erscheinungsbild.

Das Interieur bot sich immer noch sehr schlicht, fast nüchtern dar. Die Rücksitzpolster waren etwas tiefer gelegt worden, die Lehnen der Vordersitze leicht schalenförmig ausgebildet. Der »Thermometer-Tacho« war indessen erhalten geblieben. Die Scheinwerfer wurden allerdings nicht mehr mit dem linken Fuß, sondern mit einem kombinierten Lichthupen- und Abblendschalter an der Lenksäule auf- und abgeblendet.

Die Fahrleistungen des 200 waren beachtlich und charakterisierten einen trotz seiner Größe und seines Gewichtes quicklebendigen Wagen. Die Zeitschrift *auto motor und sport* testete 1965 den 200 mit Schaltgetriebe und mit Automatik. Die Höchstgeschwindigkeit wurde für die Normalausführung mit 161,5 km/h ermittelt, während die Automatik-Version 156 km/h erreichte. In der Beschleunigung lagen beide Varianten weniger weit auseinander: Der handgeschaltete 200 benötigte 15 Sekunden, der mit der Getriebe-Automatik ausgerüstete Wagen 15,5 Sekunden von Null auf 100 km/h. Beim Benzinverbrauch gab der 200 eine weniger gute Figur ab; seinerzeit war der Kraftstoff aber noch erschwinglich. Das mit 1275 Kilogramm recht hohe Wagengewicht, die große Stirnfläche und die beiden Vergaser verlangten ihren Tribut: 15,8 Liter Durchschnittsverbrauch auf 100 Kilometer (beim Automatik-200 gar 16,4 Liter) waren für einen Zweiliterwagen kein Pappenstiel.

Der 200 kostete ein halbes Jahr lang 10 800 Mark, bis sein Preis im April 1966 auf 11 000 Mark angehoben wurde. Trotz des nicht niedrigen – aber durchaus berechtigten – Preises verkaufte sich der 200 ausgezeichnet. Vom Beginn der Vorserie im Juli 1965 bis zur Produktionseinstellung im Februar 1968 wurden 70 207 Einheiten hergestellt.

Mercedes-Benz Limousine Typ 190c aus der Froschperspektive. Bei Meinungsumfragen wußten Mercedes-Eigner fast nur Positives über diesen Wagen auszusagen.

Selbstverständlich stellte man auch dem 200 eine Diesel-Version zur Seite, die haargenau so ausgestattet war wie die Ausführung mit Vergasermotor.

Der vom 190 Dc übernommene Zweiliter-Dieselmotor besaß jetzt wie der gleichgroße Ottomotor eine fünffach gelagerte Kurbelwelle, die das Werkeln des Selbstzünders für die Insassen noch weniger störend gestaltete. Ebenso profitierte auch der 200 D vom vergrößerten Tankinhalt der neuen Serie. An den Leistungsdaten änderte sich nichts. Der 200 D kostete zunächst 11 300 Mark, ab April 1966 11 500 Mark.

Ab Frühjahr 1967 wurde der 200 D auf Sonderwunsch als Version »lang« geliefert. Statt des Normalradstandes von 2700 Millimetern verfügte er über eine deutlich verlängerte Bodengruppe mit 3100 Millimeter Radstand. Der 200 D lang wurde zum einen als Fahrgestell ohne Aufbau an Spezialfirmen geliefert, die Krankenwagen karossierten, z. B. Binz und Miesen. Andererseits wurde der verlängerte 200 D auch im Werk in allerdings winzigen Stückzahlen als Großraumlimousine, z. B. als Taxi oder Mietwagen, gefertigt. Dieses Monstrum, das immerhin eine Gesamtlänge von 5,13 Metern aufwies, bot bei Ausrüstung mit mittleren Klappsitzen sieben bis acht Personen Platz.
Bis Februar 1968 wurden 161 618 Exemplare des 200 D produziert – in Relation zur Produktionsdauer war der 200 D noch erfolgreicher als der 190 Dc und damit der bisher gefragteste Diesel-Personenwagen überhaupt.

Bei der Internationalen Automobil-Ausstellung 1965 präsentierte die Daimler-Benz AG einen »Wolf im Schafspelz«. In der Karosserie der »kleinen« Baureihe, die ja um einiges kürzer und leichter war, arbeitete der Sechszylindermotor des größeren Modells. Dieses Rezept eines frühen *muscle car* praktizierte z. B. Opel mit dem Rekord L-6 (Kapitän-Motor im Rekord A) seit Frühjahr 1964. Die Vorteile einer derartigen Kombination liegen auf der Hand: Ohne hohen konstruktiven oder produktionsintensiven Aufwand können zu günstigem Preis, allerdings bescheiden verpackt, ansprechende Leistungen geboten werden. Diesen Weg ging Daimler-Benz mit dem 230, der nichts anderes war als ein mit dem entschärften 2,3-Liter-Triebwerk des 230 S motorisierter 200. Die Karosserie war bis ins kleinste Detail mit der des Vierzylinders identisch. Lediglich das Typenkennzeichen am Heck, das ja auch entfernt werden konnte, deutete auf die höhere Leistung hin.

Daß die lange Motorhaube des 220 in Ausführung »b« und des 230 S nicht unbedingt notwendig war (aber eine bessere Optik bot), zeigte sich mit der Tatsache, daß der Sechszylindermotor ohne weiteres in die kurze Frontpartie des 200 paßte. Der 2,3-Liter-Motor war durch die Vergaseranlage des Typs 200 gedrosselt worden und leistete bei gleicher Verdichtung (9,0:1) in dieser Version 105 PS bei 5200 U/min. Das maximale Drehmoment lag bei vergleichbarer Drehzahl mit 17,7 mkg wesentlich höher als beim 200. Serienmäßig wurde der 490-Watt-Alternator geliefert, auf Wunsch konnte ein weniger kraftzehrender Lüfter mit Viskose-Kupplung eingebaut werden. Das Getriebe besaß die gleiche Abstufung wie im 200. Auf Wunsch war auch die Getriebeautomatik erhältlich.

Mit diesem Triebwerk war zwar keine Asphaltrakete entstanden, aber der 230 war doch ein ausgesprochen lebendiges Fahrzeug, wie ein Testbericht in *auto motor und sport* 1965 zeigte. Das geprüfte Exemplar erreichte eine Spitzengeschwindigkeit von 167,5 km/h und beschleunigte in 13,9 Sekunden aus dem Stand auf 100 km/h. Ernüchternd wirkte sich dabei jedoch der Verbrauch aus: Mit einem Durchschnittswert von 18,6 Litern auf 100 Kilometer war der 230 ein ausgesprochener Säufer und konsumierte größere Treibstoffmengen als der stärkere und schwerere 230 S.

Im August 1966 wurde deshalb das Baukastenprinzip noch straffer angewendet und der unveränderte Motor des 230 S eingebaut, wobei man sich fragen mußte, ob sich diese Kombination überhaupt lohnte. Mit 125 PS war der »kleine« Wagen jetzt stattlich motorisiert und die beiden Registervergaser der Type Zenith 35/40 INAT versprachen einen geringeren Durst. Die Höchstgeschwindigkeit reichte jetzt an 180 km/h heran, die Beschleunigungszeit von Null auf 100 km/h lag bei 12 Sekunden, und der Verbrauch ließ sich auf durchschnittlich 16 Liter auf 100 Kilometern senken.

Der Fahrkomfort des 230 lag eine Klasse niedriger als beim 230 S. Der um fünf Zentimeter kürzere Radstand, die härteren Stoßdämpfer und die schmäleren Reifen (7.00 S 13 wie beim 200) prägten den Charakter des Wagens. Wer – vom Motor verwöhnt – auch Sechszylinder-Komfort erwartete, konnte eventuell enttäuscht werden. Der Innenraum war so spartanisch einfach wie beim 200 eingerichtet.

Der 2,3-Liter-Motor erwies sich, besonders in der gedrosselten Version, als äußerst langlebig. Limousinen des Typs 230, die sich in Österreich als Gendarmerie-Streifenwagen in sicher nicht leichtem Einsatz befanden, bewährten sich mit hohen Laufleistungen, die bis zu 360 000 Kilometern mit dem ersten Motor reichten.

Der 230 kostete bei seiner Vorstellung 11 700 Mark, ab April 1966 dann 11 950 Mark. Im Februar 1968 mußte der 230 einem völlig neugestalteten Sechszylinder der »Achter-Reihe« weichen. Er hatte es auf 40 258 produzierte Einheiten gebracht. In dieser Ziffer waren einige Wagen des Typs »230 lang« enthalten, bei denen Radstand und Wagenlänge um 40 Zentimeter vergrößert worden waren. Sie fanden, meist mit mittleren Klappsitzen versehen, als Hotelbusse oder Flughafentaxis mit sieben bis acht Sitzplätzen Verwendung. Noch seltener dienten die verlängerten Fahrgestelle als Basis für Krankenwagen-Aufbauten.

Mercedes-Benz-Fahrzeugpalette Ende 1961. Zu sehen sind der neue 300 SE, der 190 SL, 220 Sb, 190c, 180c und 220 SEb. Zur Komplettierung fehlt nur ein 300 SL Roadster . . .

Neuordnung der Daimler-Benz-Modellpalette 1965. Neue Styling-Charakteristika bestimmen die Linie:

Mercedes-Benz 250 S/SE, 300 SE/SEL, 280 S, 280 SE/SEL

Nicht etwa eine reduzierte Nachfrage nach den großen »Flossen«-Modellen war es, die im Sommer 1965 zur Neuordnung der Daimler-Benz-Typenpalette führte. Die stilistisch bereits leicht angestaubten, aber noch immer beliebten Sechszylinder wurden – auf den Typ 230 S konzentriert – im Personenwagen-Programm belassen und durch die neuen Modelle 250 S und 250 SE nach oben ergänzt. Diese Änderung der Untertürkheimer Typenpolitik setzte eine neue Leitlinie: Nicht mehr die »Einheitskarosserie«, die zwar Entwicklung und Produktion kostengünstiger verlaufen ließ, aber die einzelnen Modelle zu wenig akzentuierte, war Basis jeglicher Planung; vielmehr sah man nun in einer Zweizügigkeit des Personenwagenangebots eine weitaus bessere Chance, den individuellen Charakteren der Käufer differenzierter gerecht zu werden. Professor Dr. Ing. E. h. Nallinger, Chefkonstrukteur und Vorstandsmitglied, führte bei der Pressevorstellung der neuen Personenwagen im Motodrom von Hockenheim im August 1965 aus, daß von nun an jeweils zwei Modellgruppen mit je einer eigenen Grundkarosserie zu unterscheiden seien: Mittelklasse-Wagen mit Vier- und Sechszylindermotoren und die Fahrzeuge der oberen Mittelklasse, diese nur mit Sechszylindermotoren.

Die Wünsche anspruchsvollerer Kunden waren mit der weitgehend uniformen Konzeption der »Einheitskarosserie« vielfach nicht mehr zu erfüllen – denn wer bereit war, den doppelten Preis für einen Wagen zu bezahlen, begnügte sich nicht mit bloßer Mehrleistung oder reichhaltigerer Ausstattung, er wollte als Gegenwert für sein Geld ein deutlich unterscheidbares Automobil bekommen. Aus dieser neugewonnenen Anschauung der Daimler-Benz AG heraus wurden »Automobile für besondere Ansprüche« geschaffen, die eine »Klasse für sich« darstellten – die Baureihe 250 S – 250 SE – 300 SE – 300 SEL.

Gegenüberliegende Seite: Wagen der zweiten Generation vom Typ 300 SE.

Oben: Volant des neuen 300 SEL mit Klimaanlage, Baujahr 1965. Darunter Blick auf die Einspritzpumpe des 300 SE.

Hauptmerkmal der »völlig neuen Klasse« war die in schlichtem Styling gehaltene Karosserie. Nach dem Grundsatz, den die Amerikaner mit dem Stabreim *form follows function* (die Form ergibt sich aus dem Zweck) beschreiben, war die Linienführung als unaufdringlich elegant zu bezeichnen. Die klaren Konturen entbehrten jeglichen unsachlichen Beiwerks – entsprechend dem von Professor Nallinger formulierten Leitspruch »Nicht modisch, aber modern.« Nicht zuletzt dürften die 1964 neu eingekleideten großen Opel mit ihrer zwar transatlantisch angehauchten, aber zeitgemäßen Stilistik mittelbarer Anlaß für den Abbau der Sindelfinger Trapezlinie gewesen sein.

Die neuen Modelle wirkten gestreckt und wesentlich größer als die Wagen der 220b-Reihe – ein Trugschluß, für den das schlanke Styling verantwortlich zeichnete. In Wirklichkeit hatten sich die Ausmaße nur geringfügig geändert. Die Länge der neuen Wagen hatte um 2,5 Zentimeter zugenommen, die Breite um 1,5 Zentimeter; dieses bescheidene Wachstum resultierte vor allem aus den Gummiauflagen der Stoßstangen und den seitlichen Kunststoff-Schutzleisten auf den Zierstäben der Karosserie. De facto war die Grundfläche des Karosseriekörpers gleichgeblieben. Dagegen war die Dachhöhe um sechs Zentimeter vermindert worden, dadurch wirkte die Silhouette der neuen Wagen gestreckter und die Autos damit länger.

Das Styling der neuen Karosserien in ihrer zurückhaltenden Eleganz durfte man eher als zeitlos bezeichnen als die Linienführung des Vorgängermodells. In der Tat sah der 250 S oder SE auch fünfzehn Jahre nach seinem Erscheinen nicht unbedingt veraltet aus. Die Wagenfront zeigte dabei noch deutliche Anklänge an die Gestaltung der Physiognomie des 220b bzw. 230 S. Die vorderen Leuchteinheiten waren mit denen des Vorgängers identisch, Kotflügel und Motorhaube aber niedriger, die Kühlermaske breiter und flacher. Die »Kiemen« des Lufteinlasses rechts und links des Grills waren geglättet worden. Die Frontansicht des Wagens war dem Gesicht des 220 SEb-Coupés bzw. -Cabriolets angeglichen worden. Die Stoßstangen waren weniger wuchtig gestaltet, wenn auch noch mit gesonderten, aufgesetzten Ecken versehen. Die Windschutzscheibe war um 17 Prozent größer als die der Vorgänger.

Die Gürtellinie der neuen Modellreihe 250/300 lag tiefer als bei der vorangegangenen Wagengeneration. Lediglich ein Chromstab, der sich über die ganze Wagenlänge zog, betonte die Horizontale. Die geneigten Pfosten des Wagendachs bedingten gewölbte Seitenfenster und gingen fast stufenlos in die Türen über.

Das Wagenheck, das wie der Bug eine Knautschzone mit progressiver Verformbarkeit darstellte, war in seiner schlichten Schönheit gekonnt gezeichnet und markierte visuell den Hauptunterschied zum Vorgängermodell. Das glattflächige Styling, die in ihren Ausmaßen bescheidener gewordenen Leuchteinheiten, der wesentlich dezentere Chromschmuck und die filigraner wirkenden Stoßstangen ließen das Auto auch von hinten optisch leichter erscheinen. Der Kofferraum war in der Tat etwas weniger voluminös als das immense Gepäckabteil der »Flossentypen«. Im Vergleich mit dem 220 Sb/SEb nahm sich die Kehrseite der neuen 250/300-Reihe im Sinne eines gewissen Understatement gezeichnet aus – Mercedes war zur ureigentlichen Daimler-Benz-Stilauffassung zurückgekehrt: Man unterwarf sich nicht der Mode. Man imitierte nichts, sondern überließ es anderen, die in Sindelfingen gewachsenen Details zu kopieren. Diese stilistische Wende leitete ein von hohem Können geprägtes Selbstverständnis ein, das die Daimler-Benz-Produkte der siebziger und achtziger Jahre mehr als je zuvor als Klasse für sich erscheinen ließ.

Der Innenraum der neuen Modellreihe, der eine formversteifte Fahrgastzelle darstellte, war trotz der in etwa gleich gebliebenen Außenmaße gegenüber den Vorgängern reichlich vergrößert worden und wies nun die Dimensionen eines großen »US-Kreuzers« auf, während die Außenmaße mehr – um bei US-Maßstäben zu bleiben – einem Intermediate Car entsprachen. Die vordere Sitzbreite nahm um neun Zentimeter zu, die Fondsitzbank war um sieben Zentimeter breiter – ein Verdienst der nach außen versetzten Dachpfosten und der konvexen Seitenscheiben. Die Länge der Fahrgastzelle war gleich geblieben.

Ab Frühjahr 1966 wurde der 250 S/SE auf Wunsch mit der neu entwickelten Zentralverriegelung ausgerüstet, bei der mit einem der Schlösser an den Vordertüren jeweils alle vier Wagentüren durch Unterdruck

Modell	250 S (W 108 II)	250 SE (W 108 III)	280 S (W 108 V 28)	280 SE (W 108 E 28)
Produktionszeit	September 1965 – März 1969	Sept. 1965 – Januar 1968	Januar 1968 – September 1972	Januar 1968 – September 1972
Motor	Reihen-Sechszyl. (Verg.) M 108	(Einspr.) M 129	Reihen-Sechszyl. (Verg.) M 130	Reihen-Sechszyl. (Einspr.) M 130
Bohrung/Hub/ccm	82 × 78,8, 2496 ccm		86,5 × 78,8, 2778 ccm	
Verdichtung	9,0:1	9,3:1	9,0:1	9,5:1
Leistung	130 PS bei 5400 U/min	150 PS bei 5500 U/min	140 PS bei 5200 U/min	160 PS bei 5500 U/min
Ventilsteuerung	ohc, 1 obenliegende Nockenwelle		ohc, 1 obenliegende Nockenwelle	
Schmierung	Druckumlauf		Druckumlauf, Ölkühler	
Kühlung	Wasser (Pumpe, Thermostat)		Wasser (Pumpe, Thermostat)	
Gemischaufbereitung	2 Reg.-Fallstr. Zenith 35/40 INAT	Sechsstempel-Einspritzpumpe	2 Reg.-Fallstr.-Verg. Zenith 35/40 INAT	Sechsstempel-Einspritzpumpe
Elektrik	12 Volt 44 Ah	12 Volt 55 Ah	12 Volt 55 Ah	
Kupplung	Einscheiben-Trockenkupplung		Einscheiben-Trockenkupplung	
Getriebe	4/5-Gang, Lenkrad- oder Stockschaltung, a. W. Automatik		4- oder 5-Gang, Lenkrad- od. Stockschaltung, a. W. Automatik	
Lenkung	Kugelumlauf, a. W. Servo		Kugelumlauf, a. W. Servo	
Fußbremse	hydraulisch, 4 Scheiben		hydraul., 4 Scheiben, Servohilfe	
Feststellbremse	mechanisch, 2 Trommeln hinten		mechan., 2 Trommeln hinten	
Aufbau	Limousine viertürig		Limousine viertürig	
Radstand; Spur v/h	2750, 1480/1485 mm		2750, 1480/1485 mm	
Gesamtabmessungen	4900 × 1810 × 1440 mm		4900 × 1810 × 1440 mm	
Bereifung	7.35 H – 14 oder 185 HR – 14		7.35 H – 14 oder 185 HR – 14	
Tankinhalt	82 Liter		82 Liter	
Leergewicht	1440 kg	1480 kg	1460 kg	1485 kg
Höchstgeschwindigkeit	180 km/h (Schaltgetr.)	190 km/h (Schaltgetr.)	185 km/h (Schaltgetr.)	190 km/h (Schaltgetr.)
Stückzahl	74 677	55 181	93 666	91 051
Preise	DM 15 300 ab April '66 DM 15 800 ab Jan. '68 DM 16 115	DM 16 850 ab April '66 DM 17 350	DM 17 150 ab Aug. '69 DM 18 037 ab Aug. '70 DM 18 814 ab Jan. '71 DM 19 758 ab Jan. '72 DM 20 591	DM 18 759 ab Aug. '69 DM 19 647 ab Aug. '70 DM 20 535 ab Jan. '71 DM 21 589 ab Jan. '71 DM 22 478

versperrt oder entriegelt werden konnten, was sehr begrüßt wurde. Das Armaturenbrett war stilistisch grob dem des 220 SE-Coupés und -Cabriolets angeglichen worden. Zunächst fiel die Abwesenheit des permanent kritisierten Vertikal-Tachometers angenehm auf – das »Fieberthermometer« war einem konventionellen Rundinstrument gewichen. Dieses war zusammen mit der kleinen Zeituhr und dem Kombiinstrument, das den Öldruckmesser, das Kühlwasserthermometer, den Kraftstoffanzeiger und diverse Kontrolleuchten umfaßte, in einer gemeinsamen Konsole untergebracht. Der besseren Ablesbarkeit der Instrumente diente der oben abgeflachte Signalring des sonst unveränderten Lenkrades. Links an der Lenksäule saß der kombinierte Blinker-, Lichthupen- und Scheibenwischerhebel, auf dem sich ein kleiner Kippschalter für die zweite Wischergeschwindigkeit befand. Die Betätigungshebel der Heizung und Belüftung saßen – nach wie vor für beide Wagenseiten getrennt – in der Mitte des Armaturenbretts. Das Gebläse wurde nicht mehr über einen gesonderten Schalter, sondern mit dem Luftmengen-Regulierhebel in Gang gesetzt. Die Dauerentlüftung des Innenraums erfolgte durch verdeckte Öffnungen unter der Heckscheibe, die die seitlichen »Kiemen« an den Dachholmen der Vorgängermodelle und des 230 S ersetzten. Im Oktober 1966 wurde die Belüftung des Innenraums in ihrer Wirksamkeit verbessert, der Luftdurchsatz wurde beträchtlich erhöht.

Der Motor des 250 S bzw. SE war durch Aufbohren um zwei Millimeter und Verlängern des Hubs um sechs Millimeter aus dem seit 1951 bewährten 2,2-Liter-Triebwerk entstanden. Um einen Hubraum von 2,5 Liter – um die Mitte der sechziger Jahre setzte ein neuer Trend zu

300 SE (W 108 IV)	300 SEL (W 109 III)	300 SEL (W 109 E 28)	280 SEL (W 108 E 28)
August 1965–Dezember 1967	März 1966–Dezember 1967	Februar 1968–Januar 1970	Januar 1968–April 1971
Reihen-Sechszyl. (Einspr.) M 189	Reihen-Sechszyl. (Einspr.) M 189	Reihen-Sechszyl. (Einspr.) M 130	Reihen-Sechszyl. (Einspr.) M 130
85 × 88, 2996 ccm		86,5 × 78,8, 2778 ccm	
8,8:1		9,5:1	
170 PS bei 5400 U/min		170 PS bei 5750 U/min	160 PS bei 5500 U/min
ohc, 1 obenliegende Nockenwelle		ohc, 1 obenliegende Nockenwelle	
Druckumlauf		Druckumlauf, Ölkühler	
Wasser (Pumpe, Thermostat)		Wasser (Pumpe, Thermostat)	
Bosch-Sechsstempel-Einspritzpumpe		Bosch-Sechsstempelpumpe	
12 V 66 Ah		12 Volt 66 Ah	12 Volt 55 Ah
bei mechan. Getriebe: Einscheiben-Trockenkupplung		Einscheiben-Trockenkupplung	
4-Gang (a. W. 5-Gang), Lenkr.- o. Stockschaltg., a. W. Automatik		4- oder 5-Gang, Lenkrad- o. Stockschaltg., a. W. Automatik	
Kugelumlauf mit Servo		Kugelumlauf a. W. Servo	Kugelumlauf, Servo
hydraulisch, 4 Scheiben, Servohilfe		hydraul., 4 Scheiben, Servohilfe	
mechan., 2 Trommeln hinten		mechanisch, 2 Trommeln hinten	
Limousine viertürig		Limousine viertürig	
2700, 1480/1485 mm	2850, 1480/1490 mm	2850, 1480/1485 mm	2850, 1480/1490 mm
4900 × 1810 × 1440 mm	5000 × 1810 × 1415 mm	5000 × 1810 × 1440 mm	
7.35 H – 14 od. 185 HR – 14	7.75 H – 14 od. 195 HR – 14	7.35 H – 14 oder 185 HR – 14	
82 Liter	87 Liter	82 Liter	
1560 kg	1640 kg	1620 kg	1500 kg
200 km/h	200 km/h	190 km/h	190 km/h
2737	2369	2519	8250
DM 21 500 ab April '66 DM 22 100	DM 29 400 ab April '66 DM 30 000	DM 25 740 ab Aug. '69 DM 25 974	DM 21 423 ab Aug. '69 DM 22 422 ab Aug. '70 DM 23 425 ab Jan. '71 DM 24 586

Oben: Das geräumige Interieur des 280 S/SE. Rechts: Mercedes-Benz 300 SE der zweiten Generation, Baujahr 1965. Die Karosserie ist deutlich »abgespeckt« worden.

Volant des 250 SE mit gut plazierten Rundinstrumenten.
Auch der neue Mercedes wies wieder die für den Monteur nicht ganz ungefährliche Motorhaube mit angebauter Kühlermaske auf. Der Motor des 300 SE bestand weitgehend aus Leichtmetall.

größeren und stärkeren Motoren ein – zu erhalten, mußte auch die bei Motorenkonstrukteuren nicht unbedingt beliebte Vergrößerung des Hubs mit herangezogen werden, da ein Erweitern der Bohrung über zwei Millimeter hinaus wegen der relativ geringen Zylinderabstände nicht möglich war.

Die Kurbelwellen der 2,5-Liter-Motoren waren sieben- statt vierfach gelagert. Die zusätzliche Abstützung bot ein verbessertes Schwingungsverhalten und ließ eine noch höhere Lebensdauer des Kurbeltriebs erwarten. Erweiterte Atmungswege im Zylinderkopf und größere Ventile stellten eine weitere Basis für eine gesunde Leistungserhöhung dar. Der Öl-Wasser-Wärmetauscher, der ein schnelles Erreichen der Betriebstemperatur ermöglichte und andererseits das Motoröl kühlte, war beibehalten worden, saß aber jetzt separat an der Seite des Motorblocks, wo er dem Luftstrom ausgesetzt war.

Der Motor des 250 S war mit zwei Fallstrom-Registervergasern vom Typ Zenith 35/40 INAT ausgerüstet – diese Vergaseranlage war mit der des 220 Sb in letzter Version bzw. des 230 S identisch. Eine automatische Saugrohrbeheizung sorgte für runden Leerlauf nach dem Kaltstart. Die Vergasermaschine gab bei 5400 U/min eine Höchstleistung von 130 PS ab. Gegenüber dem Motor des 220 Sb war die Verdichtung von 8,7:1 auf 9,0:1 erhöht worden. Die Nenndrehzahl lag um 400 U/min und die Maximaldrehzahl (6300 U/min) um 300 U/min höher als beim vergleichbaren 2,2-Liter-Motor. Ein Ventilflattern wurde erst bei 6500 U/min hörbar. Die spezifische Leistung war von 50 PS/Liter auf 52 PS/Liter gestiegen – noch immer ein gutbürgerlicher Wert. Das maximale Drehmoment war dagegen deutlich von 17,5 auf 19,8 mkg geklettert, die allerdings erst bei 4000 U/min zur Verfügung standen. Das sportlich ausgelegte 2,5-Liter-Triebwerk erwies sich im unteren Drehzahlbereich in der Tat als phlegmatisch und erforderte drehzahl- und schaltfreudiges Fahren.

Die Einspritzversion 250 SE verfügte – im Gegensatz zum 220 SEb – über eine Sechsstempelpumpe, wie sie auch der 230 SL und der 300 SE besessen hatten. Hier war das Verdichtungsverhältnis auf 9,3:1 erhöht worden. Die Leistungsausbeute betrug 150 PS bei 5500 U/min gegenüber 120 PS bei 4800 U/min beim 2,2-Liter-Einspritzer. Das maximale Drehmoment lag bei stolzen 22 mkg, die aber erst bei 4200 U/min erreicht wurden – auch dem Einspritzmotor war ohne höhere Drehzahlen nur mäßiges Temperament abzugewinnen. Im vierten Gang beschleunigte beispielsweise ein BMW 1800 TI unterhalb von 100 km/h wesentlich flotter. Dafür lief das Mercedes-Triebwerk im unteren Drehzahlbereich mustergültig rund, wenn auch alte Mercedes-Sechszylinder-Fahrer die gewohnte Elastizität vermißten.

Charakteristisch für diese Generation der Mercedes-Sechszylindermotoren war das rauhe Laufgeräusch – besonders bei der Einspritzversion – mit heftigen Ventilgeräuschen auch bei »jungen« Motoren und die eben noch akzeptable Lautstärke bei höheren Drehzahlen. Die Literleistung der Einspritzmotoren war von 54,5 PS/l (220 SEb) auf 60 PS/l angehoben worden – an und für sich noch keine besorgniserregende Ziffer.

Dennoch waren die 2,5-Liter-Motoren mit teilweise gravierenden Problemen behaftet. Frühe Exemplare der 250 S- und SE-Motoren litten unter thermischen Schwierigkeiten und fielen zuweilen Kolbenfressern zum Opfer. Größere Toleranzen im Kolbenspiel beseitigten zwar die Gefahr von Klemmern, erhöhten aber den Ölappetit über alle Maßen: 1,5 bis 2,5 Liter Öl auf einer Fahrstrecke von 1000 Kilometer galten als »normale« Werte, ein Ölverbrauch von gar drei Liter war nicht ungewöhnlich. Angesichts dieser Gier nach teuerem Schmiermittel war durch Unachtsamkeit, etwa bei einer mehrere tausend Kilometer langen Urlaubsreise ohne ständige Ölstandskontrolle, wiederum die Gefahr von Motorschäden gegeben – ganz abgesehen von den erhöhten Betriebskosten. Die Untertürkheimer Motorenbauer entschlossen sich daraufhin, das Kolbenspiel wieder weniger reichlich zu bemessen und dafür den obersten Kolbenring mit Molybdän zu beschichten. Dabei wurden die hervorragenden Gleiteigenschaften dieses temperaturbeständigen Schwermetalls genutzt. Schlagartig konnten alle Sorgen vergessen werden: Selbst betagte 2,5-Liter-Motoren kamen jetzt mit rund einem Liter Öl auf tausend Kilometer aus und erreichten ein hohes Lebensalter.

Der Kühler war der gleiche wie bei den 220b-Modellen mit 11,4 Liter Inhalt. Der Viskoselüfter, der durch eine Bimetallfeder gesteuert wurde und über eine kleine hydraulische Kupplung verfügte, lief ab einer Kühlwassertemperatur von 85 Grad Celsius mit einer maximalen Drehzahl von 3000 U/min um und sparte letztlich ein Quentchen Energie. Neu war auch die 1965 bei allen Pkw-Modellen eingeführte 490-Watt-Drehstrom-Lichtmaschine.

Das Getriebe war im Prinzip von der 220b-Reihe übernommen worden, war aber zwischen erstem und zweitem Gang weiter gestuft und hatte unter Berücksichtigung der Drehmoment-Charakteristik des Motors einen »längeren« dritten Gang erhalten. Auf Wunsch war eine Knüppelschaltung lieferbar, etwas leichter zu bedienen als die Lenkradschaltung. Auch die 250er konnten mit dem Daimler-Benz-Automatikgetriebe ausgerüstet werden, das in dieser Modellreihe immerhin einen Lieferanteil von 44 Prozent erreichte. Die Antriebsübersetzung von 3,42:1 entsprach der Normalübersetzung des 300 SE.

Das Fahrwerk des 250 S/SE war in seiner Technik nicht sehr weit von der 220b-Reihe entfernt. Radstand und hintere Spurweite stimmten überein, die Spur der Vorderräder war um zwölf Millimeter verbreitert worden. Die Eingelenk-Pendelachse war mit der hydropneumatischen

Ausgleichsfeder (load adjuster) ausgerüstet, die auch der 230 S hatte und das Niveau des Wagenkörpers ungeachtet jeglicher Belastung konstant hielt. Ein kräftiger Torsions-Stabilisator wirkte der Seitenneigung entgegen. Lästig war aber nach wie vor das tiefe Eintauchen des Wagenbugs bei starken Bremsverzögerungen, dem nur beim 300 SE abgeholfen worden war.

Bei der Bereifung hatte man sich nun zu einem vernünftigen Mittelmaß bekehrt und die 2,5-Liter-Modelle (wie auch schon vorher den 230 SL) mit 14-Zoll-Felgen bestückt, die beim 250 S bzw. SE entweder mit Super-Niederquerschnitts-Diagonalreifen der Dimension 7.35 H 14 oder mit Gürtelreifen der Größe 185 HR 14 bestückt waren. Die Wagen erhielten ringsum härtere Stoßdämpfer. Der negative Sturz der Hinterräder war ausgeprägter als bei »Flossenmodellen«. Im ganzen hatte man sich offensichtlich um ein straff abgestimmtes (und dabei doch komfortabel ausgelegtes) Fahrwerk bemüht.

Die Kugelumlauflenkung besaß das gleiche Übersetzungsverhältnis wie beim 200 und beim 230 S und war mit mehr als vier Lenkradumdrehungen über den gesamten Wirkungsbereich relativ indirekt ausgelegt. Auf Wunsch war die auch für die übrigen Typen des Modelljahrgangs 1965/66 wahlweise lieferbare Servolenkung erhältlich.

Die Bremsen stellten dagegen ein Novum dar: Die Modelle 250 S und SE besaßen im Gegensatz zu ihren direkten Vorgängern, aber wie beim (allerdings erheblich teuereren) 300 SE ringsum Scheibenbremsen mit einer Zweikreis-Hydraulik – mit getrennten Bremskreisen für Vorder- und Hinterräder – und einem weniger »giftig« wirkenden Bremskraftverstärker. Kleine Trommeln an den hinteren Bremsscheiben nahmen den Mechanismus der Feststellbremse auf. Neu war der Bremskraftregler im hinteren Bremskreis: Er suchte die jeweils ideale Abstimmung und verhinderte ein Überbremsen mit vorzeitigem Blokkieren der Hinterräder und damit ein Ausbrechen des Wagenhecks bei starken Verzögerungen. Die Bremsen der 2,5-Liter-Modelle erwiesen sich in der Praxis als äußerst standfest.

Das Fahrverhalten der neuen Wagen war absolut neutral. Die Richtungsstabilität – auch bei Seitenwind – war vorbildlich. »Wedeln« bei hoher Geschwindigkeit meisterten die 250er bravourös. Dabei erwies sich das Schluckvermögen der Federung als hervorragend.

In den Fahrleistungen waren die 2,5-Liter-Modelle der »neuen Klasse« als schnelle, ausdauernde Reiselimousinen programmiert. Die Vergaservariante wurde vom Werk mit einer Höchstgeschwindigkeit von 180 km/h angegeben. Zeitgenössische Testberichte bestätigten diese Angabe in ihrer Gesamtheit: *Autocar* (England) und die *Automobil Revue* (Schweiz) ermittelten 187 km/h bzw. 184 km/h für handgeschaltete Exemplare des 250 S, *Road & Track* (USA) stoppte einen Automatikwagen mit 176 km/h, und die *deutsche automobil illustrierte* maß 175,5 km/h für ein derartig ausgerüstetes Auto. Die Beschleunigungszeiten streuten dabei zwischen 12,4 und 14 Sekunden, um aus dem Stand 100 km/h zu erreichen. Der vom Werk mit 11,7 l/100 km sehr optimistisch angegebene Verbrauch ließ sich in unabhängigen Fahrversuchen nicht im entferntesten realisieren und bewegte sich im Testdurchschnitt zwischen 16,5 und 20,7 Liter auf 100 Kilometer. Da erwies sich der 82 Liter fassende Tank, der in den 300 SE bereits ab 1963 eingebaut worden war, als alles andere als überdimensioniert, da der Aktionsradius des 250 S noch unterhalb von 500 Kilometern lag.

Der 250 SE gab sich etwas genügsamer, obwohl auch er der gegenüber dem 250 S gleichhohen Werkangabe in der Praxis nicht gerecht wurde: 14,9 bis 19,5 l/100 km waren für einen Einspritzer doch beachtlich. Dafür bot er aber eine hohe Spitze, die das Werk mit 190 km/h (Schaltgetriebe) bezifferte. *auto motor und sport* stoppte einen 250 SE mit 193,5 km/h (fast der gleiche Wert wurde von einem Testwagen der Schweizer *Automobil Revue* erreicht), während *Autocar* in England bei einem Automatikwagen »nur« auf 182,4 km/h kam. Die Beschleunigungszeiten des 250 SE waren noch imponierender: Er benötigte nur etwas über zehn Sekunden von 0–100 km/h.

Im Motorsport wurde der 250 SE nur in privater Regie eingesetzt, das Werk hatte sich Ende 1965 vom aktiven Sporteinsatz zurückgezogen. Bei der Tour d'Europe 1967 siegte das Team Petry/Eberhardt in der Klasse der Serien-Tourenwagen über 2000 ccm. Bei vielen weniger namhaften Rallies konnten sich die 2,5-Liter-Einspritzer in der großen Tourenwagenklasse auf den vorderen Rängen plazieren.

Der im Jahre 1968 von *auto motor und sport* in Zusammenarbeit mit dem Institut für Demoskopie Allensbach durchgeführte »Automobil-Report« untersuchte die Zuverlässigkeit des 250 S im Vergleich zum Rüsselsheimer Klassenkameraden, dem Opel Admiral, der trotz des modernen 2,8-Liter-ohc-Triebwerks und eines weitaus günstigeren Preises den Verkaufserfolg der Stuttgarter Produkte nicht gefährden konnte: Im Jahre 1966 standen in der Bundesrepublik Deutschland (mit West-Berlin) 9390 neu zugelassenen Admiralen 14 307 Mercedes 250 S gegenüber. Die einhundert im »Automobil-Report« beobachteten 250 S hatten eine Gesamtlaufstrecke von 2,9 Millionen Kilometer absolviert. In der Besitzerbefragung steckten sie um 35 Prozent weniger Minuspunkte ein als die Sechszylinder-Opel. Zwar hatten die 250 S-Eigner etwas öfter Schwierigkeiten mit dem Anspringen als die Opelfahrer und in der Ausstattung wurden beide Wagen als gleichwertig befunden, aber in den vielen weiteren Disziplinen (z. B. Elektrik, Kupplung, Motorschäden, Fahrwerk), in denen sich die Alltagstauglichkeit und die allgemeine Zuverlässigkeit widerspiegeln, behielt der 250 S deutlich die Nase vorn.

Die 250er wurden de facto im Januar 1968 von den 2,8-Liter-Modellen

Oben: Zwei Generationen wurden zeitweilig prallel gebaut (250 S/230 S). Unten: 250 S/300 SE-Interieur mit jetzt offenen Türfächern.

Rechts: Studie für ein Nachfolgemodell des 220 Sb aus dem Jahre 1962 – die Linienführung der späteren S-Klasse deutet sich an.

mit gleicher Karosserie abgelöst. Der 250 SE war bis zum Modellwechsel in 55 181 Exemplaren gefertigt worden. Der 250 S allerdings wurde noch bis März 1969 zusätzlich als Auslaufmodell im Programm behalten und erreichte eine Stückzahl von 74 677 Wagen, wobei aber nur 2400 Exemplare auf diesen letzten, fünfzehn Monate langen Lebensabschnitt entfielen. Bei einem Preisunterschied von nur rund 900 Mark zum motorisch deutlich verfeinerten 280 S war der 250 S einfach nicht attraktiv genug und wurde, als die Monatsproduktion auf einhundert gefertigte Exemplare abfiel, mangels Nachfrage aus dem Lieferprogramm gestrichen.

Bei ihrer Vorstellung kosteten der 250 S und SE 15 300 Mark bzw. 16 850 Mark. Im April 1966 wurden die Preise auf 15 800 Mark bzw. 17 350 Mark erhöht. Im Januar 1968 wurde der Preis des 250 S-Restmodells mit 16 115 Mark festgelegt – einschließlich der in der Bundesrepublik neu eingeführten zehnprozentigen Mehrwertsteuer. Das Automatik-Getriebe kostete 1400 Mark (ab 1969 1443 Mark) Aufpreis, die Servolenkung schlug mit 550 Mark (ab 1969 516 Mark) zu Buche. Ein Stahlschiebedach kostete 700 Mark, ab 1969 – dann allerdings elektrisch betätigt – 772 Mark.

In den Jahren 1965/66 erhielt man für den Preis eines 250 SE fast einen Opel Diplomat, der immerhin mit einem 4,6-Liter-Chevrolet-V8-Motor üppig motorisiert war und eine feudale Ausstattung bot. Dennoch war der Verkaufserfolg der Untertürkheimer »Großwagen« nicht mehr zu bremsen. BMW griff erst im Oktober 1968 mit den Modellen 2500 und 2800 in das Klassengeschäft ein. Die BMW-Sechszylinder lagen sowohl vom Charakter als auch von der Preislage her auf Mercedes-Niveau, konnten aber in puncto Raumangebot, Verarbeitungsqualität und Zuverlässigkeit den Untertürkheimer 2,5- und 2,8-Liter-Wagen keineswegs Paroli bieten.

Der 250 S/SE war ein durch und durch harmonisches Automobil. Die amerikanische Zeitschrift *Road & Track* meinte, er spreche »den Intellekt an und nicht die Libido«, sei aber alles andere als ein langweiliges Auto. Die US-Journalisten konzedierten dem 250 S »Qualitäten der Größe, des Respektgebietenden und des Bewunderungswürdigen – selbst bei denjenigen Personen, die nicht für Reklame, Statussymbole oder momentane Moderichtungen anfällig sind.«

Gemäß dem 1961 begonnenen Konzept wurde auch den 2,5-Liter-Modellen wieder ein 300 SE mit der Karosserie des einfacheren Parallelmodells zur Seite gestellt. Auch der neue 300 SE erhielt wieder den unveränderten Dreiliter-Leichtmetallmotor, der in der Herstellung wesentlich teuerer kam als das 2,5-Liter-Triebwerk, diesem gegenüber aber kaum nennenswerte Vorzüge bot. Mit seiner langhubigen Ausle-

Mercedes-Benz Limousine Typ 280 S von 1967.

gung brillierte er zwar mit höherer Elastizität, besaß aber ein geringeres Drehvermögen und verrichtete seine Arbeit wesentlich geräuschvoller, da Aluminium akustisch nun einmal besser leitet als Stahlguß.
Neben der normalen Antriebsübersetzung von 3,92:1 war auch eine längere mit dem Verhältnis 3,69:1 lieferbar. Letztere war notwendig, um die vom Werk angegebene Höchstgeschwindigkeit von 200 km/h zu erreichen. Auf Wunsch konnte eine Differentialsperre eingebaut werden. Eine Servolenkung war serienmäßig vorhanden.
Im übrigen – auch in der Innenausstattung – entsprach der neue 300 SE völlig dem 250 S. Einziges Extra war in der Tat der Motor, und der kostete im Vergleich zum 250 S mehr als 4000 Mark Aufpreis. Das automatische Getriebe befand sich nicht im Lieferumfang, sondern mußte mit zusätzlichen DM 1400 bezahlt werden. Ab Frühjahr 1967 konnte der 300 SE auch mit einem ZF-Fünfganggetriebe ausgerüstet werden, dessen fünfter Gang mit einer Untersetzung von 0,85:1 als Schongang ausgelegt war. Der Achsantrieb war dann mit 4,08:1 kürzer übersetzt.
Die Zeitschrift *auto motor und sport* ermittelte in einem Test des 300 SE zwar hohe Fahrleistungen – eine Spitze von 198 km/h (Schaltgetriebe) bzw. 190,5 km/h (Automatik) und eine Beschleunigung von Null auf 100 km/h in 10,5 bzw. 11,2 Sekunden – diese unterschieden sich aber doch sehr wenig vom Potential des 250 SE. Andererseits mußten sie auch mit einem höheren Verbrauch erkauft werden.
Der 300 SE der zweiten Generation erlebte einen ernstzunehmenden, von privater Seite erzielten Sporterfolg: Das Team Ochs/Mischo siegte bei der Tour d'Europe 1969 bei den Wagen über 2000 ccm.
Bei seiner Vorstellung im August 1965 wurde der neue 300 SE für 21 500 Mark angeboten. Im April 1966 wurde der Preis auf 22 100 Mark erhöht. Der Opel Diplomat V8 (17 500 bzw. 17 975 Mark) war dem 300 SE nicht nur im Preis, sondern auch in Elastizität und Laufruhe klar überlegen – nicht allerdings in Fahrkultur, Verarbeitungsqualität und technischem Raffinement. Der 300 SE bot für den stolzen Kaufpreis einfach zu wenig.

Dieses Mißverhältnis drückte sich natürlich in den Verkaufszahlen aus. Als die Produktion des 300 SE zweiter Auflage im Dezember 1967 eingestellt wurde, um einem vereinfachten Nachfolger das Feld zu räumen, waren 2737 Exemplare gefertigt worden.

Mehr Daseinsberechtigung als der 300 SE hatte wohl der Nachfolger des alten 300 SE lang, der 300 SEL. Er war – wie die anderen Vertreter der »Neuen Klasse« – im August 1965 vorgestellt und auf der IAA im September 1965 erstmals gezeigt worden, ging aber erst im März 1966 in Produktion.

Radstand und Gesamtlänge des Wagens waren – wie beim Vorgänger – um zehn Zentimeter verlängert worden. Dadurch ergab sich eine um das gleiche Maß größere Beinfreiheit im Fond.

Das »L« in der Typenbezeichnung wurde vom Werk nicht mit »lang« interpretiert, sondern deutete auf die Luftfederung mit Niveauregulierung hin, mit der der 300 SEL – wie sein Vorgänger, aber im Gegensatz zum parallel gebauten 300 SE auf Normalradstand – ausgerüstet war.

Der 300 SEL war zunächst nur mit dem automatischen Getriebe lieferbar, bald wurde jedoch auch eine Version mit Schaltgetriebe angeboten. Elektrische Fensterheber zählten zur Serienausstattung. Fond und Getriebe- bzw. Kardantunnel waren mit Velours ausgelegt. Der Tankinhalt war um fünf Liter auf 87 Liter erhöht worden. Die Bereifung mußte dem hohen Wagengewicht von 1640 Kilogramm gerecht werden und besaß die Dimensionen 7.75 H 14 bzw. 195 HR 14. Die übrige Ausrüstung und Ausstattung entsprach dem 250 S/SE.

Der 300 SEL kostete ab März 1966 29 400 Mark (nur Automatik), ab April 1966 dann genau 30 000 Mark, in der Ausführung mit mechanischem Getriebe 28 600 Mark. Auf Sonderwunsch konnte auch der 300 SEL ab Frühjahr 1966 mit dem ZF-Fünfganggetriebe ausgerüstet werden. Ein damit versehener 300 SEL erreichte mit der Antriebsübersetzung 4,08:1 in einem Test der Schweizer *Automobil Revue* eine Spitze von 201 km/h.

Der 300 SEL scheint – obwohl als Sonderausführung gedacht – beliebter gewesen zu sein als das Schwestermodell mit Normalradstand. Trotz einer um mehr als ein halbes Jahr kürzeren Produktionsspanne wurde er in 2369 Einheiten gefertigt.

War 1965 die Karosserie der oberen Mercedes-Modellreihe modernisiert worden, so wurde nun im Januar 1968 das Triebwerk, das in der 2,5-Liter-Version anfangs zu Klagen Anlaß gegeben hatte, weiteren Modifikationen unterzogen.

Die Zylinder waren nun nicht mehr paarweise gruppiert, sondern in gleichen Abständen angeordnet. Die jahrzehntelang beharrlich festsitzende Vorstellung, daß zwischen die Zylinder Wassermäntel eingelagert sein müßten, erwies sich nun als überkommen. Eine leichte Einfräsung in Höhe des oberen Kolben-Totpunktes genügte, um den thermischen Ausgleich herzustellen. Ein simpler Konstruktions-»Trick«.

Nur mit Hilfe der auseinandergezogenen Zylinderanordnung war es möglich, die Bohrung von 82 Millimeter auf 86,5 Millimeter zu vergrößern. Der Kolbenhub war gleichgeblieben, der Hubraum betrug nun 2778 ccm. Die Kolben besaßen vier molybdänveredelte Kolbenringe, die einen breiten thermischen Toleranzbereich und darüberhinaus längere Laufzeiten versprachen. Ein Luft-Öl-Kühler, in den normalen Wasserkühler integriert, ersetzte den vorherigen Öl-Wasser-Wärmetauscher, da dieser für den hoch belasteten Wärmehaushalt der 2,8-Liter-Motoren nun nicht mehr ausreichte.

Eine neue Nockenwelle mit geänderten Steuerzeiten sorgte für einen günstigen Drehmomentverlauf. Die Motorenvergrößerung hatte bei beiden Triebwerksvarianten die Elastizität verbessert. Der Fahrer brauchte nun nicht mehr ständig zum Schalthebel zu greifen, um das Leistungspotential des Wagens nutzen zu können. Der vierte Gang war zu einem echten Fahrgang geworden.

Der Vergasermotor des 280 S leistete jetzt bei gleichgebliebenem Verdichtungsverhältnis und unveränderter Zenith-Vergaseranlage 140 PS. Dabei konnte die Nenndrehzahl um 200 U/min gesenkt werden. Eindrucksvoll war das von 19,8 auf 22,8 mkg erhöhte maximale Drehmoment, das bereits bei weniger hektischen 3600 Touren zur Verfügung stand.

Die Einspritzversion im 280 SE leistete ebenfalls zehn Mehr-PS – nunmehr 160 – bei gleichgebliebener Nenndrehzahl. Dazu war das Verdichtungsverhältnis von 9,3 auf 9,5:1 geringfügig angehoben worden. Das maximale Drehmoment des SE-Motors war von 22 auf 24,5 mkg bei fast unveränderter Drehzahl gestiegen. Für die Gemischaufbereitung sorgte eine Bosch-Sechsstempel-Einspritzpumpe mit Start- und Warmlaufautomatik. Etwa die Hälfte aller Käufer der Mercedes-2,8-Liter-Reihe entschied sich für die Einspritzausführung – häufig wohl aus Prestigegründen, wegen des zusätzlichen »E« am Heck. Am 8. August 1969 hatte man wieder ein Jubiläum zu feiern: Mit einem 280 SE-Triebwerk war seit 1954 eine Viertelmillion Einspritzmotoren hergestellt worden.

Getriebevarianten (Viergang, Fünfgang, Automatik) und Achsantrieb waren zunächst die gleichen wie bei den 2,5-Liter-Modellen. Im März 1970 erhielt das Vierganggetriebe eine geänderte Abstufung: Der erste Gang war nun länger, der zweite und dritte waren kürzer übersetzt und ergänzten einander besser. Im Frühjahr 1971 wurde bei der Ausführung mit Vierganggetriebe eine längere Hinterachsübersetzung (3,69:1) eingebaut, während das Automatik- und das Fünfganggetriebe nach wie vor mit dem Antrieb 3,92:1 kombiniert wurden.

Karosserie, Ausrüstung und Innenausstattung waren mit denen des

Motor des 250 S (Codebezeichnung M 108) mit seinen zwei Registervergasern und Viscolüfter. Das Vergaser-Aggregat überlebte die ansonsten identische Einspritzversion um 14 Monate im Programm. Fast 75 000 Limousinen wurden mit dieser Maschine bestückt. Darunter: Armaturenbrett des 300 SE.

250 S/SE völlig identisch. Das Wagengewicht hatte beim 280 S um zwanzig Kilogramm, beim 280 SE um fünf Kilogramm zugenommen. Das Leistungsgewicht konnte geringfügig auf 10,4 bzw. 9,3 kg/PS gesenkt werden. Entsprechend waren die Fahrleistungen der »Neuen Generation« kaum merklich gestiegen. *auto motor und sport* maß bei einem 1968 getesteten 280 SE fast genau die gleiche Höchstgeschwindigkeit und die gleichen Beschleunigungswerte wie zuvor beim 250 SE. Der Durchschnittsverbrauch lag zwar mit 17,2 Litern auf 100 Kilometern immer noch auf üppigem Niveau, dennoch aber deutlich niedriger als beim 250 SE (19,5 Liter). Vom Triebwerk her waren die 280er ein guter Wurf: Die Motoren waren elastischer, sparsamer und standfester geworden.

Der Fahrkomfort war noch immer Spitzenklasse. In dieser Disziplin war der 280 S/SE auch den neu entwickelten »Kleinen« aus gleichem Hause, den Baumustern W 114/115, die mit ihm erschienen waren und eine Schräglenker-Hinterachse aufwiesen, noch überlegen. Die Eingelenk-Pendelachse der großen Daimler-Benz-Personenwagen hatte den Zenit ihrer Karriere längst erreicht und konnte nicht weiter verbessert werden. Sie war in ihrem spezifischen Fahrverhalten optimiert worden, konnte aber gegenüber den in den sechziger Jahren stark aufkommenden hinteren Einzelradaufhängungen ihre betagte Konstruktion nicht mehr verbergen. In puncto Fahrstabilität stellte sie nun eine konstruktive Sackgasse dar.

Zunächst kostete der 280 S ab Januar 1968 17 150 Mark, der 280 SE 18 759 Mark, jeweils inklusive der jetzt elfprozentigen Mehrwertsteuer. Am 1. August 1969 wurden die Preise auf 18 037 bzw. 19 647 Mark erhöht und ein Jahr später nochmals auf 18 814 bzw. 20 535 Mark. Ab 1. Januar 1971 kosteten der 280 S und der 280 SE 19 758 bzw. 21 589 Mark und eine letzte Steigerung am 1. Januar 1972 ließ die Preise schließlich auf 20 591 bzw. 22 478 Mark klettern.

Im September 1972 wurden der 280 S und der 280 SE von den Modellen der »Neuen S-Klasse« (W 116) abgelöst, die radikale Neukonstruktionen in allen Bereichen verkörperten. Bis dahin waren 93 666 Vergasermodelle und 91 051 Einspritzer der Baureihe W 108/28 gebaut worden. Der Stückzahlvergleich mit dem 250 S/SE deutete auf die größere Popularität der 2,8-Liter-Typen hin.

Mit der Auslieferung des 280 S bzw. SE wurde die Produktion des 300 SE auf Normalradstand eingestellt; lieferbar war nur noch ab Februar 1968 die um zehn Zentimeter verlängerte Version, der 300 SEL.

Bei diesem Wagen war eine einschneidende, aber vernünftige Maßnahme getroffen worden: Den Dreiliter-Leichtmetallmotor hatte man aufgegeben, da sich die Fertigung in kleiner Stückzahl nicht rentierte und mit dem 2,8-Liter-Motor jetzt ein ebenfalls elastisches und in seiner Geschmeidigkeit dem Charakter des Wagens angepaßtes Triebwerk zur Verfügung stand. Der 280 SE-Motor wurde allerdings – um dem hohen Wagengewicht von 1620 Kilogramm gerecht zu werden – in der stärksten Version eingebaut, wie sie auch beim 280 SL Verwendung fand. Durch geänderte Steuerzeiten und eine modifizierte Einstellung der Einspritzpumpe stieg die Leistung bei unveränderter Verdichtung um 10 PS auf 170 PS bei 5750 U/min. Das Drehmoment war gleichgeblieben, die spezifische Leistung aber auf immerhin 61,2 PS/l angestiegen – ein damals ausgesprochen sportlicher Wert. Das fünf Meter lange, äußerlich unveränderte Auto behielt aus Prestigegründen die magische Typenbezeichnung »300« trotz des geringe-

Links: Heckleuchtensatz des 250 S. Oben: Heckpartie des Mercedes-Benz 250 SE 1965.

Gewagte Studie für eine Limousine der oberen Klasse aus dem Jahre 1962. Die Skizze stammt vom Zeichenbrett Paul Bracqs. Daß solche Styling-Alternativen keine Chance einer Realisierung hatten, liegt auf der Hand.

ren Hubraums bei. Gegenüber den Vorgängermodellen war die Ausstattung wesentlich ergänzt worden: Der 300 SEL verfügte nun in Serie über elektrische Fensterheber und eine Stereoanlage mit elektrisch betätigter Antenne. Selbstverständlich wies der Wagen die Luftfederung mit Niveauausgleich und Gummizusatzfedern auf. Die Getriebevarianten waren die gleichen wie im 280 SE, auch die Leistungsdaten entsprachen diesem Modell. 88 Prozent der 300 SEL-Käufer bestellten den Wagen mit automatischem Getriebe.
Der Preis allerdings war in einsame Höhe geklettert: Der letzte sechszylindrige 300 – der ja eigentlich keiner war – kostete 25 974 Mark. Der 300 SEL blieb dadurch – auch mit der weniger feinen Maschine – ein Exklusivmodell geringer Auflage. Bis zur Einstellung seiner Produktion mit dieser Triebwerksversion im Januar 1970 waren 2519 Einheiten vom Band gelaufen.
Da vom 300 SEL her eine in Radstand und Gesamtlänge um zehn Zentimeter gestreckte Karosserie zur Verfügung stand, bot es sich an, diese Aufbau-Variante auch für den weniger exklusiven 280 SE zu verwenden. Im Gegensatz zum 300 SEL mußte hier der Buchstabe »L« in der Typenbezeichnung wohl wieder vom Adjektiv »lang« herrühren, denn der 280 SEL war mit der Stahlfederung der Normalausführung ausgerüstet. Allerdings war er serienmäßig mit der Servolenkung ausgestattet, die beim 280 S/SE nur gegen Aufpreis erhältlich war. Das Wagengewicht war durch die Karosserieverlängerung nur um 15 Kilogramm gestiegen.
Der 280 SEL kostete vom Beginn seiner Auslieferung im Januar 1968 bis zum August 1969 21 423 Mark, bis August 1970 dann 22 422, bis Januar 1971 23 425 Mark und bis zum Produktionsende im April 1971 schließlich 24 586 Mark. Mit einer Produktionsziffer von 8250 Einheiten hatte er sich als populärer als der 300 SEL erwiesen – falls man bei Wagen dieser Größenordnung von »populär« sprechen kann.

Das Besondere hatte schon immer seinen Preis.
Auch die exklusiven Sondermodelle von Daimler-Benz:

Mercedes-Benz 220 SEb, 250 SE, 280 SE Coupé und Cabriolet

Den begeistert aufgenommenen, modernen und geräumigen Limousinen der 220b-Reihe stand anfangs mit dem 220 SE-Coupé und -Cabriolet des Baumusters W 128 ein wenn auch etwas antiquiertes, so doch sportlich-exklusives Pendant zur Seite. Die seit 1955 existierende Karosserielinie des Kleinserienmodells wirkte neben der neuen Limousine zwar noch immer eindrucksvoll, aber doch schon deutlich vom Zahn der Zeit benagt. Überdies lag es nahe, die überarbeiteten Komponenten von Fahrwerk, Bodengruppe und Triebwerk des neuen 220 SEb als konstruktive Basis für ein zukünftiges Coupé oder Cabriolet zu verwenden. Bei der Konzeption der Nachfolgetypen stellte man sich die Aufgabe, bei aller Exklusivität einen vollwertigen Vier- bis Fünfsitzer zu entwickeln. Zur Realisierung dieses Vorhabens bot es sich an, die unverkürzte Rahmen-Bodenanlage der Limousine zu übernehmen. Im Gegensatz zur früher gepflegten Praxis – das »Ponton«-Coupé bzw. -Cabriolet war im Radstand um zwölf Zentimeter reduziert worden – strebte man nun von der Basis her eine weitergehende Großseriennähe an.

Als die Karosserie der 220b-Limousine 1957 im Rohentwurf fertig war, schickte sich Wilferts Styling-Team mit dem französischen Designer Paul Bracq an der Spitze an, ein fünfsitziges Coupé zu zeichnen. Entwürfe, die vom Dezember 1957 datieren, zeigen ein Coupé, das noch eng an die projektierte Limousinenkarosserie angelehnt war: Die gesamte Heckpartie des Wagens war – offensichtlich unverändert – von den »besseren« Modellen der 220b-Reihe übernommen worden, einschließlich der horizontal auslaufenden Peilstege und der massiven Rückleuchten. Die Gestaltung der Entlüftungsöffnung am hinteren Dachholm und der Chromspeer über dem hinteren Radausschnitt deuteten, wie auch die Beschriftung einiger dieser Zeichnungen verrät, darauf hin, daß das Coupé das Spitzenmodell 300 SE ergänzen sollte. Typisch für jene Tage war die nach amerikanischem Vorbild weit in die Türöffnung hineingezogene Panorama-Windschutzscheibe, die eine (kaum verzerrungsfreie) Rundumsicht mit angeschlagenen Kniescheiben beim Einsteigen wettgemacht hätte. Die Frontpartie wich am stärksten vom späteren Erscheinungsbild aller Mercedes-2,2-Liter-Modelle ab: Zwar entsprachen die Leuchteinheiten und die Vorderkotflügel in ihrer Stilistik den nachfolgenden Serienwagen, die Motorhaube aber war weit heruntergezogen und lag auf einer breiten Kühlluftöffnung auf, die der des 300 SL Roadsters nachempfunden war und bei ihrer Realisierung erstmals eine Abkehr vom traditionellen Mercedes-Kühlergesicht bei einem weniger sportiven Wagen bedeutet hätte.

Da eine Dreiliter-Version der neuen Limousine erst mit zweijähriger Verzögerung erscheinen sollte, das Coupé bzw. Cabriolet der Ponton-Type alten Stils indessen einer vordringlichen Ablösung bedurfte, lief das Zweitürer-Projekt ab 1958 unter der Typenbezeichnung 220 SE. Nach kräftigen Retuschen wurde um die Jahresmitte 1958 ein »Mokkup« der Coupé-Karosserie hergestellt. Dieses Holz-Gips-Modell im Maßstab 1:1 zeigte bereits weitgehend die in der späteren Serie verwirklichte Linienführung: Die Kühlermaske war nun doch im herkömmlichen Daimler-Benz-Stil gestaltet, die Windschutzscheibe in gemäßigter Panoramaform ausgebildet. Dach und Heckfenster – letzteres nach Vorstellungen von Paul Bracq gestaltet – wichen von der Silhouette des Limousinenprojekts nun deutlich ab. Das Rückfenster war an den weit in den Dachaufbau hineingezogenen Ecken stark abgeflacht worden. Bei der Gestaltung des Wagenhecks allerdings war man in diesem Entwicklungsstadium noch zu keiner endgültigen Lösung gelangt: Die hinteren Kotflügel liefen nach oben geschwungenen Flossen aus. Als im September 1960 eine Nullserie des 220 SEb-Coupés aufgelegt wurde, waren die Flossen verschwunden.

Im Februar 1961 wurde das neue Coupé anläßlich der Wiedereröffnung des Daimler-Benz-Werksmuseums der Presse vorgestellt und im März der Öffentlichkeit auf dem Genfer Salon präsentiert. Von der Technik her entsprach es fast völlig der bereits seit anderthalb Jahren ausgelieferten Einspritzer-Limousine. Aufbau und Ausstattung waren aber grundverschieden, obwohl Übereinstimmungen in vielen Stilelementen die Verwandtschaft dokumentierten.

Der Motor stellte das auch in die 220 SEb-Limousine eingebaute Einspritz-Aggregat mit 120 PS dar. Das Fahrwerk war ebenfalls im wesentlichen aus der Großserie übernommen worden. Der Hauptunterschied bestand in den vorderen Girling-Scheibenbremsen, mit denen bei diesem Typ – noch knapp vor dem 300 SL – eine Pionierleistung vollbracht wurde: Das 220 SEb-Coupé war der erste Daimler-Benz-

Oben: Blick ins Cockpit des 220 SE Coupés von 1962, darunter das Armaturenbrett des 300 SE Cabriolets, ein Wagen der großen Klasse. Gegenüberliegende Seite: Gesamtansicht des 220 SE Coupés, Baujahr 1962.

Modell	220 SE b Coupé/Cabriolet (W 111/3)	300 SE Coupé/Cabriolet (W 112/3)	250 SE Coupé/Cabriolet (W 111 III)
Produktionszeit	Febr. 1961 (Cabrio Sept. '61) – Oktober 1965	Februar 1962 – Dezember 1967	September 1965 – Dezember 1967
Motor	Reihen-Sechszyl. M 180	Reihen-Sechszyl. M 180	Reihen-Sechszyl. M 129
Bohrung/Hub/ccm	80 × 72,8, 2195 ccm	85 × 88, 2996 ccm	82 × 78,8, 2496 ccm
Verdichtung	8,7:1	8,7:1, ab 1/64 8,8:1	9,3:1
Leistung	120 PS bei 4800 U/min	160 PS bei 5000 U/min ab '64 170 PS bei 5400 U/min	150 PS bei 5500 U/min
Ventilsteuerung	ohc, 1 obenlieg. Nockenwelle	ohc, 1 obenliegende Nockenwelle	ohc, 1 obenlieg. Nockenwelle
Schmierung	Druckumlauf	Druckumlauf	Druckumlauf
Kühlung	Wasserkühlung (Pumpe, Thermostat)	Wasserkühlung (Pumpe, Thermostat)	Wasserkühlung (Pumpe, Thermostat)
Einspritzung	Zweistempel-Einspritzpumpe	Zweistempel-Einspritzpumpe ab '64: Sechsstempel-Pumpe	Sechsstempel-Einspritzpumpe
Elektrik	12 Volt 60 Ah	12 Volt 66 Ah	12 Volt 55 Ah
Kupplung	Einsch.-Trockenkupplung	–	Einscheiben-Trockenkupplung
Getriebe	4-Gang, a. W. ab Aug. 62 Automat.	Automatik, ab März '63 a. W. 4-Gg.	4- oder 5-Gang, a. W. Automatik
Lenkung	Kugelumlauf	Kugelumlauf	mit Servo
Fußbremse	hydr., vorne Scheiben, hinten Trommeln, Servo	hydraulisch, 4 Scheiben, Servo	hydraulisch, 4 Scheiben, Servo
Feststellbremse	mechanisch, Hinterräder, Trommeln	mechanisch, Hinterräder, Trommeln	mechanisch, Hinterräder, Trommeln
Aufbau	Coupé und Cabriolet, zweitürig	Coupé und Cabriolet, zweitürig	Coupé und Cabriolet, zweitürig
Radstand; Spur v/h	2750, 1482/1485 mm	2750, 1482/1490 mm	2750, 1480/1485 mm
Gesamtabmessungen	4880 × 1845 × 1420 (1430)	4880 × 1845 × 1400 (1395)	4880 × 1845 × 1420 (1435)
Bereifung	7.25 S – 13	7.50 H – 13, ab Aug. '65: 7.35 bzw. 7.75 H – 14	7.35 H – 14 o. 185 HR – 14
Tankinhalt	65 Liter	82 Liter	82 Liter
Leergewicht	1410 kg (1510 kg)	1590 kg (1690 kg)	1490 kg (1575 kg)
Höchstgeschwindigkeit	170 km/h	190 bzw. 200 km/h	190 km/h
Stückzahl	16902	3127	6213
Preise	Coupé DM 23 500 Cabriolet DM 25 500	Coupé DM 32 750 ab April '66 DM 33 350 Cabriolet DM 34 750	Coupé DM 24 350 ab April '66 DM 24 950 Cabriolet DM 26 350 ab April '66 DM 26 950

Personenwagen, der damit ausgerüstet wurde; die Limousine erhielt erst ab Frühjahr 1962 Scheibenbremsen. Diese auf dem europäischen Markt im Vormarsch befindliche Bauart bedingte eine um zwölf Millimeter breitere Spur an der Vorderachse.

Aus nicht ohne weiteres transparenten Gründen wurde in das Coupé eine indirekte übersetzte Lenkung (22,6:1) eingebaut. Auf Wunsch war aber auch die Lenkungsübersetzung der Limousine (20,8:1) lieferbar. Ebenfalls konnten an der Vorderachse härtere Stoßdämpfer montiert werden. Durch einfache Änderungen an der Radaufhängung gelang es, den selbsttragenden Aufbau gegenüber der Limousine um 2,5 Zentimeter tieferzulegen – eine Maßnahme, die eine (allerdings unbedenkliche) Einbuße an Bodenfreiheit mit sich brachte.

Die Rahmen-Bodenanlage des Coupés, die mit der Bodengruppe der Limousine nahe verwandt war, mußte bei der ohne Mittelpfosten konzipierten Karosserie – um die notwendige Stabilität zu bewahren – seitlich verstärkt werden. Auch die hinteren Dachholme und die Pfosten der Windschutzscheibe – obwohl filigran wirkend – waren im Profil kräftig ausgestaltet.

Die Karosserie des 220 SEb-Coupés wies nicht ein einziges Blech-Preßteil auf, das auch bei der Limousine verwendet worden wäre. In

E Coupé/Cabriolet (W 111 E 28)	
nber 1967 – Mai 1971	
n-Sechszyl. M 130	
× 78,8, 2778 ccm	
S bei 5500 U/min	
1 obenlieg. Nockenwelle	
kumlauf	
erkühlung (Pumpe, Thermostat)	
sstempel-Einspritzpumpe	
lt 55 Ah	
ıanisch, Hinterräder, Trommeln	
é und Cabriolet, zweitürig	
, 1480/1485 mm	
× 1845 × 1420 (1435)	
H – 14 o. 185 HR – 14	
iter	
kg (1585 kg)	
km/h	
pé	DM 24 100
t. '69	DM 27 861
'71	DM 30 636
riolet	DM 25 950
t. '69	DM 29 914
'71	DM 32 856

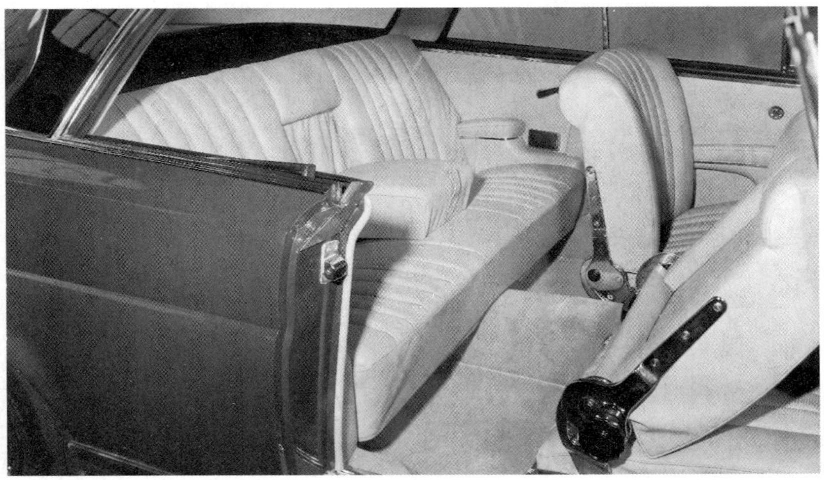

Oben: Mock-up des 220 SEb Coupés aus dem Jahre 1958 – noch mit angedeuteten Heckflossen, sonst aber schon sehr seriennah. Links: Einstieg zu den Rücksitzen des 220 SEb Coupés. Man konnte dieses Automobil durchaus als Viersitzer bezeichnen.

der Länge stimmten beide Wagen zwar bis auf einen halben Zentimeter überein, der Aufbau des Coupés war aber fünf Zentimeter breiter. Die Höhe war gegenüber der Limousine um 8,5 Zentimeter reduziert worden – vor allem saß dabei das Dach tiefer.

Zu den wenigen Karosserie-Bauteilen, die mit entsprechenden Details der Limousine identisch waren, zählten die vorderen Leuchteinheiten und die Kühlermaske, die allerdings – durch die flachere Motorhaube bedingt – etwas tiefer saß. Auch die Heckpartie des Coupés war im Vergleich zur Limousine abgeflacht, die hinteren Kotflügel waren abgerundet worden.

Dem nachfolgenden Verkehr bot das Coupé einen deutlich differenzierten Anblick seines Hecks, der eine Unterscheidung durch ein besonderes Typenkennzeichen erübrigte. Der zwar flache, aber sehr lange Kofferraum – Fassungsvermögen 530 Liter gegenüber 640 Liter bei der Limousine – wirkte graziler als bei den prosaischeren Karosserievarianten. Zu diesem Eindruck trugen sowohl die schlankeren Stoßstangen, über denen – wie bei der Limousine – zusätzliche schmale Stoßecken angebracht waren, als auch die wesentlich bescheidener dimensionierten Rückleuchten bei.

Das Wort Coupé stammt aus dem Französischen und bedeutet –

wörtlich übersetzt – soviel wie »abgeschnitten«. Das 220 SEb-Coupé wurde allerdings dieser etymologischen Deutung in keiner Weise gerecht: Es bot einen Innenraum, der auch einem ausgewachsenen Mittelklassewagen zu aller Ehre gereicht hätte. Gegenüber den Vorgängermodellen, die im Fond nur einen Notsitz aufwiesen, bedeutete das Raumangebot des 220 SEb-Coupés einen echten Fortschritt. Die Epoche der Sportwagen-Imitate auf Limousinenbasis war vorbei. Auch in den Konstruktionsbüros begann man, familienfreundlicher zu denken. Das Sitzen in zweisamer Klausur überließ man fortan den unerschütterlichen Roadsterfahrern.

Das Armaturenbrett – holzfurniert und an der Ober- und Unterkante mit Leder bezogen – stach von dem der Limousine positiv ab: Das vertikale Zentralinstrument war durch zwei große Rundinstrumente (Drehzahlmesser und Tachometer) ersetzt worden, die mit einem senkrecht angeordneten Mehrzweck-Anzeigeinstrument in einer gemeinsamen Konsole aus furniertem Massivholz saßen.

Frappierend war der hohe Fertigungsstandard des 220 SEb-Coupés, der der an sich erstklassigen Verarbeitung der Limousine noch überlegen war. Dabei wurde das Coupé durchaus nicht in Handarbeit hergestellt, sondern sogar mit am Sindelfinger Limousinenband produziert. Dennoch wurde bei aller Automation größter Wert auf gediegenes handwerkliches Finish gelegt: So wurden sämtliche Zierleisten vor dem Verchromen erst per Hand an die jeweilige Karosserie angepaßt, um unsaubere Passungen zu vermeiden.

Nach dem Erscheinen des 220 SEb-Coupés mußten die raumbewußten Frischluftfanatiker noch über ein halbes Jahr warten, bis auch ihnen gedient werden konnte: Im September 1961 wurde bei der IAA in Frankfurt der offene Schwestertyp des Coupés vorgestellt – das 220 SEb-Cabriolet.

Im prinzipiellen Aufbau und in seiner Innenausstattung entsprach das Cabriolet voll und ganz dem Coupé. Das Verdeck verfügte über ein großes PVC-Rückfenster und war in seiner jeweiligen Farbe dem Ton des Wagenlacks angepaßt. Es konnte in relativ kurzer Zeit von einer Person geöffnet und geschlossen werden. Durch den schweren Verdeckmechanismus und weitere Versteifungen des Wagenbodens wog das Cabriolet 100 Kilogramm mehr als das Coupé. Bemerkenswert war auch bei diesem Typ wieder die weitgehende Freiheit von Windgeräuschen – auch im offenen Zustand.

In den Fahreigenschaften unterschieden sich Coupé und Cabriolet nicht wesentlich von der Limousine. Auch die Fahrleistungen wichen nur minimal ab: In der Endgeschwindigkeit waren die beiden Kleinserienmodelle ihrem Stammvater wegen der kleineren Stirnflächen und

Oben ein 300 SE Coupé mit Scheinwerfern in Exportausführung, darunter ein 220 SE Coupé. Man sieht diese Wagen der sechziger Jahre nicht mehr allzu oft; sie genießen hohen Liebhaberstatus.

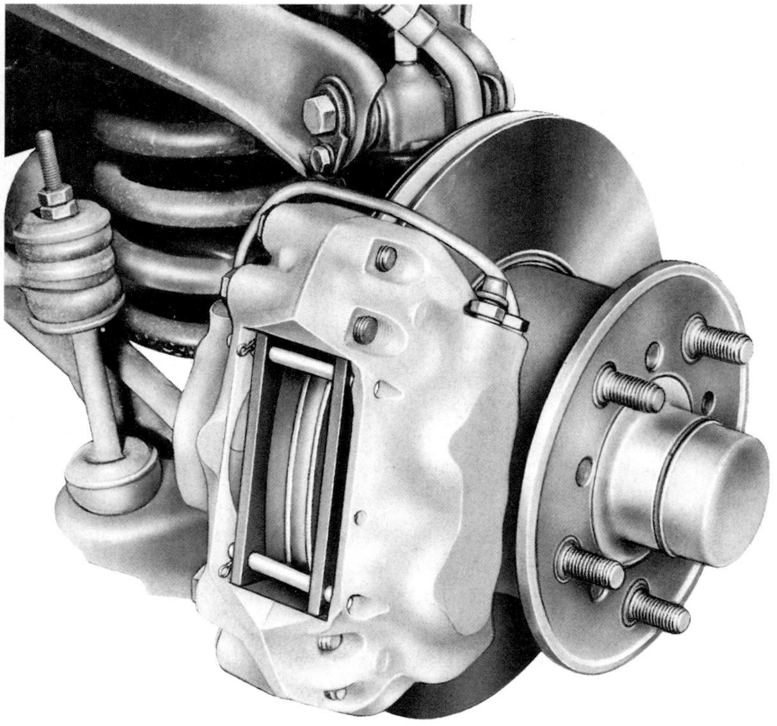

Links: Vordere Scheibenbremsen System Girling des 220 SE Coupés und Cabriolets. Die zeitgenössischen Limousinen rüsten Daimler-Benz noch mit der konventionellen Trommelbremse aus.

Rechts: Werksaufnahme eines Mercedes-Benz 300 SE Coupés vom Frühjahr 1962.

der etwas günstigeren Luftwiderstands-Beiwerte leicht überlegen, in der Beschleunigung konnten sie dagegen aufgrund ihrer höheren Betriebsgewichte nicht ganz mithalten. *auto motor und sport* ermittelte in einem Test des 220 SEb-Coupés eine Spitzengeschwindigkeit von 171,4 km/h und eine Beschleunigungszeit von 14 Sekunden, um aus dem Stand 100 km/h zu erreichen. Dabei wurde ein Testverbrauch von 15,7 l/100 km gemessen.

Das 220 SEb-Coupé kostete während seiner gesamten Produktionszeit 23 500 Mark, während für das zugehörige Cabriolet 25 500 Mark zu bezahlen waren. Als die Produktion dieser beiden Modelle Anfang Oktober 1965 auslief, waren (zusammengerechnet) 16 902 Einheiten gefertigt worden.

Im Prinzip sollten beide Wagen jedoch viele Jahre im Daimler-Benz-Lieferprogramm verbleiben, wenn auch mit anderen Motoren und folglich geänderten Typenbezeichnungen. Und das hatte seinen guten Grund: Eine harmonischere Neuentwicklung war zunächst nicht vorstellbar – ganz abgesehen davon, daß die kleinen Serien hohe Werkzeugkosten bedingten. *auto motor und sport* äußerte kurz nach dem Debüt des 220 SEb-Coupés die Meinung des Redaktionsteams, daß »nirgendwo auf der Welt ein besseres Automobil gebaut« wurde. Fachjournalisten mußten es ja wissen . . .

Fast ein Jahr nach der Vorstellung der 300 SE-Limousine mit der Dreiliter-Leichtmetall-Maschine wurden im Februar 1962 auch von diesem Typ ein Coupé und ein Cabriolet vorgestellt. Die beiden Zweitürer besaßen die Karosserien der entsprechenden 2,2-Liter-Versionen sowie Fahrwerk, Motor und die technische Edelausstattung der 300 SE-Limousine: Luftfederung, Servolenkung, vier Scheibenbremsen und Sperrdifferential.

Äußerlich hoben sich die Dreiliter von den hubraumschwächeren Schwestermodellen durch eine über die gesamte Wagenlänge verlaufende seitliche Zierleiste, mit der die Längssicke unterlegt war, und durch massive, verchromte Radlaufzierleisten ab. Durch das aufwendiger konzipierte Fahrwerk und die Servoaggregate waren die beiden Dreiliter-Varianten jeweils um 180 Kilogramm schwerer als 220 SE-Coupé und -Cabriolet.

Ab August 1965 erhielten auch die 300 SE-Exklusivmodelle die größeren Scheibenbremsen der neu eingeführten 250/300 SE-Limousinen. Auch die Felgen wurden der neuen Modellreihe angepaßt und auf 14 Zoll vergrößert. Das Coupé war mit Reifen der Dimension 7.35 H 14 bzw. 185 HR 14, das um 100 Kilogramm schwerere Cabriolet mit solchen der Größe 7.75 H 14 bzw. 195 HR 14 bestückt.

Das 300 SE-Coupé wurde bei seiner Vorstellung mit 32 750 Mark angeboten, das Cabriolet mit 34 750 Mark. Als ab März 1963 bei allen Dreiliter-Modellen auch das Viergang-Schaltgetriebe lieferbar wurde, ermäßigten sich diese Preise für manuell geschaltete Wagen um jeweils 1400 Mark. Im April 1966 wurde der Preis des 300 SE-Coupés auf 31 950 Mark erhöht, während das Cabriolet unverändert 33 350 Mark kostete.

Der extrem hohe Preis beider Varianten wirkte einer weiten Verbreitung entgegen. Als der Dreiliter-Leichtmetallmotor im Dezember 1967 aus der Produktion genommen wurde, mußte bei den Coupés und Cabriolets die Bezeichnung 300 SE weichen, während die Limousinen ihren Namen behielten. 3127 Coupés und Cabriolets vom Typ 300 SE waren in knapp sechs Jahren gebaut worden – eine wahrhaft exklusive Stückzahl!

Ganz oben links eine Karosseriestudie aus dem Jahre 1957 für ein Coupé auf Basis der damaligen Limousinen; daneben ein 1965er 300 SE Cabriolet mit einer Front á la 230 SL – ein privater Umbau.

Ab September 1965 wurde in die seit 1961 gebauten Coupés und Cabriolets der 2,5-Liter-Motor der 250 SE-Limousine eingebaut. Für einige Wochen wurden die exklusiven Zweitürer sowohl mit der alten 220 SE-Maschine als auch mit dem neuen Aggregat ausgeliefert – die Typenbezeichnung war jeweils dem Hubraum angepaßt. Noch im Dezember 1965 wurden die Coupés und Cabriolets der alten Baureihe 220 SE in Prospekten und Verkaufsangeboten geführt, laut Produktionsstatistik wurde jedoch ab November kein einziges Exemplar mit diesem Motor mehr bestellt. Die 250 SE-Varianten, die sich in der Innenausstattung und in der technischen Ausrüstung überhaupt nicht und äußerlich nur durch die 14-Zoll-Felgen und die dicken, im Felgenhorn sitzenden Radzierringe unterschieden, hatten die Nachfolge gänzlich angetreten.

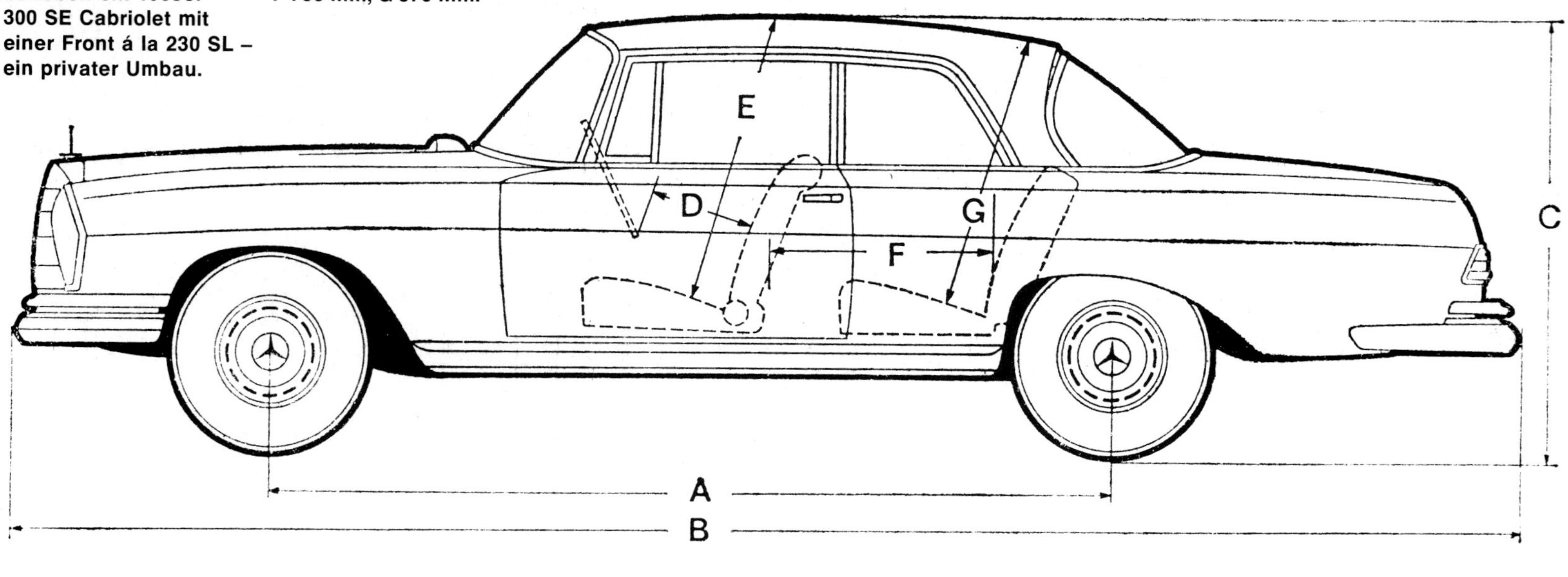

Maßskizze des Mercedes-Benz 220 SE Coupés. A 2750 mm, B 4880 mm, C 1423 mm, D 340 mm, E 925 mm, F 730 mm, G 870 mm.

Mercedes-Benz SEb Coupé 1961. Auch dieses Fahrzeug trägt ein Kennzeichen, das dem Daimler-Benz-Werksfotografen zu Dekorationszwecken auch bei anderen Mercedes-Autos diente . . .

Das 250 SE-Coupé kostete zunächst 24 350 Mark, das Cabriolet 26 350 Mark. Im April 1966 wurden die Preise um jeweils 600 Mark angehoben. Bis zum Produktionsende im Dezember 1967 wurden 6213 250 SE-Coupés und -Cabriolets gefertigt. Eine abnehmende Tendenz in der Nachfrage war unverkennbar.

Ab Februar 1968 erhielten Coupé und Cabriolet den überarbeiteten 2,8-Liter-Einspritzmotor und hießen nun 280 SE. Wiederum verzichtete man auf jegliche sonstige Veränderungen.

Das 280 SE-Coupé war mit einem Nettopreis (inzwischen existierte in der Bundesrepublik Deutschland die damals noch zehnprozentige Mehrwertsteuer) von 24 100 Mark günstiger kalkuliert als der Vorgänger; das Cabriolet kostete 25 950 Mark. Im Herbst 1969 wurden die Preise auf 27 861 bzw. 29 914 Mark erhöht und stiegen zum Modelljahr 1971 weiter auf deutlich inflationäre 30 636 bzw. 32 856 Mark – jeweils einschließlich der nunmehr elfprozentigen Mehrwertsteuer.

Dem 280 SE-Coupé und -Cabriolet fiel auch die Aufgabe zu, die aufgegebenen 300 SE-Sondermodelle zu ersetzen. Dennoch war der Ausstoß weiter gesunken: Nur 5187 Einheiten wurden bis zum endgültigen Produktionsstopp im Mai 1971 ausgeliefert. Die Karosserieform wurde nun – zehn Jahre nach dem Debüt des ersten Coupés – weithin als veraltet kritisiert. Auch eine leistungsmäßige Aufwertung durch den im Sommer 1969 neu entwickelten 3,5-Liter-V8-Motor, der nicht im Rahmen dieses Buches behandelt werden soll, erwies sich als wenig verkaufsfördernd. Die völlig neu geschaffenen 350 SL bzw. 350 SLC traten ab April 1971 bzw. Februar 1972 als vom Charakter her völlig anders geartete Nachfolger auf den Plan. Andererseits existierten seit 1969 auch die Coupés auf Basis der »kleinen« Limousinenreihe, die aber sehr seriennah konzipiert waren und bei aller Schönheit Konfektionsware darstellten. Mit den »großen« Coupés und Cabriolets waren schon zu Lebzeiten Liebhaber- und Sammlerwagen entstanden.

Der sportliche Erbe der 300 SL und 190 SL traten die Wagen mit dem Pagodendach an:

Mercedes-Benz 230 SL, 250 SL, 280 SL

Im Februar 1963 wurden die beiden klassischen Mercedes-Roadster 300 SL und 190 SL aus der Produktion genommen – zur Enttäuschung zahlreicher Liebhaber in Europa und in Übersee. Der schnellste deutsche Serienwagen besaß – auch wenn seine Leistungsdaten zuweilen durch eine rosarote Brille verklärt wiedergegeben wurden – das Flair seines legendären Urahns SSK. In der Tat war der 300 SL bei aller Devotion seiner platonischen Verehrer höllisch schnell – sofern man ausreichend lange gerade Straßenstücke zur Verfügung hatte. Denn die Zweigelenk-Schwingachse des Flügeltürers forderte einen ganzen Mann hinter dem Lenkrad, der ein jähes Ausbrechen des Wagenhecks ebenso blitzartig korrigieren konnte und das unberechenbare Temperament des Boliden jederzeit zu zügeln wußte.
Der Nachfolger, der sowohl den 190 SL als auch den 300 SL ersetzen sollte, war bereits da, als die Roadster ihre lange Karriere beendeten: Auf dem Genfer Salon im März 1963 wurde der 230 SL präsentiert – ein Sportwagen ganz unterschiedlichen Charakters. Begeisterung der Fachleute einerseits – das Magazin *hobby* erlebte mit dem 230 SL eine »Sternstunde« – und unverhohlene Ablehnung der altgedienten Mercedes-Roadster-Anhänger andererseits sowie die kritische Distanz emotional reagierender Journalisten zeigten die Diskrepanz, die diesem Wagen innewohnte. Was zunächst wie eine Kompromißlösung anmutete, war indessen die Schöpfung eines neuen Sportwagen-Verständnisses. Der 230 SL sollte weder ein harter Roadster alter Schule noch ein zwar eleganter, aber sanftmütiger Zweitwagen für die Dame sein. Die klare Aufgabenstellung, die er mit auf seinen Lebensweg bekam, lautete: Sportzweisitzer mit hohen Fahrleistungen, optimalem Fahrverhalten und gepflegtem Fahrkomfort. Kurzum, der 230 SL wurde – und da nahm er die Mittelposition zwischen den Vorgängerty-

Gegenüberliegende Seite: Mercedes-Benz 230 SL 1963. Links ein 230 SL bei der Langstreckenrallye Spa-Sofia-Lüttich, gefahren von Eugen Böhringer, der auf diesem Wagen Gesamtsieger wurde.

pen 190 SL und 300 SL ein – als schneller, handlicher Reisewagen programmiert, als Allwetter-Grand-Tourisme-Wagen schlechthin.
Mit dem Erscheinen des 230 SL flammte in einschlägigen Publikationen diesseits und jenseits des Atlantiks der Streit um das eigentliche Wesen eines Sportwagens wieder auf. Das latente Bedürfnis nach der rechten Definition des Sportwagens wurde wieder aktuell. War der 230 SL nun ein Sportwagen? Er war nicht laut und nicht eng genug und ihm fehlten auch die sonstigen Attribute eines Boy-Racers. Er konnte mit Automatikgetriebe und mit Servolenkung geordert werden, und seine wesentlichen Bauteile entstammten den Großserien der Limousinenfertigung. Er paßte nicht ins gewohnte Klischee.
Der 230 SL wurde allen Auslegungen des Sportwagenbegriffs gerecht. Er erfüllte alle Voraussetzungen, die das Bild eines GT der sechziger Jahre in sich trug. Die letzten Kritiker – vor allem jene, die dem 300 SL hartnäckig nachtrauerten – verstummten schließlich, als der 230 SL mit Sporterfolgen aufwartete, die ihm nicht zugetraut worden waren.
Die Konzeption des Sportwagen-Folgetyps war gegen Ende der fünfziger Jahre aufgenommen worden. Hatte man zunächst noch versucht, die Idee einer Neuauflage des 190 SL mit leistungsgesteigertem Triebwerk und italisierter Karosserie (auch eine fastback-Version war auf den Zeichenbrettern entstanden) zu verfolgen, wandte man sich bald dem Sechszylinder-Konzept zu. Eine konstruktive Anlehnung an die Limousinen-Baureihe 220b bot sich an, da diese Serie sowohl über ein modernes Fahrwerk als auch über einen leistungsstarken, „frisierfähigen« Einspritzmotor verfügte. Die Entwicklung des Sportwagens der zweiten Nachkriegsgeneration lief bereits Ende 1959 unter der Bezeichnung 220 SL, bald darauf beschloß man jedoch eine Hubraumvergrößerung des Sechszylinder-Aggregats, die ihren Niederschlag in der endgültigen Typenbezeichnung fand. Im April 1960 existierten bereits Zeichnungen des mit der formalen Ausarbeitung des 230 SL-Projekts betrauten Designers Paul Bracq. Seine Studien zeigten ein Fahrzeug, das stilistisch mit dem späteren Serienprodukt nahezu identisch war. Der Kühllufteinlaß war im Längsschnitt etwas schräger gestellt, das Coupédach wies eine weniger kantige Gestaltung auf als das Serien-Hardtop und das hintere Seitenfenster war an der Unterkante hochgezogen worden. Es zeigte eine verblüffende Ähnlichkeit mit dem Hardtop-Fenster des zehn Jahre später erschienenen 350 SL. Die Räder waren durch Zentralverschlüsse befestigt – offensichtlich war in diesem Detail aber eine verspielte Idee des Zeich-

ners zu sehen. Die klare, kantige Linienführung der Kotflügel, der Türen und des Wagenhecks und die Form der Radausschnitte stimmten ebenso mit der Serienausführung überein wie die Gestaltung der Scheinwerfer und die Plazierung der Preßsicke unterhalb der »Taille« und der doppelten Zierleisten zwischen den Radkästen oberhalb der Türschwellen.

Nach dem Einstand in Genf wurde eine Vorserie des 230 SL aufgelegt. Die Serienproduktion lief im Juli 1963 an. Drei Karosserievarianten waren lieferbar: ein Roadster mit Faltverdeck, ein Coupé Hardtop und ein Coupé Roadster (Exportbezeichnung: Coupé Convertible), letzteres mit Faltverdeck und Dachaufsatz. Alle drei Versionen konnten offen gefahren werden.

Die Bodengruppe des 230 SL war die um einen guten halben Meter verkürzte, aber verstärkte Rahmen-Boden-Anlage des 220b. Damit verschweißt war eine hübsche Karosserie, deren ruhige Linien des Aufbaus mit dem kurzen Radstand, der breiten Spur und den durch die breiten Radläufe optisch gleichsam aus der Karosserie quellenden, mächtigen Reifen in einer Weise harmonierte, daß der Betrachter an ein zum Sprung geducktes exotisches Raubtier erinnert wurde. Obwohl der 230 SL in seinen Abmessungen kaum mehr Verkehrsfläche als der 190 SL in Anspruch nahm, wirkte er mit seiner katzenhaften Figur kraftstrotzender und wuchtiger als sein vierzylindriger Vorgänger. Die Andeutung kompakter Massivität rührte vom streng geometrischen Styling her. Die Silhouette bestand fast ausschließlich aus Geraden. Damit harmonierte die Linie der Motorhaube, die wegen des recht hoch bauenden Reihen-Sechszylinders gewölbt ausgeführt werden mußte und in ihrer Mitte noch eine »Kraftbeule« aufwies, nur sehr bedingt.

Die Wagenfront wurde in traditioneller Mercedes-Roadster-Manier von einer breiten, horizontalen Kühlluftöffnung beherrscht, die sowohl stark gepfeilt angelegt war als auch in ihrer Seitenansicht durch ihre Schrägstellung aggressiv wirkte. Das Wagenheck stellte ebenfalls eine wohlgelungene stilistische Einheit dar. Das Heck des 230 SL war weniger wuchtig und kantiger als beim 220 SEb-Coupé ausgeführt. Einen sportlichen Akzent setzte die hintere Stoßstange, die zu zwei rudimentären Ecken reduziert worden war. Der Kofferraum war für einen Wagen sportlichen Charakters großzügig bemessen. Das Ersatzrad stand links in einer Mulde, wurde aber ab Oktober 1964 –

Ganz oben links ein Mercedes-Benz 230 SL von 1963, darunter ein 280 SL von 1971, ganz unten die Heckansicht eines 230 SL von 1964. Diese Fahrzeuge sind heute allesamt Sammlerstücke, wenngleich es von allen diesen SL-Typen auch insgesamt 48 912 Stück gab, sie also keine ausgesprochenen Raritäten sind.

Werksaufnahme des Mercedes-Benz 230 SL Coupé Baujahr 1964 vor der Kulisse eines schwäbischen Fachwerkhauses.

Unten: Vorserien-Prototyp des 230 SL in produktionsfertigem Zustand. Links Maßskizzen des 230 SL Roadster: A 2400 mm, B 4285 mm, C 1305 mm, D 340 mm, E 915 mm, F 1410 mm, G 1335 mm, H 1760 mm. Die Höhendifferenz von Cabriolet zu Coupé sind unerheblich.

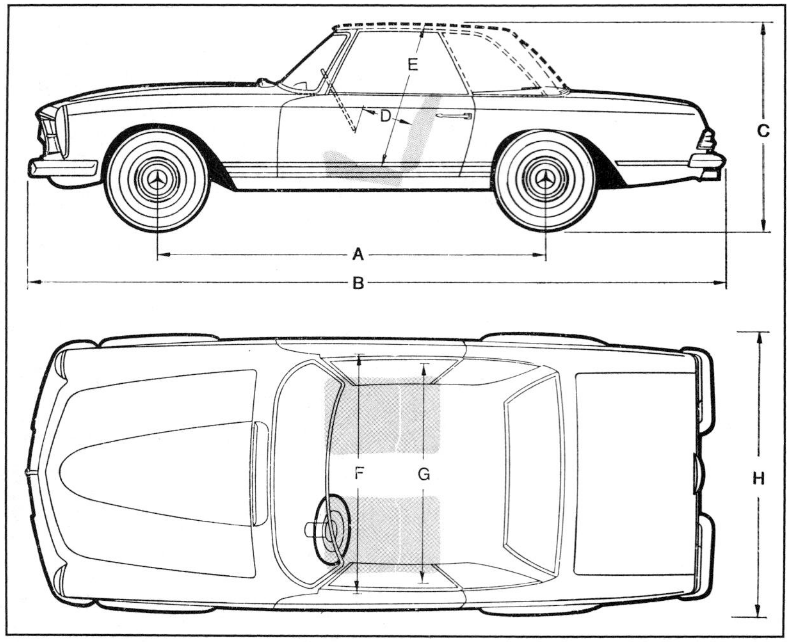

bedingt durch den Einbau des vom Typ 300 SE übernommenen 82-Liter-Tanks an Stelle des (wie beim 220b) 65 Liter fassenden Reservoirs – liegend am Boden des Gepäckabteils untergebracht. Dadurch wurde allerdings das nutzbare Volumen des Kofferraums eingeschränkt.
Lagen alle diese Stilelemente noch im Bereich des Konventionellen, so mußte die Form des Hardtops als provozierend bezeichnet werden: Das Coupédach war in völlig unüblicher Weise konkav ausgebildet und erinnerte an den ostasiatischen Tempelbau. Dadurch erlangte der 230 SL einen Namen, der in allen Sprachen der Erde verstanden wurde: *Pagoda*. Das »Pagodendach« war nicht nur ein stilistischer Gag, es erleichterte durch die hochgezogenen Dachkanten auch den Einstieg in den niedrigen Wagen. Es ließ eine Vergrößerung der Fensterflächen ohne Anheben der Dachhöhe zu und soll sich auch als aerodynamisch günstiger als ein herkömmliches konvexes oder flaches Dach erwiesen haben. Mit dem »Pagodendach« kam ein bereits seit längerer Zeit bestehendes Daimler-Benz-Patent zur Anwendung. Erfinder war Oberingenieur Béla Barényi. An den Längskehlen des Daches waren Metalleisten angebracht, die schick aussahen, aber ebenfalls einen pragmatischen Hintergrund besaßen: Sie dienten mittels integrierter Befestigungspunkte der Montage eines Gepäckträgers oder Skihalters.
Der Coupé-Aufsatz wog zirka 80 Kilogramm und konnte nach Lösen von vier Verschlußhebeln von zwei Personen schnell abgenommen werden. Die Türfenster waren rahmenlos, schlossen sowohl beim Hardtop als auch beim Roadsterverdeck makellos dicht und neigten auch bei höherem Wagenalter nicht zum Klappern. Rahmenlose Kurbelfenster waren durchaus nichts Bemerkenswertes mehr, selbst bei knochenharten britischen Roadstern hatten sie die Steckscheiben aus Plexiglas ersetzt. Auffallend waren dagegen die Konturen der Seitenfenster und des Rückfensters beim Hardtop. Sie bildeten – entgegen der üblichen Praxis – keine parallelen Kanten zueinander.

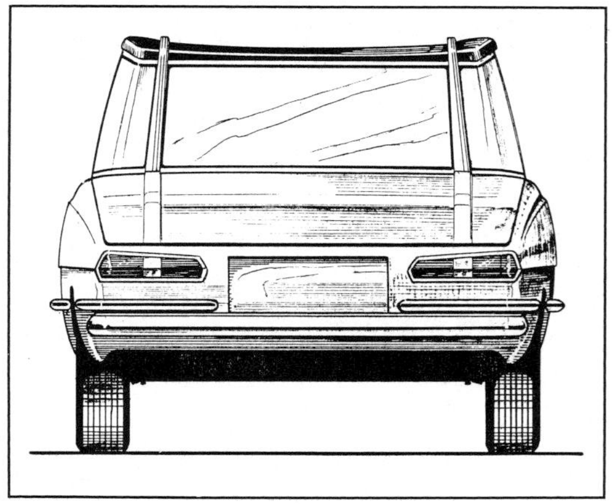

Links: Paul Bracq und Béla Barényi waren die Schöpfer des »Pagodendachs«. Diese Entwurfsskizze zeigt in etwas übertriebener Form das formale Konzept.

Modell	230 SL (W 113)	250 SL (W 113 A)	280 SL (W 113 E 28)
Produktionszeit	Juli 1963 – Januar 1967	Dezember 1966 – Januar 1968	Januar 1968 – März 1971
Motor	Reihen-Sechszylinder M 127	Reihen-Sechszylinder M 129	Reihen-Sechszylinder M 130
Bohrung/Hub/ccm	82 × 72,8, 2306 ccm	82 × 78,8, 2436 ccm	86,5 × 78,8, 2778 ccm
Verdichtung	9,3:1	9,5:1	9,5:1
Leistung	150 PS bei 5500 U/min	150 PS bei 5500 U/min	170 PS bei 5750 U/min
Ventilsteuerung	ohc, 1 obenliegende Nockenwelle	ohc, 1 obenliegende Nockenwelle	ohc, 1 obenliegende Nockenwelle
Schmierung	Druckumlauf	Druckumlauf	Druckumlauf
Kühlung	Wasserkühlung (Pumpe, Thermostat)	Wasserkühlung (Pumpe, Thermostat)	Wasserkühlung (Pumpe, Thermostat)
Einspritzung	Saugrohreinspritzung, Bosch-Sechsstempel-Einspritzpumpe		
Elektrik	12 Volt 55 Ah, Alternator 490 Watt	12 Volt 55 Ah, Alternator 490 Watt	12 Volt 55 Ah, Alternator 490 Watt
Kupplung	Einscheiben-Trockenkupplung, bei automat. Getriebe hydraul. Kupplung		
Getriebe	4-Gang, a. W. Automatik, ab 1966 5-Gang, jeweils Mittelschaltung		
Lenkung	Kugelumlauf, a. W. Servo	Kugelumlauf, a. W. Servo	Kugelumlauf, a. W. Servo
Fußbremse	hydr., vorne Scheiben, hinten Trommeln	4-Rad-Scheiben	4-Rad-Scheiben
Feststellbremse	mechan. auf Hinterräder (Trommeln)	mechan. auf Hinterräder (Trommeln)	mechan. auf Hinterräder (Trommeln)
Aufbau	Roadster o. Hardtop-Coupé zweisitzig	Roadster o. Hardtop-Coupé zweisitzig	Roadster o. Hardtop-Coupé zweisitzig
Radstand; Spur v/h	2400, 1490/1490 mm	2400, 1480/1485 mm	2400, 1480/1485 mm
Gesamtabmessungen	4285 × 1760 × 1300 (Coupé)/1315 (Roadster)		4285 × 1760 × 1300 (Coupé)/1315 (Roadster)
Bereifung	185 HR – 14	185 HR – 14	185 HR – 14
Tankinhalt	65 Liter, ab Okt. '64 82 Liter	82 Liter	82 Liter
Leergewicht	1295 kg (Roadster)	1360 kg (Roadster)	1415 kg (Roadster)
Höchstgeschwindigkeit	200 km/h (Automatik 195 km/h)	200 km/h (Automatik 195 km/h)	200 km/h (Automatik 195 km/h)
Stückzahl	19831	5196	23885
Preise	Roadster DM 20 600 Coupé Roadster DM 21 700 Coupé Hardtop DM 20 950	Roadster DM 21 600 Coupé Roadster DM 22 780	1968 DM 23 045 1969 DM 23 255 1970 DM 25 575 1971 DM 26 640

Auf Wunsch war statt des abnehmbaren Hardtops oder als Ergänzung dazu ein leichtes Roadsterverdeck lieferbar, das beachtliche Qualitäten aufwies: Es verfügte über ein großes Rückfenster, blieb auch bei hohen Geschwindigkeiten absolut zugluft- und regendicht und ließ sich vor allem durch eine raffinierte Mechanik mühelos öffnen und schließen. Nach einiger Übung bewältigte man diese Vorgänge in weniger als einer halben Minute. Der 230 SL besaß eine der – bis heute – schnellsten Verdeckbetätigungen der Welt! Durch einen Hebeldruck sprang die Klappe des Verdeck-Stauraums (der den Fond naturgemäß einengte und beim Nur-Hardtop einer deutlich vergrößerten Gepäckablage hinter den Sitzen Raum gab) auf, man zog das Verdeck heraus, schlug die Klappe zu, befestigte das Verdeck vorn mit zwei Schnellverschlüssen am Windschutzscheibenrahmen und ließ es an der Hinterseite mit einem Schlag der flachen Hand in die Halterungen einrasten.

Der Aufbau des Armaturenbretts beim 230 SL erinnerte an die Gliederung des Cockpits beim 220 SEb-Coupé bzw. -Cabriolet: Links des zentralen, rechteckigen Mehrzweckinstruments war der große Drehzahlmesser plaziert, rechts davon der Tachometer. In der Mitte befanden sich die nachts beleuchteten Hebel der Heizungs- und Belüftungsregulierung. Mit dem Kombischalter links an der Lenksäule konnten Blinker, Lichthupe, Scheibenwischer und Scheibenwascher betätigt werden. Der Griff der Feststellbremse war rechts von der Lenksäule, links oberhalb des Getriebetunnels plaziert, um auch bei Exportwagen mit Rechtssteuerung noch für den Fahrer erreichbar zu sein.

Das Fahrwerk des 230 SL bot indessen nicht viel Neues. Die Vorderradaufhängung war ebenso wie die Eingelenk-Pendelhinterachse vom 220b übernommen worden, die Kugelumlauflenkung entsprach in ihrer für einen Sportwagen etwas zu indirekten Übersetzung der des 220 SEb-Coupés. Auf Wunsch war auch beim 230 SL die Servolenkung lieferbar, die manchen selbsternannten Sportwagenkenner die Nase rümpfen ließ, letzten Endes aber wegen ihrer erheblich direkteren Auslegung der Normallenkung vorzuziehen war – auch wenn ein wenig vom Straßenkontakt verlorenging. Geradezu frappierend war der Wendekreisdurchmesser mit 10,5 Meter, mit dem der 230 SL dem VW-Käfer um Nasenlängen voraus war und sich selbst Winzlingen wie dem DKW-Junior als überlegen erwies.

Ringsum waren Bilstein-Gasdruck-Stoßdämpfer (System de Carbon) montiert. Und erstmals war ein Daimler-Benz-Personenwagen mit 14-Zoll-Felgen ausgerüstet, die serienmäßig mit Textil-Gürtelreifen der Dimension 185 HR 14 (ab Werk aufgezogene Typen: Conti Radial und Dunlop SP) bestückt waren. Aus Gründen der mangelnden Flankensteifigkeit wechselte man jedoch bald zu sogenannten Semi-Gürtelreifen des Typs Firestone-Phoenix P 110 über, die in Zusammenarbeit mit Daimler-Benz entwickelt worden waren und bei denen die Lagen der Karkasse nicht senkrecht zur Reifen-Längsachse liefen, sondern unter einem Winkel von 70 Grad.

Der 230 SL besaß – wie nunmehr auch die Limousinen der 220b-Reihe – ein Zweikreis-Bremssystem und an den Vorderrädern Girling-Scheibenbremsen. An Stelle des Ate-Hydrovac-Bremskraftverstärkers, der bei den Limousinen zum Einbau gelangte, erhielt der 230 SL ein Ate-

Servogerät der Type Mastervac T51, das die Bremswirkung zu wohlmeinend unterstützte und die Bremsen durch die mäßige Dosierbarkeit recht giftig erscheinen ließ. Trotz der hinteren Trommelbremsen war nur bei rennmäßigem Bolzen Fading festzustellen.

Im Fahrverhalten erwies sich der 230 SL als äußerst gutmütig. Er konnte als typischer Untersteuerer bezeichnet werden. Probleme traten erst auf, wenn man in Kurven bremste. Dann schrumpfte der breite Grenzbereich jäh zusammen, und das Heck drängte – allerdings meist kontrollierbar – nach außen. Die Federung war sehr straff ausgelegt, dennoch mußte der Fahrkomfort auf einem Niveau eingestuft werden, das weit über dem lag, was man sonst einem Sportwagen dieser Größenordnung zubilligte. Kleinere Straßenunebenheiten, etwa Kopfsteinpflaster, wurden aber zu wenig absorbiert.

Gegenüberliegende Seite: Böhringer im 230 SL, Sieger der Rallye Spa-Sofia-Lüttich 1963. Oben links: Ein Teilnehmer des Marathon London-Sydney 1969 beim nächtlichen Servicestop in Teheran.

Ganz oben: Ein weiterer Spa-Sofia-Lüttich-Wagen 1963 auf einer Gebirgsetappe. Darunter die Bracq-Studie eines 1963 konzipierten SL-Nachfolgers.

Weitgehende Modifikationen mußte der vom 220 SEb-Triebwerk abstammende Motor des 230 SL über sich ergehen lassen. Durch Vergrößern der Bohrung um zwei Millimeter hatte man den Hubraum auf knapp 2,3 Liter erhöht, die Verdichtung von 8,7:1 auf 9,3:1 angehoben. Grundlegend reformiert wurde die Gemischaufbereitung: Während der 220 SEb über eine Zweistempelpumpe verfügte, die mit Motordrehzahl lief und entsprechende Verteilerstücke benötigte, besaß der 230 SL eine Sechsstempel-Einspritzpumpe mit mechanischem Regler, die mit halber Kurbelwellen-Drehzahl rotierte. Jeder Zylinder besaß damit – wie auch später beim 300 SE – eine separate Energiequelle. Die Einspritzung erfolgte nicht intermittierend in die langen Ansaugrohre, sondern in die vom Kühlwasser erwärmten Ansaugkanäle im Zylinderkopf. Die Einspritzdüsen »schossen« den Kraftstoff praktisch direkt durch die geöffneten Einlaßventile in den Brennraum. Ein vorzeitiges Kondensieren des Kraftstoffs wurde dadruch verhindert. Größere Ventile und stärkere Überschneidungen der Ventilzeiten trugen ebenso zu einer weiteren Erhöhung der Leistungsausbeute bei wie eine effektivere Doppelauspuffanlage mit lang geführten Krümmerrohren; sie ermöglichte eine freiere Atmung.

Durch diese Maßnahmen leistete das 230 SL-Triebwerk 150 PS bei 5500 Touren. Die Höchstdrehzahl lag bei 6500 U/min. Das maximale Drehmoment betrug 20 mkg bei 4200 U/min – untertouriges Bewegen des 230 SL konnte keine rechte Fahrfreude aufkommen lassen, schaltfreudiges Chauffieren war unabdingbar. Und das was einleuchtend: Man hatte es beim 230 SL-Triebwerk trotz einer nur vierfach gelagerten Kurbelwelle mit einem der sportlichsten Serienmotoren der frühen sechziger Jahre zu tun. Nicht zuletzt deutete die spezifische Leistung von 65 PS/Liter auf einen derartigen Charakter hin. Dabei erwies sich der Sechszylinder als zuverlässiger Starter bei jeglicher Witterung, der sich nach dem Anlaßvorgang automatisch auf eine konstante Drehzahl einregulierte, die er strikt einhielt.

Der Kühlerinhalt war mit 10,8 Litern etwas geringer als der des 220 SEb. Ein weiteres Novum war die Drehstrom-Lichtmaschine mit 490 Watt Leistung – erstmals wurde ein Alternator aus deutscher Produktion in einen Serienwagen eingebaut.

Die Elemente der Kraftübertragung des 230 SL waren nach dem Baukastenprinzip mehreren Limousinenserien entlehnt worden: Das Schaltgetriebe war das gleiche, mit dem der 300 SE ab März 1963 ausgerüstet werden konnte, der erste Gang war allerdings mit einer

Links: Karosseriestudie für den 230/250 SL mit ungewöhnlicher Scheinwerferlösung.

Die Zeichnung des Wagens unten aus dem Jahre 1960 verrät bereits viel Realitätsnähe; die rückwärtige Form des Seitenfensters findet man bei späteren Mercedes-Modellen wieder.

Rechts: Teilweise recht seriennahe Entwurfsskizzen zum SL-Coupé. Die gepfeilte Bugpartie hätte vermutlich nicht viele Freunde in Mercedes-Kundenkreisen gefunden . . .

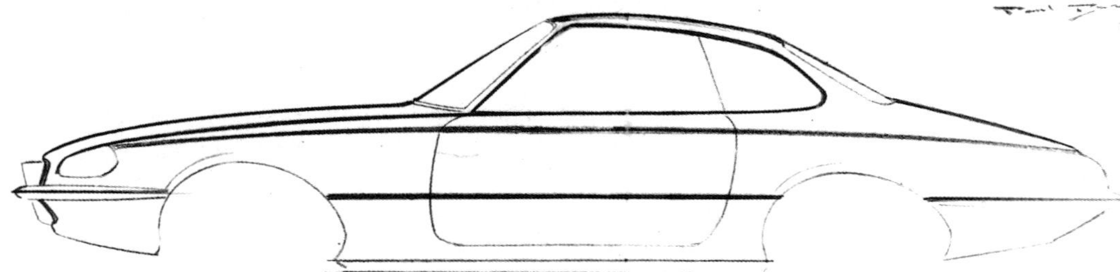

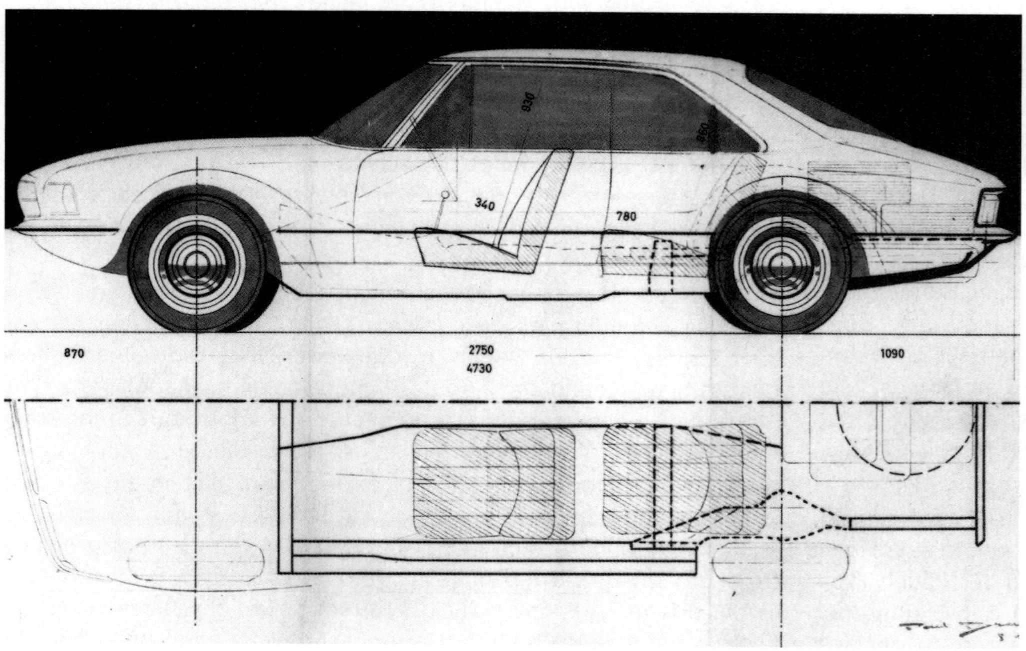

Bracq-Studien aus den frühen sechziger Jahren. In allen Design-Studios der Automobilindustrie pflegt man zahlreiche stilistische Möglichkeiten auszuloten, ehe sich langsam ein realisierbares Konzept ergibt, oft in jahrelangem Teamwork erarbeitet.

Übersetzung von 4,42:1 zum flotteren Beschleunigen etwas kürzer ausgelegt. Dieser niedrig untersetzte erste Gang zog manche Kritik auf sich, bis man sich im September 1965 entschloß, das wesentlich enger gestufte Getriebe des neuen 250 S/SE einzubauen. Ab Januar 1966 wurde gegen Aufpreis auch ein ZF-Fünfgang-Getriebe geliefert, dessen fünfter Gang als Schongang ausgelegt war. Schließlich gab es den 230 SL auch mit der Daimler-Benz-Getriebeautomatik, die ja – da sie statt eines Wandlers eine hydraulische Kupplung besaß – wenig leistungszehrend arbeitete, sich aber beim Anfahren in Normalstellung (Position 4) in der zweiten Fahrstufe in Bewegung setzte und durch dieses behäbige Naturell nicht so recht mit dem Motor zu harmonieren schien. Dennoch wurde ein beachtlicher Prozentsatz von 230 SL mit der Automatik geordert, im Exportgeschäft – z. B. nach Großbritannien – überwog sogar der Automatik-Anteil.

Die Fahrleistungen des 230 SL waren für einen 2,3-Liter-Sportwagen nicht atemberaubend, aber sie ließen keinen Zweifel über den Status des Wagens aufkommen. Mit einer Spitzengeschwindigkeit von 202 km/h und einer Beschleunigung von Null auf 100 km/h in 9,7 Sekunden (Messungen von *auto motor und sport*) konnte der 230 SL als ernstzunehmender Sortwagen kategorisiert werden. Die Zeitschrift *Autocar* ermittelte für ein Automatik-Exemplar 195 km/h und eine Beschleunigung von 10,7 Sekunden, um 96 km/h (60 m.p.h.) aus dem Stand zu erreichen. Der Durchschnittsverbrauch lag bei 12,7 Liter pro 100 Kilometer.

Wenn der 230 SL auch für den Einsatz in Rundstrecken- und Bergrennen ungeeignet war, da das Leergewicht mit ansehnlichen 1295 Kilogramm zu Buche schlug und keine homologierten, »schnellen« Alternativ-Bauteile existierten, so spielte er doch im Rallyesport eine unerwartete Rolle. Im Jahre 1963 gewann das Team Eugen Böhringer/Klaus Kaiser mit dem neuen Roadster das Marathon de la Route Spa-Sofia-Lüttich. Bei diesem Motorsport-Debüt zeigte der 230 SL der Konkurrenz die Zähne und bewies, daß er kein bloßer Renommiersportwagen war. Nach einigen weiteren Erfolgen errang Eugen Böhringer mit dem 230 SL die Rallye-Europameisterschaft 1963. Im darauffolgenden Jahr wurde die Wiederholung des populären Siegs beim Marathon um ein Haar verfehlt: Der 230 SL von Böhringer/Kaiser, der nun über einen auf 2,6 Liter Hubraum aufgebohrten Motor verfügte, errang trotz eines lächerlichen, aber zeitraubenden Defekts (gebrochenes Batteriekabel) noch den dritten Platz im Gesamtklassement.

Was von der Sportlichkeit des 230 SL zu halten war, zeigte eine spektakuläre Vorführung anläßlich der Pressevorstellung des neuen Typs beim Genfer Salon: Der Leiter der Personenwagen-Entwicklung bei Daimler-Benz, Dipl. Ing. Rudolf Uhlenhaut, ein wahrer Meister des Volants, jagte einen 230 SL einige Demonstrationsrunden über eine winzige, nur knapp anderthalb Kilometer Rundstrecke bei Montroux im französischen Jura und erwies sich dabei als gleichschnell wie der ebenfalls anwesende britische Grand-Prix-Fahrer Mike Parkes, der immerhin eine heiße Ferrari 250 GT Berlinetta bewegte.

Der 230 SL kostete in seiner Version als Roadster mit Klappverdeck 20 600, mit zusätzlichem Hardtop 21 700 und als Coupé 20 950 Mark. Im April 1966 wurden die Preise auf 21 100, 22 200 bzw. 21 450 Mark erhöht. In der gleichen Preislage angesiedelt war der im September 1964 erschienene Porsche 911 (DM 22 380), der aber kompromißloser als Gran-Turismo-Wagen konzipiert worden war.

Im Januar 1967 liefen die letzten 185 230 SL vom Band, nachdem mit dem 250 SL bereits seit Dezember 1966 der Nachfolger ausgeliefert wurde. Insgesamt wurden 19 831 Einheiten vom 230 SL produziert – eine für einen solchen Sportwagen doch beachtliche Serie.

Auf dem Genfer Salon im März 1967 wurde der 250 SL als Thronfolger präsentiert, nachdem er sich bereits seit einem Vierteljahr in Produktion befand. Seit Sommer 1965 existierte die 250 SE-Limousine, die über einen in großer Serie gefertigten, ebenfalls 150 PS leistenden 2,5-Liter-Motor verfügte. Es bot sich geradezu an, dieses Triebwerk unverändert für den SL zu verwenden.

Der 250 SL-Motor wartete mit einem höheren Maximaldrehmoment (bei gleicher Nenndrehzahl) auf als das 2,3-Liter-Aggregat: 22 mkg und eine flacher verlaufende Drehmomentkurve änderten die Charakteristik der Leistungsabgabe. Der 2,5-Liter war elastischer. Durch die siebenfach gelagerte Kurbelwelle lief er auch vibrationsärmer. Die spezifische Leistung war mit 60 PS/Liter wieder ziviler geworden.

Die Getriebevarianten blieben unverändert. Für den Achsantrieb standen, sofern das Fünfgang-Getriebe bestellt wurde, eine neben der Standardübersetzung von 3,75 auch eine von 4,08:1 und andere (3,92, 3,69) zur Verfügung. Auf Wunsch wurde eine Differentialsperre eingebaut.

Am Fahrwerk waren nur spärliche Modifikationen vorgenommen worden. Die Felgenbreite von nunmehr sechs Zoll (gegenüber 5½ Zoll beim 230 SL) bot den Reifen unveränderter Dimension eine breitere Basis. Entsprechend den 2,5-Liter-Limousinen erhielt auch der 250 SL Ate-Dunlop-Scheibenbremsen an allen vier Rädern. Ein Bremskraftregler verhinderte ein Überbremsen der Hinterachse.

Karosserie und Innenausstattung des Roadsters blieben unverändert. Das Wagengewicht stieg allerdings auf 1360 Kilogramm. An den Leistungsdaten änderte sich nicht viel, sieht man vom deutlich größeren Durst des 2,5-Liter-Triebwerks ab. *auto motor und sport* erreichte mit einem offenen Automatik-250 SL 189 km/h, bei geschlossenem Verdeck waren es 2 km/h mehr. Der Achsantrieb des geprüften Wagens war mit 3,92:1 übersetzt. Mit der längeren Übersetzung (3,69:1) wäre

250 SL von 1967. Dieser Wagen mit dem 2436-ccm-Motor (M 129) wurde nur in 5196 Exemplaren gebaut.

eine höhere Spitze erreichbar gewesen. Die Beschleunigung von Null auf 100 km/h wurde mit 10,6 Sekunden ermittelt. Der Testverbrauch war mit 19,2 l/100 km auf seine Weise bemerkenswert.
Der 250 SL Roadster kostete DM 21 600 Mark, für das Hardtop mußten weitere 1180 Mark bezahlt werden. Die Ausführung Hardtop-Coupé (ohne Klappverdeck) wurde nicht mehr geliefert. Bis zum Modellwechsel im Januar 1968 wurden 5196 Exemplare des überarbeiteten Roadsters hergestellt. Damit avancierte der 250 SL neben dem 300 SL zu einem der stückzahlmäßig rarsten Daimler-Benz-Sportwagen.
Auch beim im Januar 1968 erschienenen 280 SL hielt Daimler-Benz an der Praxis fest, auf (im Grunde auch nicht notwendige) Karosserie-Modifikationen zu verzichten und lediglich das Triebwerk an die jeweilige Hauptbaureihe anzupassen.
Der 280 SL war mit leistungsgesteigertem Motor der 280 SE-Limousine ausgerüstet, der bei 5750 U/min 170 PS abgab. Das maximale Drehmoment stieg auf 24,5 mkg und stand erst bei 4500 U/min zur Verfügung. Das bedeutete, daß er sein Leistungspotential nur durch (geräuschvolles) »Drehen« freisetzte. Der Kühler des 280 SL entsprach dem des 280 SE mit 11,4 Liter Inhalt. Ab 1969 wurde das Kühlervolumen auf 12,5 Liter vergrößert. Gleichzeitig gelangte ein Lüfter mit Viskosekupplung, der sich nur oberhalb der Betriebstemperatur zuschaltete, zum Einbau.
Das Fahrwerk des 280 SL entsprach vom Prinzip her dem der beiden Vorgänger, war aber auf erhöhten Fahrkomfort ausgelegt worden. Die Dämpfung wirkte weniger straff, die weichere Federung ließ eine stärkere Seitenneigung zu. Die Räder waren nun mit konventionellen Radialreifen bestückt. Im ganzen wirkte das Fahrverhalten des 280 SL etwas diffuser, ohne daß wirkliche Einbußen an Fahrsicherheit zu befürchten gewesen wären. Beim 280 SL wurden nun die längst fälligen Service-Erleichterungen eingeführt: Die Schmierintervalle wurden von 3000 auf 10 000 Kilometer ausgedehnt; vor allem waren dafür wartungsfreie Gelenke verantwortlich.
Der 280 SL wog 1415 Kilogramm; dennoch war er lebendiger als seine Vorgänger. Er beschleunigte in rund neun Sekunden von Null auf 100 km/h. Die Endgeschwindigkeit stieg – je nach Hinterachsübersetzung – um etwa 5 km/h an. Im gleichen Maße konnte der Verbrauch auf Durchschnittswerte zwischen 15 und 16 Liter auf 100 Kilometer gesenkt werden.
Der 280 SL kostete zunächst in der Basisversion als Roadster 23 045 Mark. Zum Modelljahr 1969 stiegen die Anschaffungskosten auf 23 255 Mark, dann gerieten die Preise in den Strudel der Inflation: 25 575 (1970) und 26 640 Mark (1971) waren der allgemeinen Teuerung angepaßt. Das Hardtop kostete zuletzt 1388 Mark.
Im März 1971 lief der letzte von 23 885 produzierten 280 SL der »Pagodenreihe« vom Band. Ein in allen Einzelheiten neu konzipierter Roadster trat die Nachfolge an – der 350 SL mit 3,5-Liter-V8-Motor, dessen Nullserie bereits im November 1970 aufgelegt worden war.
Knapp 50 000 »Pagoden« hatten in acht Jahren die Werkhallen in Sindelfingen verlassen. In der Relation lagen selbst die Austoßziffern von reinen Sportwagenkonfektionären (wie etwa MG) nicht höher. Auch wenn man davon ausgeht, daß ein hoher Prozentsatz der 230–280 SL exportiert wurde – die Ausfuhrquote lag zeitweise bei über 60 Prozent –, so verfügten diese Spätklassiker doch über eine hohe Überlebensziffer in heimischen Gefilden. Indessen kosten sie heute ihren Preis, denn die hohe Gesamtqualität der Wagen und die technische wie äußerliche Eleganz bürgen für Wertbeständigkeit.

Solides Handwerk und ein bißchen Haute Couture, dabei jeder Zoll Mercedes-Benz:

Sonderaufbauten und Modifikationen

Man mußte bis zu den siebziger Jahren warten, ehe Daimler-Benz einen serienmäßig hergestellten Kombiwagen anbot. Aber auch vorher gab es bereits Kombis, in kleinen Serien bei unabhängigen Karosserieherstellern gebaut, die dennoch über das Mercedes-Händlernetz vertrieben wurden. Diese Sonderfahrzeuge wurden parallel zu Kranken- und Bestattungswagen gefertigt, in erster Linie bei Binz & Co in Lorch und bei der Firma Christian Miesen in Bonn. Bis 1965 verwendete man hierfür ausschließlich Vierzylinder-Basismodelle; als aber der 230 erschien, wurde auch die Sechszylinder-Variante angeboten. Daimler-Benz baute hierfür auch ein um 40 Zentimeter verlängertes Fahrgestell.

Wegen der Zweckform der Aufbauten lag es nahe, neben den Krankentransportwagen auch Kombiwagen zu produzieren. Sowohl Miesen als auch Binz boten auf allen „kleinen" Mercedes-Baureihen einen Kombi an, wobei die Miesen-Version mit ihrem hohen Dachaufbau deutlich an den eigentlichen Zweck der Sonderkarosserie erinnerte und auch teuerer war. Wollte man einen in Lorch oder Bonn eingekleideten Mercedes-Kombi erwerben, mußte man mit einem gegenüber der jeweiligen Limousine um 30 bis 50 Prozent höheren Preis rechnen. Für den Gegenwert eines 190c Kombi konnte man im Jahre 1962 immerhin zwei Opel-Caravan kaufen! Dennoch hatten die extern gebauten Daimler-Benz-Kombis ihren festen (wenn auch kleinen) Abnehmerkreis.

In der großen Wagenklasse war der Bedarf an Kombiversionen von jeher erheblich geringer als in der Mittelklasse – die Amerikaner beherrschten mit ihren *station wagons* hier den europäischen Markt. Der Brüsseler Karossier Jacques Coune versuchte 1963, mit einem elegant gezeichneten Spezialaufbau auf der Basis des 220 SEb auch den

Gegenüberliegende Seite: Mercedes-Benz 180 von 1955 mit Krankenwagen-Aufbau von Binz. Oben links ein von Miesen gebauter Ambulanzwagen, Typ 180a 1957. Links: Lieferwagen auf Basis des 190 Diesel, 1958. Man sieht solche Fahrzeuge heute nur noch sehr selten.

Mercedes-Benz 180 Krankenwagen von Miesen mit origineller Lösung der Unterbringung des Reserverades.

Mercedes-Sechszylinder-Liebhabern eine Kombivariante anzubieten. Der luxuriös im Stil eines *shooting break* ausgestattete Großraum-Kombi, der an den hinteren Kotflügeln mit Korbgeflecht dekoriert war, wies eine einteilige, nach oben zu schwenkende Heckklappe, die mit der Serien-Panorama-Heckscheibe versehen war und wegen der beibehaltenen Serien-Rückleuchten sehr hoch angesetzt war, und einen hochliegenden Laderaumboden auf.
Dennoch bestand Interesse für ein derartiges Fahrzeug und im Januar 1965 trat das Karosseriewerk IMA S.A. im belgischen Malines mit einem klar gezeichneten Kombi auf der Basis des 190 Dc auf den Plan. Dieses Auto war in Untertürkheim konzipiert worden und wurde in Zusammenarbeit mit Daimler-Benz gefertigt.
Als im Sommer 1965 die aufgewertete »Heckflossen«-Reihe 200/200 D/230/230S vorgestellt wurde, bot die Firma IMA S.A., deren Produktionskapazität auf 5000 Wagen im Jahr ausgelegt war, ihren »Universal«-Kombi auf der Basis dieser vier Typen an. Auf Wunsch waren nun eine teilbare Rücksitzbank, eine dritte Sitzbank entgegen der Fahrtrichtung und ein reichlich uneleganterer Dachgepäckträger lieferbar. Alle vier Modelle wiesen serienmäßig die Boge-HydroMAT-Niveauregulierung auf. Die Nutzlast war auf 725 Kilogramm erhöht worden. Der Universal wurde ausschließlich über das Daimler-Benz-Händlernetz vertrieben und war durchwegs um ein Drittel teuerer als die jeweiligen Limousinen: Der 200 Universal kostete 14 750 Mark und in der Diesel-Version 15 400 Mark. Der 230 Universal schlug mit 15 900 Mark zu Buche, während sich der Preis des großen 230 S Universal auf 18 600 Mark belief.
Während die Kombis auf Basis Daimler-Benz in kleiner Serie gefertigt wurden, entstanden vor allem in den sechziger Jahren bei namhaften Karossiers auch einige Einzelstücke im Auftrag finanziell potenter Kunden. Pininfarina präsentierte beim Pariser Salon im Oktober 1964 ein schlicht gezeichnetes 230 SL-Coupé, das völlig von der üblichen Sindelfinger Linie abwich. Auch in der Schweiz entstand ein speziell karossierter 230 SL – ein *break de chasse* mit Kombiheck und Heckklappe. Binz in Lorch baute 1966 ein riesenhaftes achtsitziges Flughafentaxi auf dem um 55 Zentimeter verlängerten Chassis des 200 D.
Auch der »normale« Bürger leistete sich seine mehr oder minder umfangreichen Karosserieumbauten. Durch die von Daimler-Benz mehrere Fahrzeuggenerationen lang propagierte Einheitskarosserie

Oben: Von Miesen gebauter Krankenwagen auf Basis eines 180 von 1955. Rechts: Mercedes-Benz 220 SEb Kombi, 1963 in geringer Stückzahl bei Jacques Coune in Belgien entstanden.

Unten: Ein von Miesen gebauter 190c Kombiwagen von 1962 mit 15-Zoll-Reifen.

Von oben nach unten: IMA-Universal 230 von 1966, umgebauter Ambulanzwagen auf Basis eines 200 und ein ehemaliger 190c Krankenwagen.

Links: 190b von 1960 mit den Scheinwerfern eines 220b und der Stoßstange eines Fremdfabrikats.

konnte ein biederer 180 D ohne großen Aufwand mit dem Zierleistensatz des 220 S versehen werden, und ein 220b oder gar 190c erfuhr durch die Verwendung der entsprechenden Ausrüstungsteile eines 300 SE eine ungeheuere optische Aufwertung. Ein weiteres Betätigungsfeld fanden sowohl geschickte Freizeitbastler als auch örtliche Karosseriebetriebe in der nachträglichen Aktualisierung älterer Daimler-Benz-Personenwagen. Während das Umrüsten auf voluminösere Stoßstangen und auf Motorhauben mit den breiteren Kühlermasken oder auch das Einpassen der längeren Heckleuchten bei den alten Vierzylindern noch relativ einfach zu bewerkstelligen war, erforderte das formal durchaus nicht immer gelungene *customizing* der runden Scheinwerfer an den Pontonmodellen die Arbeit eines Profis.

Ob original oder nicht – ob bei namhaften Karossiers oder im Hof eines Amateurs entstanden: interessant sind sie alle, die Hybriden mit dem Mercedesstern. Sie sind es, die einer Markengeschichte zusätzliche Würze verleihen . . .

Oben links: Bestattungswagen 190 von 1957, karossiert von Binz. Darunter ein Miesen-Krankenwagen 190c von 1963; in der Klappe sitzt das Reserverad.

Ganz oben ein 190 von 1957 mit Scheinwerfern des Typs W 114/115. Darunter ein 220 S 1957 mit gleichem Scheinwerfer-Umbau, Arbeit einer Karosseriefirma in Bayreuth.